新世纪机关文书写作实务丛书

总主编　洪威雷　邱向国

事务应用文书写作

洪威雷　邱向国　编著

东 北 大 学 出 版 社

沈　阳

图书在版编目（CIP）数据

事务应用文书写作／洪威雷，邱向国编著. —沈阳：东北大学出版社，2014.7（2025.7重印）
ISBN 978-7-5517-0640-7

Ⅰ. ①事…　Ⅱ. ①洪…　②邱…　Ⅲ. ①汉语—应用文—写作　Ⅳ. ①H152.3
中国版本图书馆 CIP 数据核字（2014）第 142275 号

出 版 者：东北大学出版社
地址：沈阳市和平区文化路 3 号巷 11 号
邮编：110004
电话：024-83687331（市场部）　83680267（社务室）
传真：024-83680180（市场部）　83680265（社务室）
E-mail：neuph@neupress.com
http://www.neupress.com
印 刷 者：三河市天润建兴印务有限公司
发 行 者：东北大学出版社
幅面尺寸：170mm×240mm
印　　张：13.5
字　　数：257 千字
出版时间：2014 年 9 月第一版
印刷时间：2025 年 7 月第三次印刷
策划编辑：郭爱民
责任编辑：刘　莹　郭爱民　　责任校对：王艺霏
封面设计：唯　美　　责任出版：唐敏志

ISBN 978-7-5517-0640-7　　定　价：45.00 元

总　序

在文章学的家族中，应用文因其固有的实用性而成为发展得最快的一个分支。尤其是从工业经济进入知识经济之后，在世界上的发达国家中，应用文写作正成为公民一种谋生的技能和生存的本领。无论是各类高校的本科生，还是硕士、博士毕业生；无论是学工科、理科的学生，还是学人文社会科学的学生，在考察其能力时，必定要考察其应用文写作能力。试用期间，还要书写大量的调研报告、策划方案、通知、备忘录、会议纪要等应用文。正因如此，以哈佛大学为首的美国常春藤高校联盟，已于2006年把应用文写作从必修课上升为核心课程。为了适应国家发展的需要，美国还开办了各类不同层次的专业应用文写作业余学校。目前，不少公司不仅聘请常年法律顾问，还聘请常年应用文写作顾问。可以说，应用文写作水平已经成为检验一个国家文明、发达与否的重要指标之一——普及应用文写作，达到每个社会成员能熟练地运用应用文开拓事业，保护自身利益，维护国家的安定和公众的福利，促进社会有序地发展。

东北大学出版社总编郭爱民先生，于2009年春电告我，特邀我主持“新世纪机关文书写作实务丛书”的撰写任务。其实我们互不认识，也从未有过任何接触。但经过几次电话联系，我接受了他的邀请。因为在交谈中，感到他对丛书的定位有新意——以党、政、军机关和企事业单位从事应用文写作人员为主要阅读对象。可以说，这是一个潜力极大的市场。以我个人的经历而言，近十年来，曾应邀到铁道部、长江水利委员会、湖北省民政厅、湖北省食品药品监督管理局、湖北省监狱管理局、湖北省信访局、江西省烟草专卖局、湖北省交通厅、武汉市政协、华中电力公司、武汉钢铁公司等主办的公文写作培训班讲授应用文写作。而市场上的应用文写作书籍，大多是为大专院校编写的。郭爱民总编敏锐地发现了这个大市场，我相当佩服他的眼力。加之他待人真诚的品质和谦逊的态度，深深地感动了我。可我手头还有两个课题限期结题，于是邀请既有扎实应用文写作理论知识功底，又有三十多年在机关从事应用文写作经验的邱向国主任一同主编。我很荣幸与这位豁达、开朗又有才气的政府官员合作。加上中国应用写作研究会和国际汉语应用写作学会中有一大批有影响的应用文写作教授和专家，我们就遴选了其中有实力的友人参与丛书的撰写，并获得了他们的大力支持！在此，真诚地向他们致谢！

其实，目前我国各级党政机关、企事业单位的应用文写作仍然存在着大量的问题，有的问题甚至可以说是触目惊心的！例如，震惊全国的四川沱江特大污染事故发生后，四川省××市司法局以“红头文件”的形式，要求所管辖的各律师事务所“不应受理涉及沱江特大污染事故索赔一方的委托代理”；中共河南××市委、市政府发“红头文件”，规定“投资5000万以上者开车违法不罚款”“直系子女就学可自由择校”等享受特殊的待遇计12项；××省人事厅、××省卫生厅联合发文《××省国家公务员录用体检项目和标准》，竟要求

"女性公务员乳房对称"等。干预司法、行政垄断、行政越权、以党代政、拜金主义、弄虚作假等违法、违规和违纪问题，以及文种错用、混用问题时有发生。这套丛书的任务之一就是针对这些问题而撰写的。但愿郭总编和我们主编的初衷能得以实现。

在组稿中，我们强调了三条原则。

其一，简化文体理论阐述，立足应用。编写中围绕"应用"，突出"精""专""少"三个字。但简化不是减掉，而是合理选择知识点，抓准最基本的理论和知识点，以"是什么"、"做什么"和"怎么做"为体例。

其二，引进职场公文实际写作的程序方式，直接为生产、管理和服务第一线的文秘工作人员提供服务。

其三，在每一文种的撰写中提供"写作范式"，不仅要有典型"范文赏析"，还要有"病文文例"和"病文指瑕"，为读者提供正误两种文本。有比较，才有鉴别。

敬请同行专家、学者和广大读者直接来信批评、指正，以利于丛书再版时修订，使之更臻完善。

洪威雷　邱向国　谨识

2014 年 5 月

目　录

总　序 ………………………………………… 1

第一章　事务应用文概述………………… 1

第一节　事务应用文的含义 ………………… 1
第二节　事务应用文的特点 ………………… 2
第三节　事务应用文撰写者的修养 ………… 3

第二章　计划类文书写作 ………………… 10

第一节　计　划………………………………… 10
第二节　规　划………………………………… 22
第三节　工作要点……………………………… 29
第四节　方　案………………………………… 35

第三章　总结类文书写作 ………………… 41

第一节　总　结………………………………… 41
第二节　调查报告……………………………… 52
第三节　述职报告……………………………… 72
第四节　简　报………………………………… 90

第四章　规范性文书写作………………… 103

第一节　条　例 ……………………………… 103
第二节　规　定 ……………………………… 113
第三节　办　法 ……………………………… 124
第四节　细　则 ……………………………… 132

第五章　章程制度类文书写作 ………… 139

第一节　章　程 …………………………… 139
第二节　制　度 …………………………… 150
第三节　规　则 …………………………… 156
第四节　规　程 …………………………… 162
第五节　准　则 …………………………… 172

第六章　会议类文书写作………………… 182

第一节　开幕词 …………………………… 182
第二节　闭幕词 …………………………… 187
第三节　会议报告 ………………………… 193

后　记 ……………………………………… 208

第一章　事务应用文概述

事务应用文是党的机关、国家权力机关、国家行政机关、国家政协机关、国家军事机关及其部门、社会团体、企事业单位乃至个人对已做或即将要做的事务工作进行文字表述的一种载体。

事务应用文是应主体需要、客体实用的文稿写作，是为处理日常事务所用，是机关、团体、个人须臾不可离开的重要文书，它不仅关系到现代化科学管理和社会协调发展，而且对于提高工作效率，增加效益，维护稳定有直接关联。

以往，写作界把事务应用文只限定在“计划”“总结”“调查报告”“简报”等较小范畴之中，随着我国加入世界贸易组织和社会主义市场经济的发展与完善，事务应用文的使用频率愈来愈高，文种越来越多。我们考察了美国哥伦比亚大学国际公共事务学院、普林斯顿大学伍德罗·威尔逊公共与国际事务学院、印第安纳大学公共与环境事务学院、锡拉丘兹大学马克斯韦尔公民与公共事务学院的相关课程，明确得知，与公共事务相关的文体种类远比我们教科书中所列的文种多得多。因此，事务应用文也应与时俱进，以适应社会各阶层机构或社会团体的需要。

第一节　事务应用文的含义

一、事务的含义

商务印书馆出版的《现代汉语词典》在对“事”的解释中，列为第一义的是“事情”；在对“务”的解释中，列为第一义的也是“事情”。“事务”两字合为一个词，则是指“所做的或要做的事情”。

二、应用文的含义

“应”者，对应、适应、应承、应付也；“用”者，派用、需用、运用、实用也；“文”者，字、文字、文章也。由此可知，应用文是应付生活，用于实务的文章，是公与公、私与私、公与私往来、交际和信守的文件。

三、事务应用文的含义

事务应用文是各类各级机关、社会团体、企事业单位、个人在工作和生活中，为处理日常事务而常用的，具有明道、布法、交际、信守、致用功能和约定俗成体式的一种文字书写载体。

第二节　事务应用文的特点

一、实用性

事务应用文以解决工作和生活中的实际问题为出发点，具有鲜明的实用性。唯因其重于实用，行文时必须长话短说，力戒正确的废话多，时髦的空话多，严谨的套话多，违心的假话多。空话、套话、假话和废话。所以，过去那种表态时拍胸脯，决策时拍脑袋，事情办砸了拍屁股调岗位的“三拍”决策方式，其所发的事务应用文既失实又欠科学，既损公又害私。

二、从属性

事务应用文虽然各有自己的含义、特点、作用和章法，有的甚至属于规章，但绝大多数文种要靠命令（令）、通知等文种发布，不能独立行文。所以，与机关公文相比，事务应用文处于从属地位。但这种从属性只体现在发布的形式上，而其自身的特定效力并未减弱。

三、时效性

任何应用文的效力都不是永恒的。事务应用文都是为了处理事务、交流信息、解决问题而写的，往往在一定时间和一定范围内起作用，这就要求快写、快发、快办，不允许拖延时日，更不能容忍“议而不决，决而难行”的现象存在。

第三节　事务应用文撰写者的修养

世界上的万事万物都是具有内在结构的完整系统，应用文写作也不例外，它是由写作主体（作者）、写作客体（写作对象）、载体（语言文字符号）、本体（应用文文种）和受体（受文者）组成的一个完整体系，而主体是这个体系中的“枢纽”。主体的素质和修养如何，直接关系到应用文写作的质量。

注重修养是中华民族的传统美德，如“富贵不能淫，贫贱不能移，威武不能屈”“三军可夺帅也，匹夫不可夺志也”“吾日三省吾身”等，均是修养方面的精辟论述。

事务应用文写作在党、人大、政府、政协、军队、公司、学校等领导机关和企事业单位中占有极为重要的地位。1950 年 5 月 16 日，邓小平《在西南区新闻工作会议上的报告》中指出，“实现领导最广泛的办法是笔杆子”，“拿笔杆子是实行领导的主要办法”。很显然，“拿笔杆”“实现领导”，绝不是通过写小说、散文、诗歌，而是通过写事务应用文和机关公文。正因为事务应用文这种“经国之枢机”的特殊地位和作用，决定了事务应用文写作是一项政治性和政策性极强的工作，这就对事务应用文撰写者提出了与一般文章作者不同的要求。

一、良好的职业道德

道德，作为社会意识形态之一，是人们共同生活及其行为的准则和规范。通俗地说，道德是一种“应该”，是一种“价值”。哪些事情应该做，哪些事情绝不可以做。有些事情无论出于多么高尚、多么充满魅力的理由，都不可以做。应用文写作既然是“经国之大业”，其写作者就应具有一种公民的道德意识和道德责任感，所写的事务应用文真正是为大多数人谋福利的，是推动社会不断进步的。

目前，中国正处在社会转型时期，道德失范现象比较普遍。在市场经济条件下，原有的道德或被人怀疑，或遭到破坏，逐渐失去了对社会成员的影响力和约束力，而新的道德观念和行为模式又尚未形成，或未被人们普遍接受，对社会成员不具有有效的影响力与约束力。加之“个人价值追求与社会价值追求的错位”“索取与奉献的错位”“真与假的错位”等，使事务应用文写作面临严峻的挑战，对事务应用文撰写者提出了更为严格的道德修养的要求。

事务应用文写作者应恪守如下职业道德。

（一）热爱本职，忠于职守

事务应用文写作是一项极其光荣、无私奉献的职业，需要付出艰苦劳动。每一位事务应用文写作者都应爱岗敬业，恪尽职守，不为名所累，不为利所扰。忠于职守就是要忠实地履行职业责任，在物质、金钱面前做到“富贵不淫”，在权势或邪恶势力面前做到“威武不屈”，使自己的行为符合国家的利益和公众的利益。古有“铁肩担道义，妙手著文章”的训词，《荀子·正名》中也说：“以人心说，以学心听，以公心辩，不动于众人而非誉，不治观者之耳目，不赂贵人之权势，不利传僻者之辞。”这实质上是“文德”的表现，也可作为事务应用文撰写者的座右铭，应保持“应用良心”和“写作贞操”。

当前，在事务应用文写作的道德建设中，要处理好六种关系：一是更新观念，处理好义与利的关系；二是处理好先进性与广发性的关系；三是处理好价值导向与利益导向的关系；四是处理好继承与创新的关系；五是明确吸收世界文明成果中洋为中用与崇洋媚外的是非界限；六是处理好自律与他律的关系。

（二）尊重事实，维护国家和人民的利益

1. 事实的科学含义。要正确地解释、界定什么是“事实”，就应先了解“事实”的可靠性、不变性、不可重复性和渗透性等基本特征。如果缺少必要的知识或者没有正确的理论体系，在社会生活中就会听而不闻、视而不见、嗅而不觉，当然就无法正确地把握事实、认识事实、解释事实、写好事实。总的来说，所谓事实，乃是事情的实际情况。

2. 尊重事实才能尊重真理。“事实”，是不以人的意志为转移的客观存在。“真理”，就是真实的道理，即客观事物及其规律在人的意识中的正确反映。只有尊重事实，才能尊重真理。事务应用文写作者拟稿时，一般会受到其立场和思想的影响。古今中外大量的事实告诉我们，错误的立场，常常会导致对事实的歪曲。“指鹿为马”的典故就是很好的说明。1976 年 4 月 8 日的《人民日报》刊登了《天安门广场的反革命政治事件》一文，作者把“四五”革命运动诬蔑为“反革命政治事件”，从根本上颠倒了是非，歪曲了事实的性质。1976 年 4 月 12 日，人民日报社收到署名“一名现场的工人民兵”的信，信封正面写的是“人民日报总编辑收”，背面写的是“戈培尔编辑收”。信封里装的是 4 月 8 日载的那篇文章。这位写信人在上面批了很长一段话，其中有这样犀利的句子：“令人震惊！党报堕落了！成为一小撮法西斯野心家、阴谋家的传声筒！”“你们这场‘国会纵火案’实在不高明，一篇混淆视听的假报道就能骗得了人民群众吗?”（引自《新闻战线》1978 年第一期）针对被歪曲、被颠倒的事实，立场在这里起到关键的作用。

总之，良好的职业道德是写好事务应用文的根本保证，因此事务应用文撰写者应努力做到：第一，深入到人民群众中调查研究，及时、公正、客观地反映人民群众的心愿和呼声；第二，不唯上，不唯书，不唯势，坚持实事求是；第三，具有高度的责任感，遵纪守法，不参与任何不忠实、不道德、有损国家和公众利益的活动。

二、较高的政策水平

“政策和策略是党的生命”，也是国家的生命。而好的政策必须符合“三个有利于”：一是有利于促进生产力的发展；二是有利于提高国家的综合实力；三是有利于提高人民的生活水平。事务应用文撰写者要加强政策方面的修养。首先，应提高理论水平，全面增强识别政策得失和正误的能力，以减少工作中的失误；其次，要有高度的责任感，自觉地维护国家和人民的利益。

我们提倡用好政策，用足政策，反对“上有政策，下有对策”，反对钻政策的空子为牟取本地区、本部门的利益而不顾全局利益的行为。

三、广博的学科知识

事务应用文撰写者除了要有良好的职业道德、较高的政策水平外，还应具备广博的知识。但知识修养是一个长期积累和磨炼的过程，绝非一朝一夕或者经过“突击”式的学习就能获得的。何谓广博？下面依据事务应用文写作的实际情况作些提示。

（一）马克思主义基本理论知识

事务应用文撰写者所从事的工作是一项思想性、政治性、政策性和法规性较强的工作。如果不系统地学习马克思主义理论，或者只是在写作中为引用而临时去查找、摘录马克思主义经典著作的只言片语，缺乏应有的马克思主义基本理论的修养，那么很难设想，这样的事务应用文写作者能够保持清醒的头脑，抓住主要矛盾，写出较高理论水准的事务应用文来。

（二）哲学知识

事务应用文写作者如果能用马克思主义的唯物辩证法、历史辩证法和科学发展观看问题，那么公文主旨必然会更全面、更深刻、更鲜明。美国的威廉·布里特在《我的成功道路》一书中，介绍了七位诺贝尔经济学奖获得者的“成功之道”。

这是一种让人惊叹的现象。在这七位诺贝尔经济学奖获得者中，能与经济学联系得上的，只有威廉·阿瑟·刘易斯和乔治·约瑟夫·施蒂格勒两位，其他几位获得的均是文学学士或硕士学位，肯尼斯·约瑟夫·阿罗还获得理学学士学位（见表1）。为什么他们一转到经济学上来，就能很快取得世界性的突破呢？这除了个人勤奋、努力等原因之外，恐怕都与哲学不无关系。因此，学点哲学，懂点哲学，不仅使人聪明，而且有利于提高事务应用文的写作质量。

表 1　七位诺贝尔经济学奖获得者及其获得的学位

姓　名	学　位
威廉·阿瑟·刘易斯	商学士，哲学博士
劳伦斯·克莱因	文学学士，哲学博士
肯尼斯·约瑟夫·阿罗	理学学士，文学学士，哲学博士
保罗·安东尼·萨谬尔森	文学学士、硕士，哲学博士
米尔顿·弗里德曼	文学学士、硕士，哲学博士
乔治·约瑟夫·施蒂格勒	工商管理学士、硕士，哲学博士
詹姆斯·托宾	文学学士、硕士，哲学博士

（三）经济知识

我们之所以强调事务应用文写作者要学习和懂得经济知识，是因为经济知识的创造、存取、学习、交流和使用，都大大地改变了人类社会。英国科学史专家李约瑟博士在《中国科学技术史》中说："在 3—13 世纪，中国保持一个让西方人望尘莫及的科学知识水平。"正是这种知识水平使我国出现了持续千年的繁荣。是否认识到这一点，对于事务应用文撰写者和事务应用文写作是大不一样的。事务应用文撰写者应下决心学习经济知识，这不仅有利于干好本职工作，而且有利于促进我国改革开放的深入发展。

（四）法学知识

依法治国是我国的基本国策之一，尤其是我国加入世界贸易组织后，事务应用文撰写者不仅要学习、了解国内外的法律法规，而且要学会运用法律知识做好自己的本职工作。例如，近期媒体不断披露校园体罚的问题：玉溪市北城镇某小学的老师罚学生活吞七只苍蝇，武汉东湖区某校五年级学生戴×被体育老师掐脖子、扇耳光，贵州省湄谭县某小学教师罗××令同学吐口水，乌鲁木齐铁路小学三年级一名 9 岁女生因为未能按时交作业而受到老师的体罚……在写反映这类问题的调查报告、简报时，如果不知道、不懂得《中华人民共和国教师法》《中华人民共和国义务教育法》《中华人民共和国未成年人保护法》，那么写出来的应用文就可能论证无力，甚至偏离法律的轨道，还可能间接地助长这种违法行为的蔓延。所以，要想使事务应用文合法，作者首先要学法、懂法和守法。

（五）历史知识

历史是人类社会和自然界发展过程的事实记载。事务应用文撰写者学习并懂得中国历史和世界历史，尤其是了解中国历史上几个强盛时期的兴衰情况、世界近十个发达国家和地区的发展史，不仅有利于借古知今、古为今用、洋为中用，而且有利于增长知识、陶冶情操、开阔视野、启迪智慧、升华人格。

中华民族几千年的历史不仅源远流长，而且光辉灿烂。尤其是在悠久的历史长河中涌现出的灿若繁星的杰出人物，他们用惊人的智慧创造了灿烂的文明……学习这些历史不禁为他们的雄才大略所叹服，为他们的博学多才而仰慕，为他们的爱国爱民、廉洁奉公而敬重，为他们的聪明机敏、识才爱才而折服……学习和熟悉这些历史人物，不仅能让人增长见识、振奋精神、奋发图强，而且能起到荡涤胸怀，震撼着也温暖着我们心灵的作用，纠正那种数典忘祖、妄自菲薄的错误倾向，激发爱国主义热情，更加努力地做好本职工作。

（六）办公自动化知识

21 世纪是信息化的时代，网络将全国、全世界紧密地联系在一起。原来的人工手写、机器印刷将为“无纸笔办公自动化”所代替。应当说，电脑从诞生至今虽然仅有五十多年的历史，但它却极大地改变了人们的工作和生活方式。随着电脑应用领域的不断深入和拓展，电脑处理的信息越来越多，运用电脑作为主要的辅助工具进行事务应用文写作，已经成为知识经济时代获取、加工、运输、存储和应用信息的重要手段。熟练地掌握电脑事务应用文写作技能，充分地运用网络技术，已经成为事务应用文撰写者融入世界知识经济潮流的重要方式之一。

四、多才多艺的本领

事务应用文撰写者被称为“杂家”，这就隐含了事务应用文写作内容丰富，涉及社会的方方面面。因此，事务应用文撰写者除了具备广博的学科知识外，还必须具有多种多样的能力，具有多才多艺的本领。

（一）娴熟的写作技能

事务应用文写作，对“文”来说，重在“应用”；对“人”来说，重在“写作”。娴熟的写作技能是事务应用文撰写者必备的条件。对于常见常用的事务应用文文体，不仅要会写，而且要熟知怎样才能写好。发生一件事，处理一个问题，解决一种矛盾，只有熟知文种适用范围，熟练运用写作技巧，才能写出既合体合规，又能解决问题、化解矛盾、指导实践的应用文来。

“文场笔苑，有术有门。”（刘勰语）无论写什么文章，都有技法、技巧和门路。朱自清在回忆自己年轻时期学习写作的情况时说，引起他的写作兴趣和指导他走上写作之路的，是一本谈论写作技法的书籍。可见，学习和掌握写作技法，是提高写作技能的重要途径之一。

（二）统计分析才能

统计分析是一项重要的调查研究工作，它是事务应用文写作中不可缺少的重要阶段，是关系到能否科学决策、科学管理的一项重要工作。因此，事务应用文撰写者应努力提高“监测分析”“评价分析”“预测分析”“专题分析”“综合分析”的能力，熟练掌握“平衡分析”“典型分析”“相关分析”“对比分析”“分组分析”“趋势分析”“构成分析”“因素分析”的方法，写好事务应用文。统计的信息职能是要系统地、灵活地为决策和管理采集、处理、传递、存储和提供大量以数据为基本特征的社会与经济信息，在研究和分析中，把相关的信息联系起来，为解决问题提供有效的对策。

（三）绘图、摄影、录像和制表能力

北京申办奥运会，除了要写大量的申办文字材料外，录像、图片、绘图和表格等全用上了。因此，事务应用文写作者不仅要会用文字说话，还应会用照片、图片、表格、录像说话，这样立体式地“说话”，其收效会更多更大。如常涛对2000年反腐进行了调研，在以文字为主的叙说中，配以“2000年反腐成就一览表”，其效果就比单纯的文字更有说服力。

五、独立的人格

党的十一届三中全会以来，伴随着解放思想、改革开放的深入，中国人的思想观念发生了显著变化；但是，与现代化建设相适应的现代体系还未真正建立起来，解放思想、更新观念的任务还相当艰巨。其次是现代观念的“难产”。把他国的新观念借鉴过来，会遭到传统观念的阻挠，从旧观念中演化出新的观念往往是一些非驴非马的东西，并不是真正的现代观念。当今世界，各国对现代化的追求和认识，虽然有种种的不同，但其中有共性的东西，就是在法制的市场经济条件下的民主、自由和平等。

按照马克思主义的学说，社会主义的本质应是民主，社会主义制度应是民主的制度。中国共产党为什么能从小到大、从弱到强发展起来，其中一个重要的原因是讲民主。后来，为什么形式主义、官僚主义屡禁不止？为什么唯上不唯实刹不住？为什么“文化大革命”得以发动？……最重要的原因之一是在当时的政治生活中出现“一言堂”，没有充分贯彻民主原则。执政党的权威、主要领导人的权威不是基于权力形成的，而是基于人们的认同和民主形成的。可以说，推进民主进程，是中国共产党保持领导地位的现实要求。

自由，意味着个性的解放，而个性的解放是发展生产力的根本。现今知识经济的出现，其实质是人们在追求更高层次的精神需求中形成的。因为这种追求不是建立在追求享受上，而是在物质上得到满足之后的一种能体现个人创造价值和对社会贡献的追求上，这也是个性解放的一种体现。因此，发展知识经济的根本是对人力资源的开发，是对人的智慧的开发，知识经济的本质在此，挑战也在此。只有我们的认识达到这个程度，并为此积极创造条件，知识经济才可能出现。

“平等”不是“平均”。我国传统社会有太多的平均，而缺少平等，缺乏权利平等、机会平等、人格平等等现代意义的平等观。我们必须更新观念，要让人人都有创造欲望，都有创造机会，都有创造的社会条件，这不仅是知识经济的本质，也是个性解放、社会进步与文明的标志之一。长期以来，我们只有整体观念，没有个体观念，个体似乎不存在，因为个体被看成整体中的一部分，即所谓的“机器上的螺丝钉”。目前，从上到下对这一点还缺乏应有的认识，仍然把个体与整体对立起来，认为张扬个性就会损害整体，殊不知，没有充分发挥的个体，就不会有充满活力的整体。当前，在我国还存在较严重的所谓“依附”现象。根据清华大学人文社会科学院刘建明教授对一个单位的调查，“95%的人认为，和领导搞好关系是办事、晋级的首要条件，一旦和领导有点不同意见，工作就很难开展……”在这样的环境中，如果写作事务应用文，正确的能坚持吗？错误的能抵制吗？能够做到真实、求实吗？

在撰写事务应用文过程中，我们提倡撰写者要有独立的人格，不能盲目服从，更不能依附。关于“人格”一词的解释，历来难有一致的精确说法，不像“虔诚”——“恭敬而有诚意”，“本家”——“统一宗族的人”那样容易界定明确，倒有些像“爱”这个词，只能感觉和体会到它，而难以从概念上去界定它。什么是人格呢？一般说来，人格应是一个人为人处事的性格、气质、魅力、品格和道德等特征的总和。就今日的生存环境而言，全心全意为人民服务，是新型理想人格的核心内容。光明磊落，大公无私，具有同情心，坚持真理，谦虚谨慎，百折不挠，是理想人格的重要组成部分。

理想的人格，需要从自己的方寸之地做起：对事业有敬业精神，对他人有善良之心，对社会自觉充当公正的良知！一个具有独立人格的事务应用文写作者，会自觉地坚持真理，宽容异见，否定独断和迷信。另外，还应具有强烈的为国为民“居安思危”的忧患意识，具有服务公共事业的责任意识。

随着时代的发展、社会的进步，对人格又赋予新的含义，这就是：

1. 在普遍意义上考虑并关心社会及他人的生存；

2. 询问终极存在，积极参与终极关怀；

3. 在真理面前，不轻易向政治权威屈服；

4. 不为功利所诱，不趋时媚俗；

5. 对社会自觉充当公正的良知；

6. 既严于剖析社会，也严于解剖自己，心胸坦荡，光明磊落。

具有上述人格的事务应用文撰写者，才具有对民族、对社会高度的责任感和为人类争取更美好未来的使命感，才具有严肃、冷静的科学精神，刚正不阿的处世态度，严谨、公正而又勤奋的工作作风。

第二章　计划类文书写作

第一节　计　划

一、计划的含义

计划是国家各级行政管理机关、各党派团体、企事业单位乃至公民个人，在一定时期内，为了达到某一目的或完成特定的任务而事先制订的方案。

可以说，目标或任务是计划存在的依据。例如原来承担的任务完成了，又承接了新的任务；或又一个五年计划开始了，等等，都必须把下一阶段的行动目标确定下来。为了顺利地达到这种预期目标，就必须制订行动计划。也就是说，需要对实现目标的途径、措施、步骤、方法和手段等作出具体的设计。由此看来，计划是由目标或任务而引起的，是目标或任务的具体化，是为了实现目标或完成任务而制订的可操作的具体方案。计划的作用是：协调统一，整体优化，为实现目标提供保证，便于检查和总结工作。

二、计划的特点

（一）指导性

计划既然是为了顺利完成任务或达到预期目标而制订的实施方案，那么，它本身无疑具有指导性。计划中确定的实施步骤、分阶段行动的安排和确定的指标数据，都是依据当时当地的客观实际和国家的方针、政策，进行全盘综合研究后提出来的，从而避免了盲目性。所以，计划对未来的工作有切实的指导意义。

（二）预见性

计划不是对现实工作的简单反映，而是针对未来一段时间内的目标、任务而设计出的行动方案。也就是说，计划是为了达到目标和完成任务而作出行动前的预见、预测和预谋性的安排。

（三）可行性

一份好的计划应该建立在对历史和现实进行客观、科学的分析，对未来进行科学预测的基础之上，主要体现出目标的新颖性、行动步骤的趋前性、具体方案的可行性。这样，计划以客观条件为依据，以制订的方案为根据，加上执行计划者的主观努力，就能达到预期的目标，完成预期的任务。

（四）约束性

计划一经通过和批准，在计划所涉及的单位、人员等范围内就具有一定的约束性。在执行中，局部必须服从全局，各部门必须按照计划的方案行动，不得随意更改，更不能顶着不办。当然，客观情况不断变化，计划应该随着客观情况的变化而适当变化。但在计划涉及的范围内，任何单位和个人不得擅自变更计划，只能按照一定的程序对原有计划进行修改和完善。

三、计划的类型

计划的种类繁多，从不同的角度可以有不同的分类方法（如图 2－1 所示）。

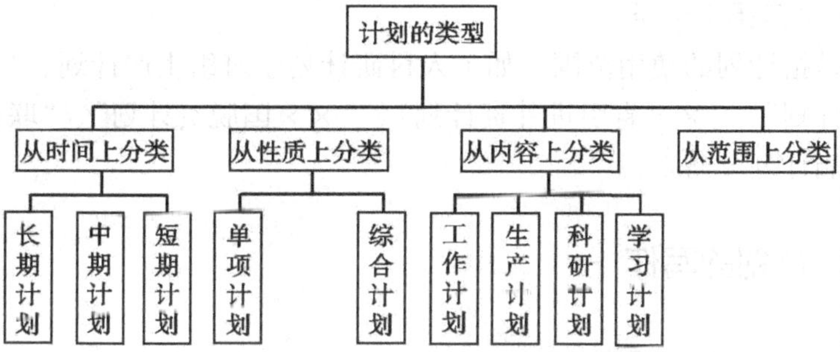

图 2－1　计划的类型

（一）从时间上分类

从时间上看，计划有“长期”、“中期”和“短期”之分。如我国的“八五”计划、“九五”计划、“十五”计划等，均是长期计划，每期 5 年；中期计划一般是 3 年左右；短期计划一般是 1 年或 1 年之内，如年度计划、季度计划和月度计划。

（二）从性质上分类

1．单项计划。即一个单位或一级组织，就其整体工作中某一方面的工作、任务或项目作出的具体计划。其主要特点是任务单一、内容集中。如“武汉市市区绿化计划”“北京市整顿交通秩序计划”等。

2．综合计划。即一个单位或一级组织，就其整体目标、项目或任务而在一定的时限内作出的总的计划。如国民经济计划、“东湖新技术开发区发展计划”等。

（三）从内容上分类

在计划的分类中，从内容上分类是分不完的。随着科技的进步、社会的发展、新事物的不断涌现，各种各样内容的计划将层出不穷。常见常用的有如下几种。

1. 工作计划。党政机关、社会团体、企事业单位各职能部门等，为开展工作而制订的计划均属工作计划。如计划生育工作计划、打假计划、质量检查计划、本学期领导干部听课计划等。

2. 生产计划。生产计划主要是企业为进行生产而制订的计划，如市场调查计划、产品创新计划、产品产量计划、销售计划等。

3. 科研计划。指单位或个人为进行科学研究而制订的计划，包括项目申报计划、项目研究计划。科研计划主要在社会科学和自然科学两个领域中进行。

4. 学习计划。指单位或个人为开展学习活动而制订的计划。如职工英语培训计划、厅局级干部法律知识学习计划、教授网络知识学习计划等。

计划的内容种类繁多，大至联合国“维和”计划，小至个人“考博”计划，世界上有多少种知识、有多少个工种，就有多少种计划。

（四）从范围上分类

主要是指计划的使用范围。如个人科研计划、班组生产计划、“××县发展水产养殖计划”、“××省引进外资计划”、“××国脱贫计划”、“联合国救助非洲儿童疾病计划”等。

四、计划的写作

（一）制订计划的程序

无论做什么事，要做得好，都得讲究程序。制订计划也不例外。一般说来，制订一个科学的、可行的计划，要经过以下程序（如图 2－2 所示）。

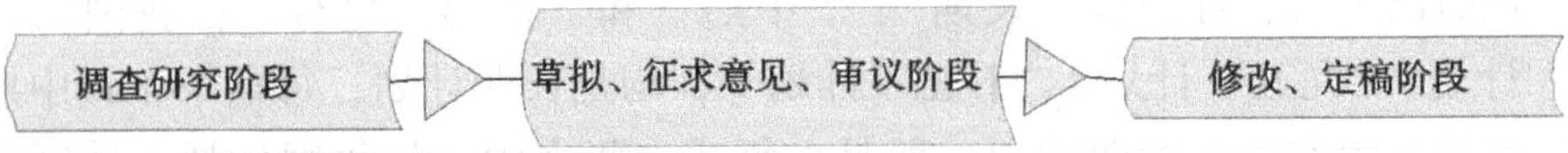

图 2－2　制订计划的程序

1. 调查研究阶段。随着市场经济的深入发展，经济体制改革推动着政治体制改革的进程，尤其是一批通过社会公开招聘、有真才实学的干部“上岗”，改变了以往制订计划的程序。在家长制式的领导和“一言堂”的工作环境中，制订计划往往是一把手说了算。现在不同了，制订计划，首先要进行调查，充分掌握实际情况，收集相关资料，听取各方面的意见，在此基础上进行研究。

如果是制订长期计划，还要组成专门班子，由单位主要负责人牵头，邀请相关专家参加，在调查研究的基础上，确定计划的目标、任务和要求，再依据目标、任务和要求制订具体的措施、办法和步骤。

2. 草拟、征求意见、审议阶段。在调查研究的基础上，开始指定专门人员拟写计划草案。第一步，详细列出计划草案纲要，经领导班子讨论并通过后，第二步，起草计划。第三步，将计划草案打印成册，分别交领导和专家讨论、审议。第四步，将修改过的计划印发到所辖单位广泛征求意见，并收集、整理这些意见，交领导班子审议。如我国“十五”计划草案，除了 2001 年 3 月在北京召开的第九届全国人民代表大会第四次会议上讨论和审议外，还在各民主党派、无党派人士中征求意见，最后交全国人大常委会审议。

3. 修改、定稿阶段。其实，每次征求意见后都在修改。无论是征求专家的意见，还是征求群众的意见，每征求一次意见就修改一次。但在定稿之前，应作一次总体的、系统的修改。也就是说，对征求得来的意见，要分析和研究，吸取合理的意见，再结合制订的目标、安排的任务，对实施的方案作一次系统的研究，对内因外因作客观的分析，对计划草案进行全面的修改和审议，上报主管部门批准后，方可成为正式计划。在一些发达国家，关系到国计民生的计划，需要在众议院、参议院经过“一读”“二读”“三读”的程序，符合法定的人数通过后，计划方可生效。

（二）计划的写作

1. 计划的写作格式。常见常用的计划格式有 3 种：一是条文式；二是表格式；三是条文与表格结合式。

（1）条文式。条文式是把计划按照内容的性质或轻重缓急归类，分条用文字逐一表述。而这里说的分条，又有两种形式：一是直接用序码按照顺序排列标明；二是在序码顺序后加上小标题。一般说来，有小标题的计划涉及的范围较大，内容较多，时间较长，如我国每五年一次的国民经济和社会发展的五年计划等。条文式计划的优点是条理清楚、重点突出。

（2）表格式。表格式计划不用叙述性文字表述，而是把任务指标按照项目、单位、年度、数据、百分比等内容，用表格的形式加以罗列。厂矿企业或金融证券部门常用表格式计划。表格式计划的优点是易归类，易填写，易对照检查，既醒目又清楚。

（3）条文与表格结合式。条文与表格结合式计划是将上述两种计划的形式合并在一种计划之中，集两种计划之优势，既有文字表述，又有表格呈现，二合一兼用。

2. 计划的写作方法。一份完整的计划一般由标题、正文和落款三部分组成（如图 2－3 所示）。即使运用表格式的计划，在表格的正上方也有类似标题的内容，在表格的右下方写明制订计划的单位或个人的名称（如果标题中没有出现单位名称，落款处就应写明制订计划单位的全称；如果标题中有单位的名称，落款处只注明制订计划的日期）和日期。

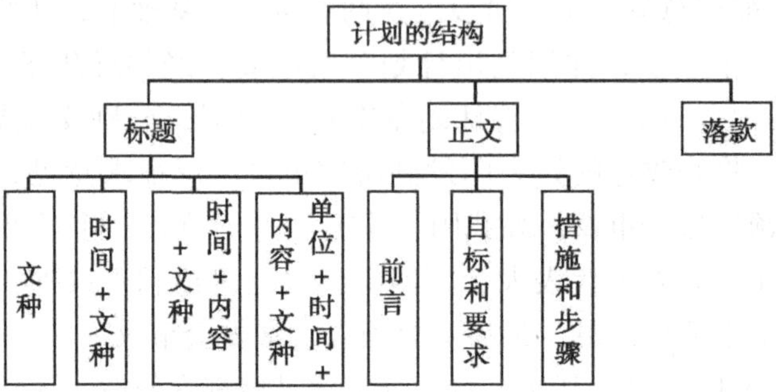

图 2－3　计划的结构

（1）标题。计划的标题有四种：一是只有文种，如“计划”；二是时间＋文种，如“2001 年第一季度计划”；三是时间＋内容＋文种，如“2001 年计划生育计划”；四是单位＋时间＋内容＋文种，如“武汉市水产局 2001 年发展水产养殖计划”。

如果计划尚处于征求意见、讨论和修改等阶段，无论采用上述四种标题中的哪一种，都应该依据实际情况，在“计划”二字后加上括号，并在括号内相应写明“（初稿）”，或“（草案）”，或“（讨论稿）”，或“（征求意见稿）”，或“（修改稿）”，或“（第三次修改稿）”等。

（2）正文。正文是计划的主体部分，计划的实施方案、步骤、标准和要求等主要内容都在正文之中。其主要内容有以下几个方面。

① 前言。这是计划的开头。其主要内容有两个方面：一是指导思想，主要说明为什么要制订此计划，制订此计划的依据是什么；二是本单位的基本情况。

写前言应注意两个问题：其一，如果是时间跨度长的计划，指导思想和基本情况应力争写得详细些、具体些；如果是时间跨度短的年度计划、季度计划，指导思想和基本情况则应力争简短，有些这类计划甚至省去“基本情况”。其二，写作申请“上市公司”或“新建项目”的计划时，因为需要获得上级部门批准，所以在“前言”部分要充分说明计划的依据和理由。若是本单位年度例行工作计划或季度生产计划，则完全可以省略“前言”。

② 目标和要求。目标既是制订计划的导因，又是执行计划的目的。正是这一原因，任何计划都必须有明确的目标。关于计划目标的表述，因为行业不同，具体内容不同，表述的方式方法也就不同，大多数计划用定量的方式来表述，而属于思想、理想、政治等领域的目标，往往用定性的方式来表述。这应视具体情况区别对待，没有硬性的、统一的规定。当然，也有的计划把定量与定性

结合起来。无论采用哪一种方式，必须做到目标明确。有些大的项目、工程或者长期计划，应将总体目标分解为具体目标，形成一个目标体系。在此基础上，除提出总的要求外，按照分解出的目标，逐一提出具体要求，配套形成一个要求体系。

③ 措施和步骤。在计划中，措施是为完成任务或达到预定目标而采取的具体办法。步骤是实施计划的时间安排和按照办法办事的程序。如果说“前言”是解决“为什么做”的问题，那么措施和步骤则是解决“怎么做”的问题。无论是人力、物力、资金的安排，还是每一具体阶段时限的规定、任务的分配等，都应具体、明确，一环紧扣一环，做到先后有序、轻重有别、难易有度地执行计划、完成计划，达到目的。

（3）落款。如果在标题中已经写明单位名称，落款处只写明日期即可；否则，就应在正文右下方写明制订计划的单位名称。无论是上报领导请求批准的计划，还是内部使用的计划，一经通过，就具有指导性和约束性，因此应加盖单位公章。

总之，制订计划是一件极为严肃的事情，既要实事求是、量力而行，又要具有开拓创新的胆识；既要发扬民主，又要善于集中，尤其要听取相关专家们的意见；既要反对因循守旧，又要留有余地。我们赞成制订计划应是“跳起来摘桃子”这一形象的说法。

五、计划写作注意事项

撰写计划应注意以下几方面（如图 2－4 所示）。

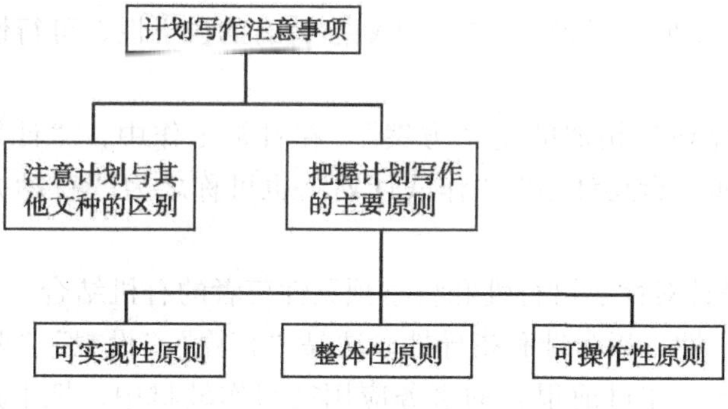

图 2－4　写作计划注意事项

（一）注意计划与其他文种的区别

在现有的应用写作教材中，关于“计划”，普遍存在一个值得商榷的问题：什么是计划？这些教材除把“计划”解释为“安排”“意见”“打算”外，还有“设想”“方案”“要点”“规划”等提法。但是具体问题应具体分析，将上述七种解释都等同于“计划”是欠妥的。

“规划”与“计划”有明显的区别。在时间上，“计划”一般是5年以内，而“规划”则至少5年。在内容上，“计划”较具体，可操作性强；而“规划”则比较概括，宏观性、原则性较强，不便于具体操作。因此，“计划”就是计划，“规划”就是规划，它们是既有联系又有区别的两种不同的文体。一般说来，可以依据“规划”来制订“计划”，但绝没有依据“计划”而制订“规划”的。

“设想”更不是计划。计划是在调查研究的基础上，依据确定的目标或任务进行认真研讨而形成的，不仅具有严肃性，而且具有指令性。对于做什么、怎么做、什么时间完成、达到什么标准、取得什么目的，“计划”都制订得很具体、很清楚。“计划”一旦公之于众，是必须执行的，没有特殊情况不能变更。“设想”只处于想象、假想的阶段，没有经过科学的论证，绝不能当成“计划”看。

“意见”有两层含义：一是作为一种文种，适用于对重要问题提出见解和处理办法，它与“计划”同是事务应用文“家族”中具有独立门户的“成员”，不能合二为一；二是单位首长或领导班子对某事提出的看法或想法，或者是上级向下级布置一定阶段的工作任务时提出的要求或指导性意见，这也不是“计划”。

“要点”更不与“计划”沾边。《现代汉语词典》对“要点”的解释是：“话或文章等的主要内容。”由此看来，“要点”与事务应用文没有“血缘关系”，“计划”应有的系统性、可操作性等主要特征在“要点”中根本没有。

“安排”和“打算”怎么说也称不上是文种。尤其是“打算”，它只能算是一种“想法”、一种“考虑”，与“计划”特有的科学性、可行性、系统性等属性相距甚远。

真正与“计划”相似的是“方案”。在日常工作中，“计划”与“方案”也可以互用，如“行动计划”“作战计划”也可称之为“行动方案”“作战方案”。

“计划”是针对性、可行性和科学预见性三者的有机结合。“计划”一经颁发，就具有确定性、指令性和指导性，这是“打算”“设想”“要点”等根本无法具备的。因此，在目前很多的事务应用文写作教材中，把上述几种“文体”列入“计划”之中是不规范的，也是没有理论依据的。

（二）把握计划写作的主要原则

无论做什么事，要做得好，都应有所依据的原则或标准。制订计划也不例外。那么，制订计划有哪些原则呢？

1. 可实现性原则。制订计划应考虑到经过艰苦奋斗之后，制订的目标能否达到，安排的任务能否完成；否则，不仅造成人力、物力和资金的浪费，而且会伤害群众的积极性，甚至失去民心。

遵循可实现性原则应注意以下两个问题：

一是科学性。科学性首先表现在要有实事求是的科学态度。制订的计划必须符合时代潮流、社会进步、客观事物内部发展的规律性。应彻底改变和根除以往“三拍”现象：“拍脑袋订计划，拍胸脯表决心，事儿办砸后拍屁股调岗位。”绝不能仅凭几个主要领导人或一把手的主观愿望而随意制订计划，必须切实搞好调查研究，从实际情况出发，准确地把握客观实际和事物发展的规律。

二是预见性。制订计划要有科学的预见能力，对一些可能出现的新问题、新情况和新矛盾应作出充分的估计和准备，制订出有效的措施和应对的方案。这种“预见”还为“滚动计划”打下了坚实的基础。如果只顾眼前而不顾今后，只想到“我在位时的政绩”，而忽视长远的利益，这种短期行为的计划是既害民又害国的。另外，制订计划还应注意留有余地。

2. 整体性原则。制订计划应遵循整体性原则，就是要有“一盘棋”思想，即局部服从全局，下级服从上级。整体性原则又被称为最优化原则，它应该处理好中短期计划与长期计划的关系，处理好局部计划与全局计划的关系，处理好下级计划与上级计划的关系。上级计划或全局计划是高于并指导下级或局部计划的，而下级计划或局部计划应依照上级或全局计划制订。当然，全局计划不是各局部计划的简单相加，而应是一种优化组合。同样，上级计划也不是下属各单位计划的简单相加。贯彻整体性原则，除了局部服从全局、下级服从上级外，还应体现在制订计划既要顾及自己的发展，还应顾及他人的发展，切不可把自己的发展建立在损害他人利益的基础上。借用生态学的语言来说，各局部计划应营造出优化全局计划的生态系统，因为生态系统是生命系统和环境系统（包括政治环境、经济环境、地理环境等）在特定空间的组合，是由物质流、能量流和信息流联结而成的复合体系，是一个具有新陈代谢和自我调节机制的有机整体。而这个有机整体是由若干相互依存、相互制约的相关子系统构成的，各个子系统之间功能搭配合理，协调运作，就会产生整体效能。

3. 可操作性原则。计划是为完成任务、实现目标而制订的行动方案。它一经制订并公布，制订计划的单位和上下各部门就必须按照计划行事。因此，在计划的内容中，无论是任务、指标、措施、步骤和办法，还是资金的使用、人员的分工、完成期限等，必须写得明确具体，具有可操作性，既便于执行和落实计划，又便于检查督促，有所凭据和依托。一个计划如果缺乏可操作性，它就失去了可行性和约束性，也难以完成既定的任务，达不到预期的目标。

计划写作范式

"九五"期间全国主要污染物排放总量控制计划

《中华人民共和国国民经济和社会发展"九五"计划和2010年远景目标纲要》提出了我国"九五"期间的环境保护目标："到2000年，力争使环境污染和生态破坏加剧的趋势得到基本控制，部分城市和地区的环境质量有所改善"，并提出"创造条件实施污染物排放总量控制"。

一、实施污染物排放总量控制是中国环境保护的重大举措

实施污染物排放总量控制是保证实现"九五"环境保护目标的需要。我国环境污染已经十分严重，在不少地区有些污染物排放总量已明显超过环境承载能力。随着经济和人口增长，污染物排放总量会增加。为了实现"九五"环境保护目标，必须严格控制污染物排放总量。

实施污染物排放总量控制是落实两个根本性转变的需要。(略)

实施污染物排放总量控制是推行可持续发展战略的需要。(略)

实施污染物排放总量控制是深化改革、扩大开放的需要。(略)

二、污染物排放总量控制的基本原则

(一) 指标筛选原则

1. 对环境危害大的、国家重点控制的主要污染物。

2. 环境监测和统计手段能够支持的。

3. 能够实施总量控制的。

根据以上原则，"九五"期间将对12种污染物实行排放总量控制。

大气污染物指标 (3个)：烟尘、工业粉尘、二氧化硫。

废水污染物指标 (8个)：化学需氧量、石油类、氰化物、砷、汞、铅、镉、六价铬。

固体废物指标 (1个)：工业固体废物排放量。

(二) 总量分解的原则

1. 服从总目标。到2000年，全国主要污染物排放总量控制在"八五"末水平，总体上不得突破。

2. 突出重点。凡属"九五"期间国家重点污染控制的地区和流域，相应控制的污染物排放总量应当有所削减。主要包括：

酸雨控制区和二氧化硫控制区；

淮河、海河、辽河流域；太湖、滇池、巢湖流域。

3. 区别对待。根据不同地区经济与环境现状，适当照顾地区差别。东部地区要在"八五"末的基础上有所削减；中部地区控制在"八五"末水

平；西部地区根据具体情况，部分指标可适当放宽。

对危害性大的有毒污染物如氰化物、砷、重金属等，必须从严控制，比“八五”末有所减少；对烟尘、工业粉尘、化学需氧量、石油类、工业固体废物排放量等要控制在“八五”末水平；对控制难度大的二氧化硫排放量，在酸雨和二氧化硫控制区要力争控制在“八五”末水平。

4. 扶持优强。实行污染物排放总量控制，要有利于实现环境资源的合理配置，有利于贯彻国家产业政策，有利于企业技术进步，有利于提高治理污染的积极性。把污染物排放量往企业分解时，必须首先要求企业达标排放。

三、总量控制的基本做法

（一）在各省、自治区、直辖市申报的基础上，核实省级1995年排放量基数；经全国综合平衡，编制全国污染物排放总量控制计划；把“九五”期间主要污染物排放量分解到各省、自治区、直辖市，作为国家控制计划指标。

（二）各省、自治区、直辖市把省级控制计划指标分解下达，逐级实施总量控制计划管理。

（三）污染物排放量较大的工业部门，力争实现增产不增污。

（四）编制年度计划。

（五）年度检查、考核，定期公布各地总量控制指标完成情况。

（六）依照《中华人民共和国水污染防治法》规定，对污染严重的水体实施重点污染物排放的总量控制制度，按照水体所必须达到的水环境质量标准要求，确定严于本计划的污染物排放总量指标，并对有排污量削减任务的企业实施污染物排放量核定制度。

【范文赏析】

这是条文式计划。前言说明制订本计划的依据。计划的事项第一部分用三个“需要”扼要地阐明“实施污染物排放总量控制”的重要性和必要性，第二部分规定“基本原则”，第三部分提出落实“总量控制的基本做法”。全篇举重若轻，布局谋篇颇得其要，表述言简意赅。

病文举例

××县物价局2010年工作计划

一、总体思路

以邓小平理论和“三个代表”重要思想为指导，认真贯彻落实党的十七大、十七届三中、四中全会精神，为企业和群众提供快速、便捷、高效的服务，为促进我县经济社会跨越式发展而不懈奋斗。

二、工作目标

坚决完成市局下达的业务目标和县委、县政府下达的业务目标。

三、主要任务

（一）改进价格调控手段

1. 加强价格综合调控。建立以价格总水平基本稳定为目标的价格调控机制，认真研究在流动性充裕条件下国内通胀预期不断增强与群众生活关系密切的蔬菜、食用油及水、电、油、气等价格结构性上涨的关系，提高价格调控的前瞻性和预见性。

2. 保持涉农价格基本稳定。认真落实国家提高粮食最低收购价政策，提高农民种粮积极性，促进农业增产和农民增收。

3. 完善价调基金征收管理制度。积极防范和妥善处置突发市场价格异常波动，利用储备吞吐稳定价格。

（二）促进经济结构调整

1. 继续深化电价改革。认真贯彻落实产业集聚区电价政策，促进县域经济发展。推进发电企业竞价上网试点。优化销售电价结构，做好居民用电阶梯电价的基础工作。

2. 积极推进水价改革。合理制订和调整水资源费征收标准，推进水利工程供水价格改革。完善污水处理收费管理制度，鼓励有条件的企业使用中水，节约水资源。

（三）重点解决社会关注的热点价格问题

1. 加强医药价格监管。按照国家发改委、省发改委的部署，建立健全医疗价格形成机制；核定新增医院用基本药物和新增医疗保险报销药品的零售价格。

2. 整顿教育收费。与纠风、教育等部门联合组织开展全市教育收费的专项治理工作，整顿学校以代收费、服务性收费为名变相多收费行为，坚决制止“国家一边免费，学校一边乱收费”的现象。

3. 改进房地产价格与收费监管。加大保障性住房价格管理力度，严格经济适用房价格和廉租住房租金标准审核，切实维护业主和物业服务企业的合法权益。

4. 优化消费环境。制订有线电视收视费管理办法，合理调整有线电视收费标准，实现有线电视向数字化的平稳过渡。

（四）加强市场价格监管和公共服务，维护公平竞争的价格秩序

一是加大清费治乱减负力度。二是引导规范市场价格行为。三是整顿

市场价格秩序。

四、2010年价格工作保障措施

（一）全面打造学习型机关。以“价格服务进万家”活动为载体，不断创新工作内容，改进工作形式，将各项惠民、利民和便民措施落到实处。

（二）全力做好价格协会工作。重点开展“十二五”重大价格问题研究，系统总结“十一五”以来价格改革、调控和监管的经验和教训，集中力量研究“十二五”时期价格改革、调控和监管的主要目标和基本思路。

（三）严格依法行政。进一步加强行政复议和行政诉讼工作。切实做到依法定价、依法治价。

（四）全面加强机关工作作风的转变。加强惩治和预防腐败体系建设，坚持党风廉政建设责任制，不断健全和完善廉洁从政的监督制约长效机制，不断优化经济发展环境和纠风治乱工作。

（五）强化宣传工作。建立和完善价格主管部门新闻发言人制度，要建立互联网价格信息员制度；要加大精神文明建设工作力度。

【病文指瑕】

这是县物价局的年度工作计划。主要存在以下问题：

一是结构残缺。计划正文一般以前言、目标和要求、保证措施为基本架构，此件无前言，开篇即为“总体思路”。须知，计划是事先制订的具体方案，必须实在可行。此例“思路”放之四海可皆准，既无该局基本情况，也无物价工作特点。

二是目标模糊。第二大项“工作目标”是：“坚决完成市局下达的业务目标和县委、县政府下达的业务目标。”目标或者是定性的，或者是定量的，或者是定性与定量相结合的。读了这一句，如何知道目标是什么？况且县委不宜，一般也不给行政部门下达业务目标。“目标”是想要达到的境地或标准，将“目标”改成“指标”为好。

三是措施不力。措施是完成计划达到预期目标的保证办法，必须具有针对性和可行性，而不是假、大、空式的标语口号。一个县的物价局竟以“重点开展‘十二五’重大价格问题研究，系统总结‘十一五’以来价格改革、调控和监管的经验和教训”，其志可嘉，其情可悯，其绩难测。

文字表述的问题恕不赘述。

第二节 规 划

一、规划的含义

规划是领导机关对未来的、总体的行动作出全面筹划、宏观决策和战略部署（包括对宏观的未来作出预见性的分析和判断），提出主观上预期的战略目标和达到这些目标的行动纲领的一种计划文书。如社会发展远景规划、城市发展总体规划、科研发展规划等。

规划的本义。《国语·周》称“近臣尽规”，并注：“尽规，尽其规计以告王也。”《三国志·杨仪传》：“（诸葛）亮数出军，仪常规划分部，筹度粮谷。”上例引文“规”“规划”均为谋划之意。可见，规划和计划都是为未来目标的实现而预先拟定的任务、措施、步骤和要求，但两者之间的区别也很明显。

其一，规划的范围比计划广。规划是从宏观角度对某项工作的方向、规模等所作的原则性规定，线条较粗；计划则是从相对的微观角度对某项工作的任务、措施所作的具体性规定，线条较细。

其二，规划的时限比计划长。规划跨越的时间一般在 5 年以上，时限要求不太严格；而计划的时间是 1 周、1 个月、1 季、1 年，最长者为 5 年。

其三，规划的层次比计划高。规划是纲领性文件，可以决定计划的方向和任务；而计划则是贯彻实施规划的具体方案，计划的编制以规划为依据，同时又可以对规划进行修改、完善和补充。

其四，规划的作用比计划大。规划具有全局性和长远性，展示的是远景构想，有较大的指导作用；计划展示的是近期目标，规定的是具体任务和实施步骤，只有指令性作用。

二、规划的特点

1. 战略决策性。规划是从客观的角度对规划事项进行综合预测而提出的长远的、全局性的计划和策略，属于纲领性文件。

2. 激励鼓动性。规划是对宏观预见的科学概括，既有抽象性又有形象性。规划的美好前景具有激励人、鼓舞人和鞭策人的积极作用。

3. 内容可变性。规划毕竟是预想、设想的方案，实施中总有一些不可预见的因素干扰或阻碍规划的实施。必须用科学发展观指导、检验规划的实施，并按照一定的程序，适时地对规划的内容进行调整。

三、规划的分类

规划的分类如图 2 –5 所示。

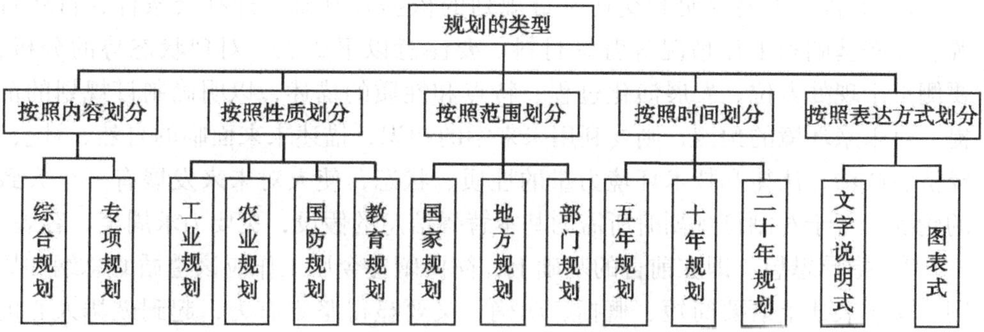

图 2 –5　规划的分类

按照内容划分，有综合规划和专项规划。前者如国民经济发展规划，后者如“××市林业发展规划”。

按照性质划分，有工业规划、农业规划、国防规划、教育规划等。

按照范围划分，有国家规划、地方规划、部门规划。

按照时间划分，有五年规划、十年规划、二十年规划等。

按照表达方式划分，有文字说明式规划和图表式规划。

四、规划的写作

虽然规划的目标有大有小，任务有重有轻，写法有繁有简，内容有详有略，但却只有文字式和文字表格式两种写作格式。现将文字式规划的写法介绍如下。

文字式规划的结构如图 2 –6 所示。

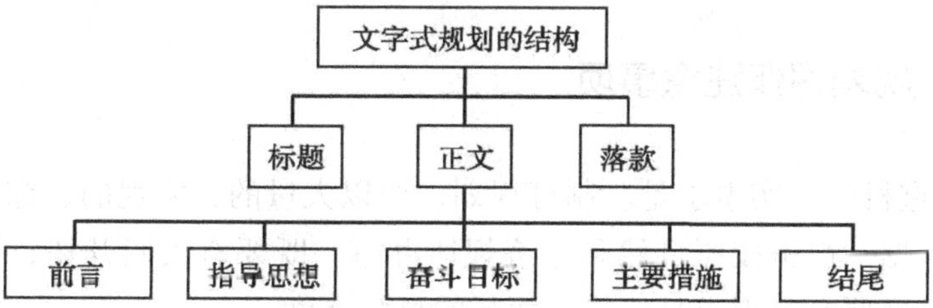

图 2 –6　文字式规划的结构

（一）标题

一般由规划单位名称、规划期限、规划事项和文种构成，如“××省畜牧业第十一个五年发展规划”。当然，视情况需要，有时也可以省略文种以外的某个要素。

（二）正文

1. 前言。主要说明和交代制订规划的依据及基础，即社会条件、自然资源、经济基础和工作情况等背景材料。要注意以下 3 点：对现状态势的分析，要侧重于现处方位、发展演化过程、特点和性质的描述，以明确制订规划的前提。对未来环境的预测，则要利用未来学的知识，描述未来面临的自然、社会、经济、政治、法律和技术环境力量的性质、状态，使人对未来发展有一个大致的轮廓。至于对制订规划时所需的基本背景信息的假设，更要力求周全、客观。

2. 指导思想。即在前言的基础上，简要阐述今后工作应该遵循的总纲和原则。文字表述上既要简短、概括、明确，又要显得坚定有力，起到鼓舞人心的作用。

3. 奋斗目标。这是规划的主体和核心。首先需要确立总体战略目标，然后将实现总体战略目标的过程分解为几个小的阶段，对每个小阶段又分别作出相应的、较小的战略目标的规定，由近而远，循序渐进地推进，即提出每项工作的具体指标、时限和要求。叙述时应全面展开，力求明确具体、条理清晰。

4. 主要措施。如果没有得力有效的执行措施作保障，那么任何宏伟美好的规划都是空中楼阁。所以，要紧紧围绕规划目标，有的放矢地提出实施的具体步骤和方法，尤其要落实分工责任制。《管子・幼官》认为，“执务明本，则士不偷”；《商君书・修权》说：“立法明分，而不以私害法则治。”这里的“本”和“分”均指职责。落实规划，必须任务明确、责任明晰、奖惩分明。

5. 结尾。可以文随事结，也可以展望美景、发出号召。

（三）落款

上报下发的规划，机关印章和成文日期署于正文末页右下方；媒体刊发的规划，机关印章和成文日期署于标题之下、正文之上。

五、规划写作注意事项

1. 尊重科学，实事求是。制订规划，要以大量的、宏观的、综合的和预测的信息为依据，严格按照自然和经济规律办事，既要有大胆开拓、勇于进取的革命精神，又要有实事求是、量力而行的科学态度。

2. 着眼全局，趋利避害。当今社会，科学技术和生产力的飞跃发展，要求规划的编制者们熟练地掌握科学理论和预测方法。在论证长远目标的可行性时，要面向未来，既能全面把握大局，又能兼顾各个部位；既要扬长避短，又要趋利避害，充分发挥整体的优势。

3. 集思广益，力求最佳。要不断地提高分析、提炼材料的能力，善于从纷繁复杂的事物中发现规律、总结规律，不断提高归纳概括的能力，并善于运用图表说明问题。对于拟定的规划草稿，要集思广益、群策群力，广泛地邀请专家、学者进行比较鉴别，反复论证，力求使规划的内容最大限度地满足最广大人民群众的根本利益。只有这样的规划，才是最佳规划。

规划写作范式

中华人民共和国国民经济和社会发展第十一个五年规划

中华人民共和国国民经济和社会发展第十一个五年（2006—2010 年）规划纲要根据《中共中央关于制订国民经济和社会发展第十一个五年规划的建议》编制，主要阐明国家战略意图，明确政府工作重点，引导市场主体行为，是未来五年我国经济社会发展的宏伟蓝图，是全国各族人民共同的行动纲领，是政府履行经济调节、市场监管、社会管理和公共服务职责的重要依据。

第一篇　指导原则和发展目标

第一章　全面建设小康社会的关键时期

“十五”时期是不平凡的五年，我国综合国力明显增强，人民生活明显改善，国际地位明显提高。面对复杂多变的国内外形势，在全国各族人民共同努力下，我们有效抑制经济运行中出现的不稳定不健康因素，成功战胜非典疫情和重大自然灾害的挑战，从容应对加入世界贸易组织后的新变化，国民经济持续较快发展，“十五”计划确定的主要发展目标提前实现。工业化、城镇化、市场化、国际化步伐加快，经济体制改革不断深化，对外贸易迈上新台阶，国家财政收入大幅度增加，价格总水平保持基本稳定，城乡面貌和人民生活进一步改善，民族团结不断巩固，各项社会事业取得新进步，国防和军队建设取得新进展，社会主义民主政治和精神文明建设继续加强。更为重要的是，党中央提出了树立科学发展观和构建社会主义和谐社会的重大战略思想。这些都为“十一五”时期的发展奠定了良好基础。面向未来，我们站在一个新的历史起点上。

第二章　全面贯彻落实科学发展观

（略）

第三章　经济社会发展的主要目标

根据全面建设小康社会的总体要求，“十一五”时期要努力实现以下经济社会发展的主要目标：

——宏观经济平稳运行。国内生产总值年均增长7.5%，实现人均国内生产总值比2000年翻一番。城镇新增就业和转移农业劳动力各4500万人，城镇登记失业率控制在5%。价格总水平基本稳定。国际收支基本平衡。

…………

——民主法制建设和精神文明建设取得新进展。法制建设全面推进，形成中国特色社会主义法律体系。思想道德建设进一步加强，构建和谐社会取得新进步。

…………

（第二篇至第十三篇略）

第十四篇　建立健全规划实施机制

在社会主义市场经济体制初步建立的条件下，实现本规划的目标和任务，主要依靠发挥市场配置资源的基础性作用。同时，政府要正确履行职责，调控引导社会资源，合理配置公共资源，保障规划顺利实施。

…………

在本规划实施的中期阶段，要对规划实施情况进行中期评估。中期评估报告提交全国人民代表大会常务委员会审议。经中期评估需要修订本规划时，报全国人民代表大会常务委员会批准。

保持香港、澳门长期繁荣稳定。坚持“一国两制”、“港人治港”、“澳人治澳”、高度自治的方针……

台湾是中华人民共和国不可分割的神圣领土。推进两岸关系发展和祖国统一大业，扩大海峡两岸经济、文化、科技、教育交流与人员往来，维护台湾同胞的正当权益，推动全面、直接、双向“三通”，促进建立稳定的两岸经贸合作机制，促进两岸关系发展，维护台海和平稳定。

“十一五”规划是全面建设小康社会进程中的重要规划。全国各族人民要在中国共产党的领导下，紧密团结在以胡锦涛同志为总书记的党中央周围，高举邓小平理论和“三个代表”重要思想伟大旗帜，全面贯彻落实科学发展观，振奋精神，扎实工作，锐意进取，开拓创新，为实现“十一五”规划和全面建设小康社会的宏伟目标而努力奋斗。

【范文赏析】

这是综合性、宏观性的长远规划。前十次“国民经济和社会发展”均用“计划”文种发布，改用“规划”尚属首次。开宗明义，直述依据，旋即重点阐述这一规划的重大意义和重要作用，言约而旨丰。采用篇章节目体例，事项部分调研论证科学而充分，指导原则和发展目标明确而具体，内容全面，重点突出，层次分明，文字流畅。

病文举例

2010年精神文明建设规划

为进一步加强全县司法行政系统精神文明建设，提高司法行政干警的政治素质、业务素质、思想觉悟和执法水平，为维护全市社会稳定，促进经济发展提供可靠的法律保障和优质的法律服务，特制订本规划。

一、指导思想

以“三个代表”重要思想和党的十七大精神为指导，以学习实践科学发展观活动为载体，坚持以“学创”活动为动力，以最佳最差单位评议活动为载体，以“行风评议”活动为促进，开展多种形式的教育活动，全面加强干警思想政治工作，努力提高干警政治素质、业务素质和思想道德水平，为全市经济发展和社会稳定作出积极贡献。

二、创建目标

巩固市级精神文明单位标兵称号，力争创建省级文明单位。

三、工作任务

（一）切实加强班子建设。要认真贯彻执行民主集中制原则，不断增强各级班子的凝聚力和战斗力；要采取集中辅导和个人自学等方式努力提高班子成员的政治理论水平和综合业务能力，增强维护稳定意识、公正效率意识和诚信服务意识；继续深入学习“三个代表”重要思想、科学发展观理论，学习新《党章》、学习《公务员法》等相关法律法规，使班子成员准确把握、正确践行科学发展观；切实开展“四好”领导班子创建活动，达到具有好的思想、具有好的能力、具有好的作风、具有好的形象的“四好”标准，真正成为加强精神文明建设的排头兵。

（二）切实加强素质培养。组织广大干警深入学习邓小平理论、“三个代表”重要思想、科学发展观理论、党的十七大精神以及省、市、县工作会议精神，不断提高广大干警的理论水平；加强干警的岗位培训和技能培训，不断提高业务工作能力；引导干警的岗位培训和技能培训，不断提高业务工作能力；引导干警树立大局意识、服务意识、诚信意识，进一步转变行业作风，文明执法，热情服务，全面提升干警素质。

（三）切实活化教育形式。一是利用重大节庆和纪念日开展爱国主义、集体主义、社会主义教育，引导干警树立正确的世界观、人生观和价值观。二是深入开展“学创”活动以及整顿法律服务市场、规范法律服务形式、提升法律服务形象、提高法律服务质量等专项活动，为加强司法行政系统建设提供精神动力，使广大干警自觉树立无怨无悔的奉献精神、精益求精的敬业精神、清正廉洁的自律精神；要进一步加强文明律师事务所、文明公证处、标准化司法所的创建活动，不断提高所处建设，推动全市司法行政系统文明单位建设活动上档次。三是开展党性党纪党风教育和职业道德、执业纪律教育。落实“党员受教育，永葆先进性”的各项长效机制，巩固先进性教育成果；继续在党员干部中开展理想、信念、宗旨教育，艰苦奋斗教育，充分发挥典型的教育和警示作用，用正反两方面典型教育干警，做到警钟长鸣。四是开展丰富多彩的文体活动，活跃干警职工文化生活，组织干警积极参加社会公益活动和义务劳动，积极宣传司法行政业务，扩大司法行政社会影响面。

（四）切实服务经济发展。内强素质，外树形象，不断提高法律服务质量和水平；深入开展好最佳最差单位评议活动，“行风评议”活动以及各种专项整顿活动，加大纠风工作力度，不断提高司法行政机关知名度，展现司法行政队伍的良好形象，努力营造有利于经济发展的法律服务环境。

四、保证措施

1．加强领导。成立精神文明建设领导小组。

2．继续抓好文明单位建设活动的基础建设、制度建设、档案建设，注意文明单位建设活动情况的搜集、整理、归纳与总结，使文明单位建设工作更加制度化、规范化。

【病文指瑕】

这是××县司法局制订的规划。问题如下：

一是文种错用。规划是只适用于高层领导机关提出战略目标和达到预期目标的行动纲领的一种计划性文书，期限必须5年以上。一个县属局一年的精神文明建设不能用“规划”，只能用“计划”。

二是把“工作任务”与“保证措施”相混淆。须知，“加强班子建设”“加强素质培养”“活化教育形式”“服务经济发展”都是力求提高领导班子素质、提高全体员工素质，这是落实“创建目标”的措施保证。而“保证措施”中的“加强领导”，“继续抓好文明单位建设……”与上条“工作任务”雷同。

第三节　工作要点

一、工作要点的含义

工作要点是以简洁的文字，对某一时期的主要（中心）工作内容作出安排的一种计划性文体。“要”，古通“腰”。《墨子·兼爱》称“楚灵王好士细要”，引申为“中枢”。《素问·天元纪大论》说“至数之要，愿尽闻之”，注：“要，枢纽也。”可见，工作要点是指中枢之点、重中之重，当然应择其要者而列之。这样做的目的是提示有关人员有重点、有步骤、有计划地开展工作。

二、工作要点的特点

一是内容的针对性。要针对工作中心，集中反映主要工作内容，可以不及其他。

二是行文的灵活性。工作内容可视实际需要加以增删取舍，思路层次可以跳越，格式可以不求完备。

三是时间的模糊性。工作要点对完成时限的要求总体上明确，阶段上模糊。如“城建工作要点”，总体上要求一年内改变形象；但具体哪项任务在哪季哪月完成，不作严格规定。

三、工作要点的分类

工作要点的分类如图 2－7 所示。

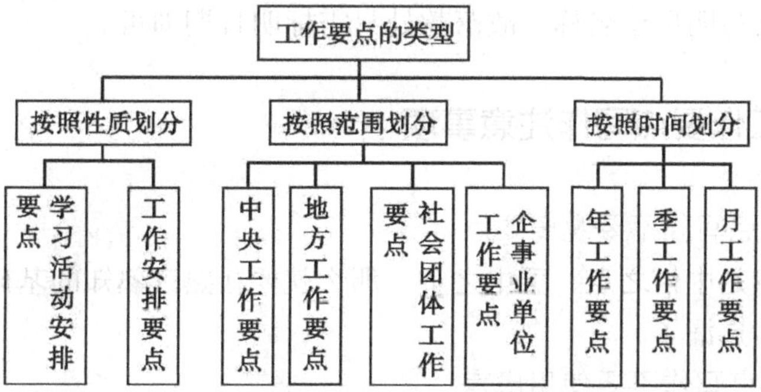

图 2－7　工作要点的分类

按照性质划分，有学习活动安排的要点、工作安排要点等。

按照范围划分，有中央和地方党政机关要点与社会团体、企事业单位工作要点等。

按照时间划分，有年工作要点、季工作要点、月工作要点等。

四、工作要点的写作

工作要点的结构如图 2－8 所示。

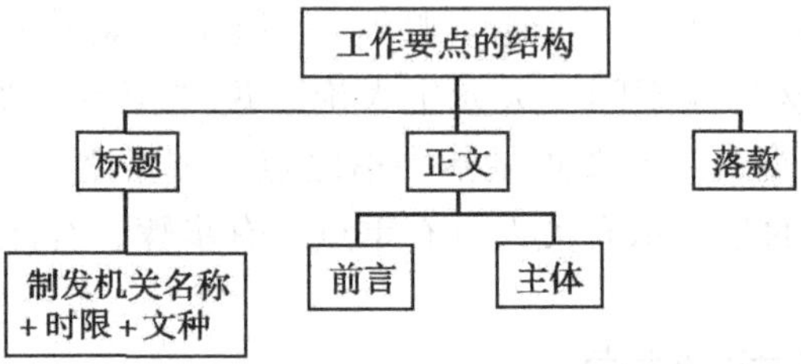

图 2－8　工作要点的结构

（一）标题

一般由制发机关名称＋时限＋文种组成，如“朝阳市人民政府 2004 年工作要点”。

（二）正文

1. 前言。用于写明制订工作要点的目的、依据或指导思想、总体任务、基本要求等。文字如蜻蜓点水，点到即可，无须铺陈。但也有许多工作要点不写前言，直接入题。

2. 主体。主体部分分条列项地写出工作要点的具体内容，以“做什么”为主，必要时也可写明“为什么做”。表述应简明扼要，结构上不需要过渡照应，也不需要“号召性的尾巴”。

（三）落款

因标题已写明单位名称，故落款处只需标明日期即可。

五、工作要点写作注意事项

（一）要点写作不要脱离要点

要点既然是中枢之点、重中之重，那么就要在熟读熟知的基础上予以筛选，不要选偏了、选漏了。

（二）要点写作不要使用虚言

要点一般作为通知的附件下发，故开篇即可采用条陈式的笔法。如有必要，也可在条款之前加一个导语或序言，阐明制订要点的依据和要求。要点最忌穿靴戴帽式的云遮雾罩法。

工作要点写作范式

国务院2007年工作要点

根据党中央关于2007年工作部署和十届全国人大五次会议精神，今年国务院工作总的要求是：以邓小平理论和“三个代表”重要思想为指导，全面落实科学发展观，加快构建社会主义和谐社会，认真贯彻党的十六大以来各项方针政策，加强和改善宏观调控，着力调整经济结构和转变增长方式，着力加强资源节约和环境保护，着力推进改革开放和自主创新，着力促进社会发展和解决民生问题，全面推进社会主义经济建设、政治建设、文化建设、社会建设，为党的十七大召开创造良好的环境和条件。

一、坚持加强和改善宏观调控

（一）继续实行稳健的财政政策。政府预算支出和政府投资要优化结构、突出重点。政府投资用于直接改善农村生产生活条件的投入高于上年，用于基础教育和公共卫生等社会事业的投入高于上年，用于西部大开发的投入高于上年。加大对节能环保和自主创新的支持。合理安排中央财政超收收入。加强财政管理，狠抓增收节支，提高财政资金使用效益。大力推进依法治税，加强税收征管，规范政府非税收入管理。（财政部、发展改革委、税务总局负责）

（二）继续实行稳健的货币政策。……（人民银行、银监会负责）

（三）坚持扩大内需方针。……（发展改革委、财政部、劳动保障部、商务部、旅游局等负责）

（四）保持固定资产投资适度增长。……（发展改革委、国土资源部、建设部、人民银行等负责）

（五）增加普通商品住房和廉租房供给，促进房地产业持续健康发展。……（建设部牵头）

二、发展现代农业和推进社会主义新农村建设

（六）稳定发展粮食生产。保护基本农田，稳定粮食播种面积，优化粮食品种结构，着力提高粮食单产。加强对粮食生产、消费、库存及进出口的监测和调控，建立和完善粮食安全预警系统，维护粮食市场稳定。加强农业科技创新能力建设，支持农业科技项目，加快农业科技成果转化，改善农业技术装备，完善基层农业技术推广和服务体系，鼓励农业科技进村入户。增强农业防灾减灾能力。（农业部、发展改革委、财政部、水利

部、国土资源部、科技部、粮食局、气象局负责）

…………

十三、支持国防和军队建设，推进祖国统一，做好外交工作

（五十七）积极支持国防和军队建设。……（国防科工委、民政部、财政部、人事部、国家国防动员委员会负责）

（五十八）加强港澳工作。……（港澳办牵头）

（五十九）推进祖国和平统一进程。……（台办牵头）

（六十）积极开展全方位外交。高举和平、发展、合作的旗帜，坚定不移地走和平发展道路，坚定不移地奉行独立自主的和平外交政策，坚定不移地在和平共处五项原则基础上同世界各国和睦相处，捍卫国家的主权、安全和利益……（外交部牵头）

上述各项工作任务由国务院副秘书长按分工督促落实。国务院各部门和单位要根据本要点抓紧制订本部门和本单位的2007年工作要点，并报国务院备案。

【范文赏析】

本文以2007年国务院工作总体要求为纲（前言），以13个要点为目，再以60条措施为保障，突出了中枢之点、重中之重，彰显了“要”字之要。采用条陈式写法，字字求真，句句写实，脉络清晰。工作要点内容的针对性、行文的灵活性、时间的模糊性得到了充分的体现。

病文举例

2009年县普法依法治理工作要点

2009年是“五五”普法规划实施阶段的最后一年，我县普法依法治理工作的指导思想是：以邓小平理论、“三个代表”重要思想为指导，深入贯彻落实科学发展观，进一步加大普法依法治理工作力度，全面提高全县公民，特别是各级领导干部法律意识，法律素质和全社会法治化管理水平，为维护社会和谐稳定、服务民生、促进全县经济社会快发展、大发展提供有利法治保障。按照上述指导思想，今年着重抓好以下几项重点工作任务：

一、进一步加大对重点法律法规宣传力度，弘扬法治精神，服务科学发展。要深入学习宣传宪法和国家基本法律，树立维护宪法权威意识。要加强全体公民特别是司法、行政执法人员社会主义法治理念教育，在全社会形成自觉学法、守法、用法的良好氛围。要加强经济法规宣传教育，切实加强各级领导干部、企业经营管理人员抵御金融风险的意识和能力。要

加强服务和改善民生法律法规宣传教育，大力宣传劳动就业、社会保障，资源环境、安全生产和有关消防、交通、食品安全等法律法规，大力宣传市场投资、防范金融风险以及维护市场经济秩序等相关法律知识，维护人民群众的合法权益，加强社会建设，社会主义新农村建设和维护社会稳定的相关法律法规的宣传教育，大力开展加强社会管理，土地经营权流转、农村金融创新、农村经营组织创新、农村科技创新、依法信访等方面的法规宣传教育，引导群众依法表达利益诉求，依法解决矛盾纠纷。要大力开展“加强法制宣传教育，促进经济平稳、较快发展”大型主题宣传活动。通过组织开展论坛、讲座、培训等活动，为维护社会和谐稳定，为经济社会发展营造良好法治氛围。

二、进一步强化普法依法治理规范化建设，实现各项工作制度化、科学化。要注重整合各种资源，调动各方面的积极性，发挥各方面的优势，探索建立法制宣传教育工作的互动机制。要加强普法依理工作调研和理论研究，努力推进工作理念、体制机制和方式方法创新，积极探索建立全县普法依法治理评估体系。为普法依法治理工作的深入开展提供更多的理念和制度支持。制订“法律六进”条形实施、块型管理目标责任联动机制，即按不同行业、不同人群进行细化，明确责任分解，确定绩效考核方式，加快实现全社会共同参与的“法律六进”工作大格局。

三、加大“法律六进”工作推进力度，实现立体化推进，社会化实施，个性化发展目标。法律进机关：会同组织部门继续将现职领导干部，新任领导干部学法用法纳入党校培训系列，会同人事部门继续将公务员学法用法纳入公务员培训系列。法律进学校：在全县中小学组织唱响百首法治歌曲活动。印制下发一定数量的法治歌曲挂图，召开“法律进学校”现场会，总结“法律进学校”经验。法律进农村：建立健全农村法制宣传教育组织体系，探索“法律农家院”“法律顾问进万家”“法律电影进农村”做法，不断扩大法律普及覆盖面，增强活动吸引力，凝聚力。法律进社区：发挥法律志愿者作用。组织律师事务所、司法所与基层结对子，开展预约式法律服务。不断丰富“法律广场”活动内容，使活动与法律服务，法治文化相融合，群众喜闻乐见。法律进企业：召开“法律进企业”工作现场推进会，总结“五五”普法以来尤其是在金融危机影响大背景下，企业如何诚信守法经营，如何保持企业稳定及生产经营较快发展的“法律进企业经验”。法律进单位：协调相关单位，由主管单位牵头，普及与行业密切相关的法律知识。围绕“法律六进”，根据不同人群的法律需求，在全县范围内开展征集“普法三字经”活动，努力营造全社会的法治文化氛围。

四、做好“五五”普法中期总结表彰奖励工作。各系统要在去年完成

"五五"普法中期督导检查工作任务的基础上，认真做好总结表彰奖励工作。要通过大力宣传法制宣传教育工作中涌现出来的先进集体和先进人物，充分调动社会各方面的积极性、主动性和创造性，为法制宣传教育工作营造良好的社会环境。各系统要力争在上半年通过不同形式对"五五"普法中期工作进行表彰。

五、加大依法治理工作力度，提高全社会法治化管理水平。要积极开展地方、行业、基层依法治理，组织各种专项治理活动，鼓励公民积极参与公共管理，促进依法行政，依法管理与公正司法，提高全社会法治化管理水平。各党委要按照《全省民主法治示范单位创建活动方案》要求，重点抓好拟申报市级、省级达标单位的各项准备工作。省市依法治理办公室将对新申报的单位进行考核验收，同时对第一批已经获得市级、省级民主法治示范单位称号的部分农村、社区、学校和企业进行复检，复检不合格的将被取消市级、省级民主法治示范单位荣誉称号，要大力开展创建法治城市工作，把这项工作摆上重要日程。

六、扩大法治宣传教育的社会影响，努力营造良好的法治文化氛围。各单位要调整法制宣传教育工作思路，加大法制宣传教育在媒体上的宣传力度，注重发挥广播、电视、网络、报刊等媒介传播迅速，受众面和覆盖面广，参与性和时效性强的优势，积极创造良好的社会舆论氛围，各单位要结合实际，创造性地开展法制宣传教育活动。

【病文指瑕】

这是某县司法局2009年工作要点，主要存在以下问题：

一是前言要素残缺，语言虚而不实。前言一般写明制订工作要点的目的、依据（或指导思想）、总体任务、基本要求。本例只有一个"指导思想"，其他要素尽漏。指导思想的阐述缺乏本县、本局特点，用到全国任何司法系统均可。

二是"任务"概念交叉，内容重复。如第一条"加大对重点法律法规宣传力度"与第六条"扩大法治宣传教育的社会影响"，第二条"强化普法依法治理规范化建设"与第五条"加大依法治理工作力度"。

三是文字表述欠妥。如第一条从"要加强服务和改善民生"至"依法解决矛盾纠纷"共201字，一逗到底；第三条题为"加大'法律六进'工作推进力度，实现立体化推进，社会化实施，个性化发展目标"，内容只有"法律六进"而无"三化"，属于题文不符。

四是通篇表述"要点"无"要"。

第四节　方　案

一、方案的含义

《周礼》曰："圆者中规，方者中矩。"方案，是对即将开展的工作作出最佳安排时使用的一种计划性文书，是某项工作具体执行的依据，适用于任何部门、单位和个人。在备加推崇科学决策和民主决策的今天，尤其要求智囊团的成员高瞻远瞩、周密思考、反复论证，从不同的角度设计出多种方案，供领导决策时参考。

二、方案的特点

（一）专业性

制订方案，是为了顺利实施工作目标而对任务、指标、措施、方法、步骤和要求等所作的明确的规定，并具体到做什么、由谁做、怎么做、做到什么程度、何时做完，要有轻重之别、主次之分、先后之序、详略之处。这种高标准、高水平的拟制工作非专业人员难以为之。

（二）约束性

方案是建立在原则性、科学性和有效性基础之上的文书，一经通过，有关部门和有关人员就要认真执行，因而具有较强的约束力。

（三）配套性

一是方案内容的各项之间是配套的，需要环环相扣，紧密衔接，不可脱节；二是执行机关、单位和人员之间，要从全局出发，通力合作，主动协调；否则，任何一个环节出现失误，都将影响全局。

三、方案的分类

方案的分类如图 2 –9 所示。

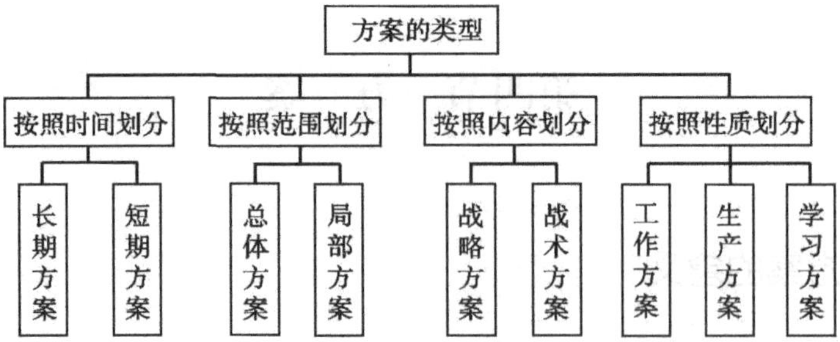

图 2－9　方案的分类

按照时间划分，有长期方案和短期方案。

按照范围划分，有总体方案和局部方案。

按照内容划分，有战略方案和战术方案。

按照性质划分，有工作方案、生产方案和学习方案等。

四、方案的写作

方案的结构如图 2－10 所示。

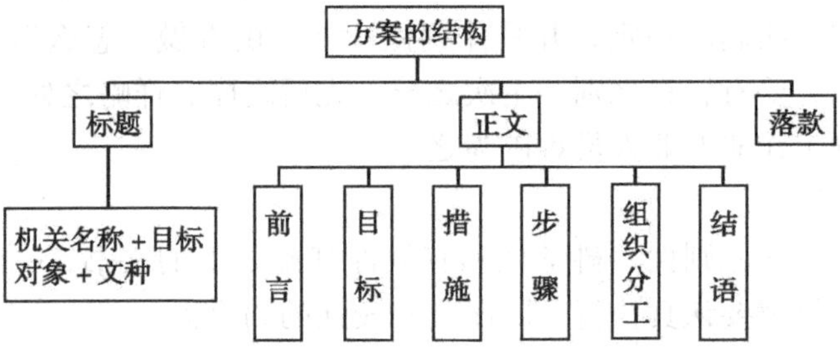

图 2－10　方案的结构

（一）标题

一般由制发机关名称、目标对象和文种 3 部分组成。如“葫芦岛港建设施工方案”“盘锦市秋季植树造林实施方案”。

（二）正文

1. 前言。主要阐述制订方案的原因、目的和依据等，并用“根据……”“为了……”“针对……”等句式领起下文。

2. 目标。提出任务目标，并做指标分解。

3. 措施。即实现目标的途径和办法，要求具体明确、切实可行。

4. 步骤。视情况需要，把系统工程分步骤地加以实施，每一步都要明确任务、责任、标准、时限、检查的内容和方法等，使整体工作都能科学有序地运转。

5. 组织分工。即哪些工作、哪些步骤由哪个部门负责组织实施，如何提高认识、加强领导、责任到人等。

6. 结语。希望、号召、鼓动式。

（三）落款

同规划，这里从略。

五、方案写作注意事项

（一）防止闭门造车，力求符合实际

为使方案目标明确、措施可行、步骤合理，须组织得力人员深入一线开展广泛深入的调研活动。制订的方案既要吸取历史经验，又要正视现实情况，更要进行科学预测。

（二）坚持货比三家，搞好科学论证

制订方案切切不可满足于一得之功、一孔之见。要以鲜活的信息资料和雄辩的理论政策为依据，既纵向比，又横向比，深入进行点与面、质与量的分析、比较和论证，集众人之功，撷百家之智，力求完美。

方案写作范式

关于调整机关工作人员工资标准的实施方案

人事部　财政部

（二〇〇一年二月八日）

根据国务院关于调整机关、事业单位工作人员工资标准的决定，制订本实施方案。

一、调整工资标准办法

从2001年1月1日起，机关行政人员基础工资标准由每人每月180元提高到230元，级别工资标准由十五级至一级每人每月85元至720元提高到115元至1166元（调整后的工资标准见附表一）。

在调整机关行政人员工资标准的同时，适当调整机关工人的岗位工资和技术等级（职务）工资标准（调整后的工资标准见附表二）。机关工人的奖金部分按照其在工资构成中的比例相应提高。

二、其他有关政策问题

（一）适当提高机关新录用人员试用期的工资待遇。提高后的试用期工资待遇标准为：初中毕业生每月360元……获得博士学位的研究生每月515元。

（二）机关新参加工作工人的学徒期、熟练期工资待遇和机关临时人员的工资待遇如何调整，由各省、自治区、直辖市人民政府根据实际情况确定。

（三）从2001年起执行发放年终一次性奖金的规定。年终一次性奖金的发放对象是年度考核为称职（合格）及以上的人员，奖金标准为当年12月份本人的基本工资，下一年1月份兑现。

三、经费来源（略）

四、组织领导（略）

本实施方案由人事部负责解释。

附表（略）

【范文赏析】

调整工资标准的实施方案，其专业性和政策性极强。如果拟制得好，可以凝聚人心，鼓舞斗志；如果拟制得不好，就可能破坏和谐稳定的社会局面。本例依据充分，标准明确，操作简便。“有关政策”充分体现了以人为本的理念，照顾弱势群体；其他如对“经费来源”“组织领导”等问题均作了妥善的安排，体现了配套性，可谓“圆者中规，方者中矩”，因而具有较强的约束力。

病文举例

青山区第三届运动会方案

青山区第三届运动会是在我区深刻践行科学发展观、全面落实“两个加快”精神，奋力实现“保增长、保民生、保稳定”的关键时期举办的一次体育盛会，将进一步推动全民健身的广泛开展，以实际行动庆祝建国60周年和迎接我国第一个“全民健身日”（8月8日）的到来。为确保本届运动会隆重、热烈、精彩、圆满，特制订本方案。

一、指导思想

以“三个代表”重要思想和党的十七大精神为指导，认真践行城乡统筹、“四位一体”科学发展战略，坚持以人为本，关注民生，服务大众，充分展示我区综合实力，大力弘扬城市精神，努力办成一届全民参与的体育盛会，为推动体育事业又好又快发展，为我区率先实现城市化，构建和谐青山作出新的贡献。

二、活动目标

（一）展示风貌，塑造形象。通过举办本届运动会，充分展示我区改革发展取得的巨大成绩和人民群众奋发向上、“争创一流，争当先进”的精神风貌，塑造人文青山、活力青山的崭新形象，打造富有吸引力和竞争力的投资热土。

（二）凝聚力量，坚定信心。通过召开本届运动会，进一步凝聚全区力量，坚定“两个加快”信心，抢抓当前面临的实验区建设、扩大内需等两大机遇和有利条件，为圆满完成我区当前“止滑提速、加快发展”的中心任务注入新的活力和能量。

（三）崇尚运动，倡导健身。通过举办本届运动会展示我区贯彻实施《全民健身计划纲要》、《体育法》和《黄海市体育条例》所取得的成果，在全区掀起全民健身的热潮，使我区在“文明黄海、运动黄海、活力黄海”全民健身活动中走在黄海市的前列，不断提高群众的身体素质，促进和谐社会发展，构建和谐青山。

（四）优化服务，提升产业。通过举办本届运动会，检验我区面向大众的全民健身服务水平，找准我们的差距所在，制订措施，为我区广大人民群众提供更加良好的运动设施和更加优质的体育服务。同时，以本届运动会为契机，深入实施“优二强三”战略，大力发展体育产业，增强体育可持续发展能力。

三、活动主题

运动人生　活力青山

四、活动具体方案

（一）主办单位：黄海市青山区人民政府。

（二）承办单位：黄海市青山区体育局。

（三）比赛时间：2009 年 6 月至 9 月。

（四）比赛项目：设田径、游泳、篮球、气排球、乒乓球、网球、羽毛球、拔河、太极拳、棋类、趣味体育竞赛等 11 个比赛项目。

（五）比赛地点：青山区体育中心、青山区游泳场、铁二局体育馆、黄海市体育中心、黄海市少儿体校、社区广场等体育场馆。

（六）参赛单位：各街道，区级各部门，各人民团体，驻区各企事业单位。

（七）组团方案：各街道单独组团，驻区各企事业单位参加所属街道代表团，区级各部门、各人民团体联合组团，共 26 支代表团。

（八）运动员资格：

1. 辖区内的居民，驻区机关、企事业单位的干部职工。

2. 参赛运动员的人事关系必须隶属于所代表的单位。

3. 参赛运动员须经医疗部门检查，证明身体健康且适宜参加该项比赛者方可参赛。

4. 各专业队现役队员，职业俱乐部的运动员、教练员及在校学生一律不得参加任何比赛（退役队员资格详见各单项竞赛规程）。

（九）奖励办法：

1. 各项目均录取前八名，不足八队（人）的参赛项目按实有参赛队（人）数减一录取。

2. 各单项名次记入团体总分（详见各单项竞赛规程）。

3. 大会设组织奖、体育道德风尚奖（具体评选办法另定）。

4. 大会组委会对获得团体总分前八名的代表团进行表彰。

（十）经费：各代表团应本着勤俭节约的原则，所需经费一律自理。

【病文指瑕】

作为青山区第三届运动会具体活动安排的方案，本应计划周全，安排缜密，环衔链接，严衣合缝。但读完这份方案，却让人一头雾水。

一是前言空虚。这部分本应写制订方案的依据和目的，但开篇大谈运动会召开的背景和即将起到的作用，离题太远；只有一句“为确保本届运动会隆重、热烈、精彩、圆满”算是目的，却也隔靴挠痒。

二是目标空泛。方案的目标本应下达任务、分劈指标，但本方案四条目标皆属定性而不定量，加以概括后若放在前言中或可合适。

三是“具体方案”不具体。方案本身就应该是具体的，令人不解的是此方案虽然专列“活动具体方案”，但仍不够具体：① 比赛时间是从 2009 年 6 月开到 9 月，还是 6—9 月间的若干天？② “参赛单位”和“组团方案”何不合二为一？每个代表团人员有无上限、下限的规定？区委、人大、政府、政协、纪检委机关及其所属部门和各人民团体共组 1 个团，还是若干团？如何组织？谁来牵头？③ 11 个比赛项目都有若干子项，是全赛还是部分赛？比如“棋类”，棋有围棋、象棋、军棋、跳棋等，比赛项目是哪几种？④ “组织领导”这项只有“主办单位”“承办单位”，要不要筹委会、组委会、裁判委？

四是缺乏配套性，如各种附表。

第三章 总结类文书写作

第一节 总 结

总结这一文体的使用频率较高，无论是国家、政府、政党、企业及其各级职能部门，还是公民个人，都可以用它。如果说“计划”主要解决的是“做什么”和“怎么做”的问题，那么“总结”要解决的是“做了什么”和“做得怎么样”的问题。

一、总结的含义

总结，其最基本的内容可以概括为三句话：一是回顾过去；二是评估得失；三是指导将来。总结是对一定时限内的工作、生活、学习、实验和训练等实践过程，或对一项将要完成或已经完成的任务，进行客观的回顾、检查和研究，从中找出经验和教训，形成总体估价，并把这些加以条理化和系统化，上升为带有规律性的理性认识，然后书写成文，用以指导今后的实践。总结具有把感性认识上升到理性认识、指导日后实践、有益于发明创造、积累资料等作用。

二、总结的特点

（一）材料的真实性

写总结离不开材料，无论是典型的人或事，还是具体的数据，都必须真实。只有真实，才能反映事物的本质。一般说来，写总结大多依据计划的执行、落实情况进行。新的计划制订又将总结作为重要的参考依据。因此，片面的、虚假的材料应一律排除在总结之外。

（二）认识的概括性

总结是对前一段工作的再认识，它既要通过归纳“做了什么”“做得怎么样”，从中总结经验和教训，抽象出规律性的东西，又要通过透视具体工作的全过程，理出新的感受、新的认识、新的体会，上升到理性的认识。如贵州茅台集团总经理、茅台酒股份有限公司董事长袁仁国，在总结茅台酒如何在激烈的国际市场竞争中稳中有升、年年有新发展时，概括出了“绿色”“人文”“科技”发展的新理念。“绿色茅台”反映出国际环保食品的高标准，“人文茅台”反映出茅台两千多年的酿酒历史传奇，“科技茅台”反映出高品位的神秘魅力。这种认识上的概括性本身就具备了对今后工作的指导性。

（三）表达的说理性

总结在表达方式上与计划有着明显的不同。计划主要是叙述说明，而总结主要是概述说理。由于总结要对前一段的工作作出评估和进行理性分析，找出带规律性的东西，因而思辨性的说理就会使总结具有跨越时空、民族、信仰、国度和年龄等方面的阻隔，具有启迪人们的心智，指导人们更好地生活和工作的功能。它不因政权的更迭、时代的变迁而失去作用。

三、总结的类型

按照内容分类，有工作总结、生产总结、科研总结、军训总结、学习总结、销售总结、外贸总结等；按照时间分类，有阶段总结、年度总结、季度总结、月份总结、学期总结等；按照范围分类，有部门总结、单位总结、个人总结等。尽管总结的种类很多，但归纳起来可以概括为两大类：一是专题总结；二是综合总结。

（一）专题总结

专题总结的特点是内容单一、集中，有较强的针对性和指导性。如某省要开展社区精神文明建设，就选择一个试点进行，然后就这一活动进行总结，取得经验后再向全省推广。专题总结偏重于对某一专门的工作或活动进行经验或教训总结。凡是与这一专题无关的内容，一律省略。政府的职能部门尤其是宣传部门，往往运用专题总结这一文体指导工作，推动工作。

（二）综合总结

综合总结是比较系统、全面地对本单位、本部门或个人，在某一年度或阶段工作情况所作的总体回顾总结。按照时间划分种类的总结，大多属于综合总结。一般说来，各单位、各部门到了年终，都要作一次总结，对这一年所做过的工作做一次全面的回顾和清理，从中总结经验，找出不足，以利于在新的一年中更好地工作。另外，领导干部任期满了，要换届，也需要对自己在任期内的全部工作作一次系统的总结。综合性总结要求反映全貌，但不必面面俱到；要求突出重点，写出特色。

四、总结的写作

总结一般由标题、正文和尾部3部分组成。其结构如图3－1所示。

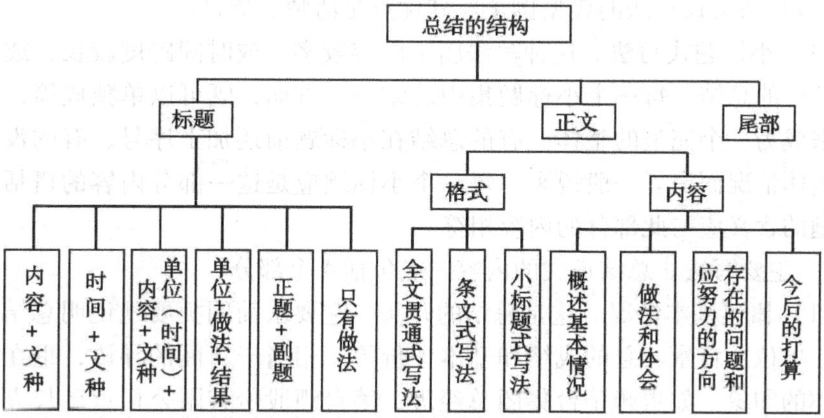

图3－1　总结的结构

（一）标　题

总结就用途而言，有向上级汇报工作、供本系统使用和新闻媒体刊载之别。用途不同，标题的写法就有差异。一般说来，常见常用的总结标题有以下几种。

1. 内容＋文种。把做了什么事概括成精练的语言写在标题中，如“普法教育总结”“厅局级机构改革总结”等。

2. 时间＋文种，如“季度总结”“半年总结”“一年总结”等。

3. 单位（时间）＋内容＋文种，如“武汉市人口普查总结”“北京市引进高级专门人才总结”“珠海市创文明城市总结”等。

4. 单位＋做法＋结果，如“沙湖学海飞舟厂民主选举厂长扭亏为盈”等。

5. 正题＋副题，正题概括总结内容，揭示主旨；副题写明单位、时间、文种等。如“构筑农村现代化的基础工程——中共威海市委宣传部2000年加强农民素质建设工作总结”等。

6. 既无单位、时间，又无文种，只有做法，如“切实加强对领导干部的监督和制约”等。

第1～3种标题，往往是在本系统内使用的，既可以作为上报的材料，也可以作为下发的材料；第4～6种标题，往往用于新闻媒体。

（二）正　文

1. 基本格式。总结的正文怎么写，国家或理论界没有作出任何规定；但长期以来的约定俗成，已经基本形成其格式。

（1）全文贯通式写法。这种写法往往围绕一个主题，按照事物发展逻辑的先后顺序，从头至尾，一气呵成。它既没有小标题、顺序号，也不先总后分或先分后总。内容比较单一的总结往往采用这种写法。

（2）条文式写法。这种写法主要按照内容的性质或时间的先后顺序，采用“一”“二”“三”等序号，把总结有条理地陈述出来。如毛泽东的《三个月总结》，就是条文式写法的典型例子。其优点是清楚、醒目。

（3）小标题式写法。这种写法属于内容较多，或时间跨度较长，或涉及的地域较广的总结。每一个小标题集中总结一个方面，既可以单独成篇，又可以合起来成为一个完整的整体。有的总结在小标题前还加上序号，有的没有，这应视具体情况而定。一般说来，每一个小标题应是这一部分内容的概括，至少小标题的含义应与此部分的内容相符。

2. 主要写法。总结正文的内容一般包括4个部分。

（1）概述基本情况。这是总结的开头，它要求简明扼要地说明总结工作的时间、单位、背景、总的成绩和基本评价等，相当于新闻的导语，重在给人一个总体的印象。如贵州茅台集团总经理、茅台酒股份有限公司董事长袁仁国所写总结的开头：

> 1998年以来，茅台集团经历了一次历史性的大转折。企业从计划经济体制背景下走出来之后，投身市场经济海洋，如鱼得水，经济效益一年一个台阶，均保持了两位数的增长态势。去年，全集团销售收入突破16亿元，比3年前净增10亿元整，利税总额突破8亿元。

（2）做法和体会（也可称做法与经验）。这一部分是“基本情况”的展开和具体化，也是总结的重点部分。它要求应具体而有条理地写明做了哪些工作，是怎么做的，采取了哪些行之有效的方法和措施，取得了哪些成绩，有些什么体会和经验教训。如中共山东省日照市委书记在《切实加强对领导干部的监督和制约》这份总结中，列举了三种监督和制约的做法：一是把监督的关口前移到领导干部的选拔、任用工作上；二是把领导干部特别是一把手的任中用权作为监督重点；三是把加强对最容易发生以权谋私、权钱交易部门和单位“一把手”的监督管理作为关键环节。此外，还对一些新的监督措施、做法一一作了介绍和概括论述：① 建立全方位的公开制度，减少暗箱操作，给群众以知情权；② 在农村试行重大事项村民公决和质询会制度，给群众以决策权；③ 推行人民来信来访工作承诺制，给群众以谏言权；④ 延伸民主选举的范围，对农村党员干部特别是支部书记建立任前公示制，给群众以真正的选人权。可以说，这份总结在全国具有指导和借鉴的作用，不仅对于推进民主进程有积极的意义，而且这些做法和经验具有操作性，便于学习和运用。

（3）存在的问题和应努力的方向。做任何事情都很难十全十美，往往会存在这样或那样的失误和不足。这就应在总结中如实地反映出这些不足和失误，分析存在问题的原因（重大问题还应追究主要责任人的责任），提出解决问题的意见，阐明今后努力的方向。一般说来，用于报刊上的总结通常不涉及存在的问题。

（4）今后的打算。总结，对于从事实践活动的人们来说，是一个整顿提高的过程，“充电”“加油”之后又要奔向新的目标。如果没有“今后的打算”这一部分，无疑有悖于总结的初衷，也应视为总结结构残缺。既然已经总结了成功的经验和失败的教训，今后的打算也就呼之即出了。这部分的重点是确定新的奋斗目标，指明新的努力方向，提出新的执行措施。

五、总结写作注意事项

（一）明确总结的用途

用途不同，内容的侧重点也就不同。写总结，如果是向报刊投稿，或者是报刊约稿，其写法就与向上汇报的写法不同。用于报刊的总结，篇幅不宜过长，重点放在经验、具体做法上，以便起到导向、宣传和教育的作用。如果是用于向上级单位汇报工作，就应围绕全局工作的重心来写，尤其要注意写出特色来。如果每个单位写的总结大同小异或千篇一律，上级领导就不会重视，也失去了写作总结的作用。可以说，没有特色就没有优势，就没有意义。如果所写的总结是面向本单位全体员工的，就应全面、具体，力争详细，把成绩讲透，该表扬的切不可吝啬，该批评的切不可回避，这不仅有利于调动大家的积极性，而且有利于弘扬正气。如果写一份总结，不注意写作目的，将其打印成一式三份，既上报上级组织，又投寄报刊，还用它作为向全体员工作报告，那么可以断言，其收效是甚微的。

（二）全面掌握有关材料

全面掌握有关材料是写好总结的先决条件。因此，动笔写作之前，应对所做的工作作一次全面、系统的梳理，对涉及的材料进行详细的搜集和整理。既要听取群众的反映，又要听取领导的意见；既要搜集正面的材料，又要搜集反面的材料；既要与过去的工作做纵向的比较，又要与兄弟单位做横向的比较；既要有全局性的统计资料，又要掌握具有典型意义的个体材料。只有全面、详细、系统地占有了材料，写作总结才有了基础条件。

（三）实事求是

总结既是对过去实践活动的回顾和评估，又是对今后的工作积累具有指导意义的经验，因此必须从实际出发，坚持实事求是。无论是总结成绩、找出经验，还是总结教训、找出问题，一律应按照事物的本来面目如实反映：既不夸大，也不缩小；既不回避，也不掩饰；既不片面化、绝对化，也不凭空杜撰、弄虚作假。

（四）点面结合

我们强调写总结要实事求是，但绝不是有事必录、在总结中堆砌事实材料，而是要求通过分析、比较和研究，选择那些具有代表性、能够反映事物本质的典型材料。另外，还要掌握全局性的材料，做到点与面的结合，这样，写出来的总结就不仅具有说服力，而且会给人深刻的印象。

（五）语言朴实、简洁

总结的语言要力求朴实、简洁。朴实就是要求朴素，不浮夸，不华丽，通俗易懂。简洁就是要求简明扼要，不要拖泥带水。现代信息社会，生活节奏加快，无论写哪一种文体，都应力求简短，总结也不例外。长了没人爱看，也没有充足的时间去看。当然，群众中生动、形象的语言，可以恰当地引用；但一定要有所选择，切不可把一些不健康的、流行的“顺口溜”写进总结中去。

总结写作范式

××市2005年农业和农村经济工作总结

一、2005年工作回顾

（一）基本情况

2005年，我市农业和农村经济工作取得了丰硕的成果，可以概括为“三个显著增强、六个明显变化”。

1. 实现了三个显著增强。

——农业综合生产能力显著增强。在面临自然、市场两大风险的情况下，农业经济仍保持一定的增长速度。第一产业增加值87.8亿元，比上年增长6%；粮食、蔬菜、水果、水产品的产量分别达到20万，287.5万，26.5万，31.8万吨；肉蛋奶的产量89.6万吨，比上年增长15.8%。其中，蔬菜和肉类产量居全省第一位，粮食产量列全省第三位。

——农业可持续发展能力显著增强。……

——县域经济实力显著增强。……

2. 发生了六个明显变化。

——农业经济增长方式发生明显变化。……

——农村劳动力就业格局发生明显变化。……

——农民的组织化程度发生明显变化。……

——农村贫困人口数量发生明显变化。……

——农民增收来源发生明显变化。……

——农村基础设施建设发生明显变化。农村文化、教育、卫生事业得到新的发展。新修乡村公路327.5公里，新增农村户用沼气池5600个，新增农村电话3.5万部。

（二）主要做法

2005年，我市农业和农村经济发展取得的成果，主要得益于：

1. 有一个调动广大农民积极性的好政策。2005年，全市上下认真贯彻落实了中央和省的“三农”工作方针和各项支农政策，发放粮食直补、良种补贴和农机补贴资金分别为6487万元、970万元、487万元，免征农业税达7200万元，减轻农民负担2.8亿元；通过落实土地延包政策，使全市500万亩应承包到户的耕地全部承包到户；通过落实土地管理和林业发展政策，使农业农村经济发展环境得到了有效的保护和改善。

…………

（三）存在的问题

1. 农业基础设施脆弱，农业综合生产能力相对不高。

…………

二、2006年工作安排

2006年，是实施“十一五”规划的开局之年，是推进社会主义新农村建设的起步之年，也是加速实现“三年大变样、十年大振兴”战略目标的关键之年。我们要认真贯彻落实中央农村工作会议、省农村工作会议精神和市委九届十次全会精神，坚持科学发展观，紧紧围绕建设社会主义新农村这一主题，着力提高农业综合生产能力和可持续发展能力，以实现农民增收财政增长为目标，全面实施农业升级，促进农村经济社会全面发展。

（一）预期目标

第一产业增加值增长8.8%，农民人均纯收入增长15%以上，县级地方财政一般预算收入增长15%以上，农村固定资产投资增长20%，农产品出口创汇增长15%。扩大和完善50个农业科技示范园区，新增20户农业产业化龙头企业，实现5万名农村劳动力转移，实现72个村整体脱贫，建设33个社会主义新农村示范村。

（二）主要措施

1. 认清农业农村工作的新形势，增强建设社会主义新农村的使命感、责任感和紧迫感。

…………

2. 增强“两个能力”，为建设社会主义新农村夯实发展基础。

提高农业综合生产能力和农业可持续发展能力，是应对农业所面临的自然、市场两大风险的需要，是坚持科学发展观的具体体现，是建设社会主义新农村的保证。要把提高"两个能力"作为建设社会主义新农村的首要问题、主攻目标，进行重点突破。具体要抓好"七大工程"和"四个保障体系"建设。

七大工程：一是各项水利工程。……

四个保障体系：一是农业资源保护体系。

…………

【范文赏析】

这是一份条文式总结，全文以"2005 年工作回顾"和"2006 年工作安排"为两大板块。"工作回顾"部分以"基本情况""主要做法""存在的问题"为主体，再逐条分述；"工作安排"部分以"预期目标""主要措施"为构架，分别加以阐述。这样写，就显得条理清晰、重点突出。细加分析，"基本情况"部分用"实现了三个显著增强""发生了六个明显变化"概述成就，"主要做法"用5个"有一个"、1个"有一种"总结经验，"存在的问题"有5条，实事求是，不遮不掩；"工作安排"的"预期目标"十分具体，"主要措施"可信可行。

综上所述，这份总结通篇体现了总结所特有的材料的真实性、认识的概括性、表达的说理性三大特点。

病文举例

××县交通运政管理所2009年度工作总结

2009 年是国家实行成品油税费改革的第一年，燃油税的实施是运政工作变革的一个开始，也是发展运政工作的一个良好契机。在今年的工作中，我所运政工作与时俱进，严格执行上级指示，在党的光辉路线的正确引导下，在以胡锦涛同志为总书记的党中央正确领导下，在县委、县政府、市运政处、县交通局的英明正确领导下，积极发挥自我的主观能动性，实现工作职能转变，较好地完成了县级运管所的职责。现总结如下：

一、2009 年工作回顾

（一）圆满完成春运工作

2009 年春运安全工作，从 2009 年 1 月 11 日开始到 2009 年 2 月 20 日结束，历时 40 天。40 天的春运，旅客集中、客流量大，加之时逢冬季，天气寒冷、霜多雾大、安全工作压力大……县道路运输日投入客运车辆 17 辆（不含出租车），共发班车 545 辆次，输送旅客 8743 人次。春运期间，全县无一起道路交通事故发生，为我县的社会安定、民族团结和保护人民群众的生命财产的安全作出了一定的贡献。

（二）认真深入学习实践科学发展观

今年4月份以来，全国上下掀起了学习实践科学发展观的热潮，开展学习实践科学发展观是当前和今后一个时期的首要政治任务，深入学习实践科学发展观，是在深刻变化的国际环境中推动我国发展的迫切需要，是落实实现全面建设小康社会奋斗目标新要求的迫切需要，是以改革创新精神全面推进党的建设新的伟大工程的迫切需要。……我运政所学习实践活动做到规定动作一个不少，自选动作力求创新。

1. 真学实干，打牢基础。……

2. 积极讨论，认真交流。……

3. 注重实践。……

（三）进一步规范了县内的道路旅客运输市场

1. 严格控制农村客运线路牌。为了规范县内农村客运市场，实现运力运量平衡，根据现有运输市场需求情况，我所领导经过认真调研、考察、分析后向县政府上报严格控制农村客运线路牌，并得到批准。……

2. 向政府提出了统一规范县内农村客运车辆标志的请示（福运请〔2009〕2号）。……目前正在审批当中。

3. 提交了关于成立××县农村客运公司的请示（福运请〔2009〕3号）。……今后，我县的农村客运车辆将进行公司化经营管理。目前请示在审批中。

4. 向政府请示进一步规范县内农村客运车辆、出租车、三轮摩托车的经营范围（福运请〔2009〕4号）。……对不按规定线路行驶的车辆按规定进行处罚，并对不遵守运政部门管理的驾驶员实行违规纪录记入档案，违规超过三次以上的道路运输业户将取消其线路牌或从重处罚。

（四）顺利完成“打非”专项治理行动

1. 为深入贯彻落实×运管〔2009〕26号和×运管〔2009〕33号文件精神，进一步规范我县道路旅客运输市场，切实维护道路运输合法经营者和人民群众的合法权益，为了维护运输市场秩序，打击非法运输经营，建立一个公平竞争、合法经营、井然有序的运输市场新秩序。在上级领导的统一部署下……我所共出动28天，稽查人员共上路稽查140人次，检查车辆680辆次，警告10次，没收自制线路牌9块，其中非法营运车辆8辆（轿车1辆、微型客车7辆）。

2. 为深入贯彻落实×交运〔2009〕578号《关于打击“黑车”等非法从事出租汽车经营专项治理行动转为常态化管理阶段的通知》和×运管

〔2009〕126号《××市交通运政管理处关于打击“黑车”的有关通知》文件要求……我所共出动41天，稽查人员共上路稽查205人次，检查车辆938辆次，警告10次，没收自制线路牌15块，其中非法营运车辆16辆（微型客车15辆，轿车1辆）。

如今，“打非”工作已进入常态化，在今后的工作中，我县所稽查人员将一如既往地发扬不怕苦、不怕累、依法执法、执法必严的精神，将非法营运车辆严打到底，并围绕建立“打非”工作的长效机制这一中心而努力，保护合法经营者的利益，维护我县道路旅客运输市场秩序。

（五）认真组织学习《道路运输管理工作规范》和《××省道路运输条例》

《道路运输管理工作规范》是为贯彻执行《中华人民共和国道路运输条例》及其配套规章，履行道路运输管理职责，严格道路运输管理程序，规范道路运输管理行为，提高依法行政能力和道路运输管理水平而制定的，是我们运政管理人员的必修课程。……我所通过自学和集中学习相结合，组织考试的形式认真督促每一个职工认真学习了《工作规范》，最后全所考试平均成绩为86.17分。

修改后的《××省道路运输条例》自今年七月一日正式颁布实施以来……

总之，在经过一段时间的学习后，我所各股室职工都深刻认识到学习的必要性和实践的重要性。……达到学懂会用、学以致用，在工作中认真贯彻落实学到的知识。

（六）核发农村客运线路牌和按时兑现了燃油补贴

根据××省财政厅文件《××省财政厅等8部门关于印发〈××省成品油价格改革油价补贴实施办法〉的通知》要求，我县所认真贯彻落实好文件精神，严格按照文件指示按座位进行补贴，在经过7天的公示之后……为进一步规范县内农村客运市场，方便行业管理工作打下了基础。

在核发燃油补贴期间，我所应补农村客运车辆124辆（其中：8座/辆×70辆=560座，7座/辆×21辆=147座，6座/辆×1辆=6座，5座/辆×32辆=160座）。平均124.16元/座，合计108391.68元。

（七）完成一年一度的道路运输业质量信誉考核及营运车辆审验

根据×交发［2009］52号文件“××市交通局关于开展2009年道路运输业质量信誉考核及营运车辆审验工作的通知”精神，结合我县实际，我县于2009年6月3日至6月13日集中开展了2009年度质量信誉考核及营运车辆审验工作……2009年的考核审验，全县道路运输经营业户应审210户，实审190户……合计总审验率达到94%，较好地完成了2009年度

××县道路运输业质量信誉考核及营运车辆审验工作。

（八）圆满完成了安全生产任务

2009年是党中央、国务院确定的“安全生产年”，以全面贯彻落实科学发展观为指导，结合运政部门职责，牢固树立安全管理理念意义重大，根据××市运政处的统一部署和要求（×运管〔2009〕58号），结合我县交通运输市场实际，坚持“安全第一、预防为主、综合治理”的方针，以服务全县运输市场为目标，扎实开展安全生产宣传教育、安全生产执法、安全生产治理的“三项行动”……

在安全生产年活动期间，我所共组织安全生产检查16次……报送安全生产快报五篇，总结一篇。

（九）顺利完成县内道路运输市场的甲型H1N1流感防控工作

9月14日，为贯彻落实省交通厅、市交通局、县政府关于做好防治甲型H1N1流感控制工作要求，防止甲型H1N1流感通过车辆等交通运输工具传播和扩散，保障人民群众的身体健康，维护正常的生产生活和交通运输市场秩序，根据《××市交通局关于印发〈进一步加强甲型H1N1流感应对和防控工作的方案〉的通知》（×交发〔2009〕73号）文件精神，结合县道路运输市场实际，县运政管理所特制定了《甲型H1N1流感防控应急预案》（×运管〔2009〕22号），认真做好了我县道路运输市场的甲流病毒防控工作，截函日前，我县尚无一例由客运车辆输入病例发生。

（十）认真组织开展国庆安全生产大检查

为认真贯彻落实交通运输部和《××省交通运输厅关于立即开展国庆安全生产大检查的紧急通知》（×交运安〔2009〕82号）文件精神，深入贯彻落实2009“安全生产年”活动……

9月13日下午，召集××县汽车站、匹河汽车站，县内两个农村客运车队负责人和维修经营业户开会……

为迎接共和国成立六十周年，早在7月底，我县所就积极开展安全生产管理工作，以履行道路运输“三关一监督”职责情况对县内汽车站进行道路运输安全检查；8月初……

在安全生产检查期间，××县交通运政管理所共出动人员46人次，出动车辆8辆次，检查道路运输业户21家，发出整改通知书3份，督促整改隐患4起，整改率为100%。并继续维护道路运输秩序，打击无证经营、超范围经营等非法经营行为，发出处罚通知3份。

（十一）严格要求，严守道路运输行政许可关

今年，国家实施扩大内需政策，“汽车下乡”活动的开展极大地刺激了县内小排量车辆的购买，县内新增车辆数较多，给行业管理增加了压力

……对未经许可的非法营运车辆处以重罚。保护了合法经营者的利益，也维护了广大人民群众的生命财产安全。

（十二）强化稽查工作，搞好行业管理（略）

二、存在的问题和不足

虽然在今年的工作中我县所取得了可喜的成绩，但我们也要清醒地认识到一些问题和不足。比如在学习中缺乏主观能动性，积极性不高，被动学习等情况；在工作中还需进一步规范执法步骤和程序，细化行政执法档案；非法营运、跨线经营等违法现象仍然存在，需要进一步加大对非法营运车辆的打击力度，并建立起“打非”的长效机制；政务公开信息平台的建设仍有很多问题，需要不断完善；联合执法协调工作仍需加强。针对这些问题和不足，我所各职工需要坚定信念，团结协作，在批评和自我批评中不断提高自身的素质，努力解决出现的问题和完善不足之处。

【病文指瑕】

这是一篇单位年度工作总结，存在以下主要问题：

一是穿靴戴帽。无论何种格式的总结，开头都是基本情况的陈述，扼要说明总结工作的时间、单位、背景、总的成绩和基本评价等。此例的单位只是县交通局下辖的一个小所，开头却从国家成品油税费改革到党中央以及“县委、县政府、市运政处、县交通局的英明正确领导下”，空话、套话太多。

二是结构残缺且畸轻畸重。原文中“2009 年工作回顾”计有 12 大项 10 页之多，“存在的问题和不足”只有短短 9 行，未写“今后安排”。

三是篇幅冗长，缺乏提炼。主要表现为情况罗列多，经验归纳少；叙述说明多，概括说理少。

第二节　调查报告

随着我国政治文明建设的推进、市场经济的发展和我国加入世界贸易组织后各种规章制度的改革，调查报告的使用频率愈来愈高。调查报告不仅是内部科学决策的依据，而且是国际间解决贸易争端的重要凭证。因此，学习和写出合格的调查报告，是当今公务员必须重视的一项工作。

一、调查报告的含义

调查报告是用书面的形式报告调查研究结果的一种实用性文体。科学决策、推行政务、实施管理、开展工作，离不开调查研究。在日常工作中，调查报告是经常使用的文体之一。它要求用唯物辩证法的观点和方法，对具有重大意义的事件或工作中已经出现亟待解决的问题，或即将发生的问题，进行全面、客观、周密和系统的调查研究，透过表面现象，揭示事物内在的本质和规律，从而达到弄清情况、总结经验教训、研究对策、解决问题的目的。调查报告有两个构成要素：一是调查；二是报告。调查报告起到下情上达的纽带作用，对实际工作的推动和指导作用，科学决策的依据作用，宣传教育作用等。

二、调查报告的特点

（一）目的性

目的，就是想要得到的结果，想要达到的地点或境地。从事调查研究，总是为了解决什么问题、了解什么情况才进行调研活动的。目的不明确，就不可能有真正科学的调查研究，也不会取得有价值的调查研究成果。例如我国改革开放三十多年了，为什么国有企业的亏损面这么大，国有企业没有“三资”企业和私企那样有生气、有活力？带着这个问题，王方杰选定河南省泌阳县水泥厂进行深入调查研究。泌阳县水泥厂是一家有 26 年历史的地方国有企业，效益一直欠佳，1994 年企业亏损达 123 万元。在不到两年的时间内，换了 12 任厂长也没能扭亏为盈。怎么办？最后找到一位农民企业家王义堂。他接任后对厂子进行了调研，发现：全厂 415 名职工中有行管人员 113 人，厂长一正八副，各自为政；一个科室 5 ~6 人，天天没事干，来一两个客人，开两桌酒席相陪。厂里买 60 元一吨的原料，报表上明明写着 100 吨，可一称实际上只有 70 吨……王义堂上任后，并没有改变原厂的规章制度，所不同的是，原来的规章制度只是挂在墙上、停在口头上，而现在他把这些规章制度变成了全厂职工的行动。于是，企业每小时的水泥产量一下子从过去五六吨提高到十吨多。55 岁、连小学也没毕业的王义堂，不到一年，就使这个年年亏损的国有企业翻了身：上任当年使企业赢利 70 万元；第二年实现利税 525 万元；第三年在原材料价格大幅度上涨的情况下，仍实现利税 470 万元……一个国企换了 12 任厂长没救活，而一位农民却使之兴旺了。“王义堂现象”的出现，不仅仅是体制上的问题，也是厂长经理个人道德境界的问题。这一具有普遍意义的典型个案，对于解决国企脱困确有不少的借鉴作用和特殊意义。这个例子告诉我们：计划干什么，目的一定要明确。只有目的明确了，才能不怕苦、不怕累、不怕麻烦，才能自觉地深入到实际中去，得到真实的第一手材料，正确、大胆地为决策提供依据。

客观而言，调查研究大都是针对当前或今后一个时期内亟待解决的问题而展开的，因此，调查研究的目的性表现得非常直接。

(二）依据性

在调查研究的全过程中，应该坚持存在是第一性的，思维是第二性的；物质是第一性的，精神是第二性的；实践是第一性的，认识是第二性的；客观世界的实际情况及其变化、发展的规律是第一性的，而路线、方针、政策是第二性的。尊重客观，从实际出发，实事求是，是进行调查研究所必须遵循的辩证唯物主义的理论原则。在这种理论原则的指导下进行调查研究，才有可能按照客观事物的本来面目了解事物，透过事物的表面现象寻求事物的内部联系和本质特征，把握它的发展规律，从而获得符合客观实际的正确结论和科学预见；在这种理论原则的指导下进行调查研究，才有可能提高调查研究人员的思维能力，寻求一套正确进行观察、分析和思维的方式方法。轻视或者忽视这种正确的理论指导，就容易犯主观主义、官僚主义的错误。犯主观主义、官僚主义错误的人有一个通病，那就是不了解客观情况，把自己的想法、要求强加于客观。这就把精神、意识当做第一性，而把客观存在着的事物当成可以随着人的意识而转移的第二性了。

(三）系统性

世界是一个庞大的不断运动的立体网络结构整体系统，我们所进行的调查研究，无论是哪一个领域或哪一个层次的问题，都与这“立体网络结构整体”有关联。因此在调查中，应将调查对象放在世界这个大系统里进行考察研究，真正认清调查对象——局部与整体之间、局部内在结构的诸要素之间、这一层次与上下层次之间的相互联系、相互作用、相互影响和相互制约，调查研究者在观察问题、分析问题和研究问题时，才可能具备全面的观点、整体的观点，从许多具体调查研究中达到最后对整体系统性的认识。人们知道，世间任何事物或事物之中的诸要素，都是作为整体的一个特定部分而存在的。如果不从整体上去关照、把握具体事物，或者说把具体事物从整体中割离出来，那么不仅难以正确地认识具体事物的特征、意义和价值，而且可能犯“以偏概全”的错误。

调查中的系统性特征还反映在调查研究活动的全过程中。这就是说，无论是调查还是研究，在辩证唯物主义的理论指导下，总要遵循一定的规则和程序进行。如课题的选定，问卷的制作、发放、收回、统计和分析等，一环紧扣一环。这本身就是一个完整的系统。

(四）客观性

客观性主要是指在进行调查研究中，按照事物的本来面目去考察和反映，不加个人任何主观愿望、偏见和感情色彩。一切从实际出发，实事求是地进行观察和了解，搜集第一手资料，尊重客观规律，理论联系实际地进行分析和研究，按照真实情况去报告，反映问题不夸大不缩小，绝不可弄虚作假。

客观，还要求调研人员在调查研究的整个活动中尊重实际、尊重事实，而不是从条条框框、从本本出发搞调查研究。在以往的调查研究中，有相当一部分是“按图索骥”，顺着领导的意图这根“杆子”爬。下去进行调查之前就已带好了“框框”，下去只是为了找些材料填充。这样一来，在工作中就难免不犯主观主义、官僚主义的错误。

（五）计量性

随着科学的发展和社会的进步，计算机、摄像机逐步被调查研究人员用于调查中。从目前国内外的调查研究活动来看，调查研究的对象不再像以往那样单一，而是日趋复杂化、多样化和综合化。从调查研究的结果来看，被调查的对象大多能计量化。这样能“计量化”的调查结果，不仅能使调查研究人员心中有“数”，便于分析和研究，而且对未来的发展也有个“谱”，有利于预测。今日的调查研究，首先是注重数量的搜集、统计和分析。对调查研究的对象，不像以往那样只有一个“好、中、坏”的笼统概念，而是要求有具体的“量”。对被调查的各种现象通过数据表现出来，做到心中有“数”，才便于研究，有利于决策。1991 年，国家食品质量检验中心对一些宾馆、饭店、国营商场提供的 2 种 104 个最高档次的名牌白酒（每瓶 100 元以上）样品进行检验，结果只有其中 1 种 4 个样品是真的，其余样品全是假货。如果按照以前习惯的说法，便是“假的居多，真的居少”，或者“大多数名牌白酒是假的，真的极少”……这样的说法是正确的，但不准确，正确不等于准确。如果说成“北京市场名牌白酒抽查检验的结果是：真假名酒之比是 4∶100”，那么引起人们震惊、气愤的程度远比上面的说法要大得多。因此，能量化的一定要量化，不能在数据上用模糊语言。

当然，量化的运用和发展还有赖于一定指标的确立。没有明确的指标，计量的数字也就没有衡量的标准。

三、调查报告的类型

调查报告的类型如图 3－2 所示。

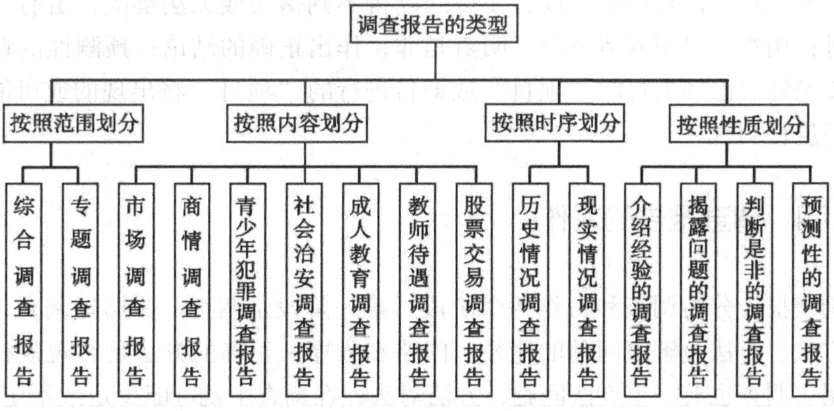

图 3－2　调查报告的类型

（一）按照范围分划

有综合调查报告和专题调查报告两种。综合调查也就是全面调查，对调查对象的各个方面包括历史的、现实的、好的、坏的进行立体式地考察。这里的范围是针对调查对象而言的。专题调查报告是对一项业务、一个案件、一个事件、一个问题或一项工作等作深入系统的调查研究后形成的报告。

（二）按照内容划分

有市场调查、商情调查、青少年犯罪调查、社会治安调查、成人教育调查、教师待遇调查、股票交易调查等。如果从内容分类，那么这类调查报告最多。

（三）按照时序划分

有历史情况调查和现实情况调查两种。历史情况调查是对已经成为历史的情况进行调查。如对黄河历史上的洪水灾害调查，就应了解黄河在何年、何月，在何省、何处“决口”，黄河故道的变迁，黄河水灾给人民生命财产造成的损失，历代修治黄河的情况等。这种调查的目的是根据现实与治理黄河的需要而进行的。从政治的角度说，历史情况的调查还应包括“专案”调查，也就是说，为了处理好冤假错案而进行的调查。历史情况的调查既可以针对一个人、一个地区或一个行业、一个团体或党派组织等进行，也可以针对一次“活动”等进行。

（四）按照性质划分

有介绍经验的调查报告，有揭露问题的调查报告，有判断是非的调查报告，有预测性的调查报告。介绍经验的调查报告主要是对工作中已出现的带有方向性、指导性的典型经验，进行调查和总结，以便指导和推动全局工作；揭露问题的调查报告主要对生活中的不良现象、不正之风等危害人民和国家利益的人与行为等进行揭露、批评和鞭挞，以便引起社会的注意和重视，为问题的解决创造有利条件；判断是非的调查报告主要是对某个人、某个单位、某个问题因为认识不一致，以致产生争议，使得问题得不到落实或无法解决，由有关部门出面进行调查，以便弄清情况、明辨是非，作出正确的结论；预测性的调查报告主要是针对已经进行的“项目”或即将进行的“项目”将出现的或可能发生的问题进行调查。

四、调查报告的写作

调查报告分为调查和写作两个阶段。第一阶段是调查。要搞好调查，先要学会方法。方法是解决问题的途径、门路和程序。正确的方法是客观规律的主观应用。调查也有一个方法问题，方法对头，在调查中就可能少走或不走弯路，沿着正确的途径、程序顺利地完成任务，达到目标，取得成果；否则，就会事倍功半，徒费人力、物力和财力。调查方法如图 3－3 所示。下面就调查中的方法作简要介绍和论述。

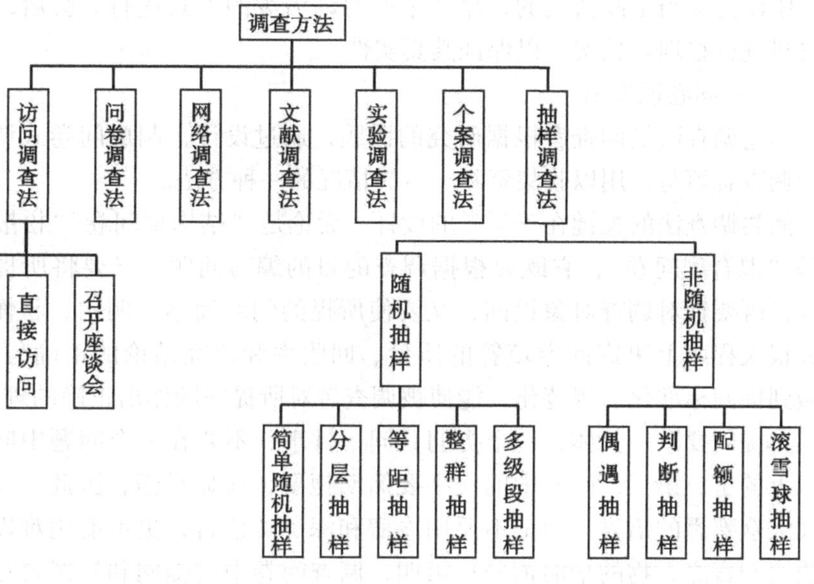

图 3－3　调查方法

（一）访问调查法

1. 个别访问。也可称之为直接访问。这种访问是调查访问人员单独与被访问者直接交谈，从而获得有关资料的一种方法。个别访问因为不受他人的影响，所以能够使访问比较深入。一般说来，在集体场合，人们往往有一种从众心理，看看别人是怎样回答的，力图使自己所谈的不与大家谈的冲突太大。这样就难以获得真实的、详细的材料。个别访问的问题往往是不宜在座谈会上讨论的问题。

2. 间接访问。也可称之为侧面访问，就是访问主要调查对象上下左右的人，这虽然也是面对面的一种直接访问，但访问的对象不同。如果被访问的对象身患重病无法交谈，或由于特殊原因无法接触，则只能采用间接访问方法。一般说来，除了与主要调查对象直接当面访问外，也需要进行间接访问，以便从各方面了解情况，充分占有材料。这样做的好处是，便于调查者从不同的角度去“透视”被访问者，以形成对被访问主要对象的立体化的视觉。

3. 召开座谈会。又称为调查会。它是通过集体座谈的方式进行的，也就是说，它所访问的对象不是单独的，而是同时访问若干个被调查者。毛泽东说：“开调查会，是最简单易行又最忠实可靠的方法，我用这个方法得到了很大的好处，这是比什么大学还要高明的学校。”座谈会由调查者主持会议，开调查会之前，由调查者把调查的目的或主要意图、内容和要求一一向被调查者介绍清楚。参与座谈的人应当是确实了解情况的人，人数一般以 10 人左右为宜。对于同一个问题，可以连续召开几次座谈会，也可以围绕同一个问题召开不同层次的座谈会。

座谈会应当是漫谈式的，尽量采取生动活泼的方式进行。会后，应对获得的材料进行整理和核实，以保证其真实性。

（二）问卷调查法

问卷调查法是调查者根据研究的课题，通过设计，制成问卷式调查表，寄发给调查者填写，用以收集资料、掌握情况的一种方法。

问卷调查法的关键在于问卷的设计。无论是“结构型问卷”“松散型问卷”，还是“混合型问卷”，它既要根据调查的目的编写问题，又要将所提问题化整为零；既要针对调查对象设问，又要使所提的问题简洁、明白、易懂。问卷设计在很大程度上决定问卷填答的质量、回收率和研究结论的正确与否。第一，应做到提问标准化、规范化，能使被调查者对所提问题作出正确的理解和回答；第二，提问要单一具体，一个提问只问一件事，不要在一个问题中问两件或两件以上的事；第三，问卷中的文字要简明扼要，浅显易懂，因此，应尽量运用人民大众熟悉的语言，切记不要用冷僻和深奥的语言，更不能用难以读懂的晦涩语言和言之无物的华丽词藻；第四，调查问卷中的提问和答案要尽量避免使用含义不确切的模糊概念；第五，提问要尽量客观、公正，不能有暗示、诱导性的倾向，否则也难以获得真实的情况；第六，最好不提令人窘迫或禁忌、敏感性的问题，以免被调查者拒答；第七，提问应先易后难，以引起被调查者的兴趣，使之乐意填答。

（三）网络调查法

即通过网络媒介进行调查的方法，可以采用多种形式进行，如设置问卷进行答题、留言板留言、敏感问题浏览点击、直接进行网上对话交流等。

网络调查从文本载体上划分，有局域网调查和广域网调查。局域网调查一般适用于对一些行业系统内部情况的调查，如对内部管理中的措施、办法、条例的民意测查等；广域网调查一般适用于针对全民关注的社会问题进行调查。从调查形式上，又可分为问卷形式、留言板形式、浏览点击形式和直接交谈形式等。

网络调查的关键在于调查设计的新颖度，因为网络调查不同于纸质问卷和面对面直接交谈，它不能对网民强行约束，只能以设计的新颖、话题的新锐来引起人们关注，吸引人进行浏览点击或答题、留言及有兴趣展开交流。

网络调查因为调查者与参与调查的人隔着一堵看不见的“墙”，参与调查的人都是主动地自愿，因而调查的展开更自由、更随机，也往往更能充分地展示事相、心态和民意的真实；但从另一方面说，也正因为如此，网络调查就像撒出去的网，调查者难以对它进行控制，比如有些网民的重复登录、某些网民的游戏心态就可能影响到调查结果的真实可靠。因此，网络调查一般要与其他调查方法结合使用。

（四）文献调查法

即通过调查文献获得资料的一种方法。

文献资料有4种：一是文字文献；二是数字文献；三是图像文献；四是有声文献。文献调查一般从这4个方面进行调查。

文献有历史文献、现代文献和当代文献之分，有东欧、西欧和北美之分。如果按照内容划分，那么就更多。面对众多的文献，如何调查呢？首先要熟悉查询文献资料的工具书，如年鉴、手册、年表、图谱、书目索引和类书等。其次要掌握一定的文献调查检索方法，如顺查法——以文献发表的时间为顺序，由远及近，逐年往后查；逆查法——以文献发表的时间为顺序，倒查，由近及远，逐年往前查；追溯法——利用文献末尾或章、节，或页下所附的参考文献和注释，跟踪查找文献，逐步扩大查找范围，以获得更多的资料；循环法——将上述几种方法交替、轮换使用，一时用追溯法，一时用追踪法，以便查到更多的资料；专家咨询法——指调查研究人员在运用文献调查时，对其中的疑难点向有关专家、学者咨询，征求检索资料的意见，以便于更快地查到所需要的资料。

实施文献调查法的基本步骤：第一步，先查找本单位图书情报机构所藏的目录、原文等资料；第二步，查本省市或同一学科行业单位的图书情报机构收藏的资料；第三步，查全国性的图书情报机构所藏的资料；第四步，查外国图书情报机构所藏的资料。

（五）实验调查法

实验调查法是指在一定人工设计的条件下，按照人工可以控制、干预和影响的设计程序，对被调查研究对象的活动加以观察、记载和分析，以揭示其本质和规律的方法。

在现实生活中，无论是社会现象，还是人际关系或人的潜能，往往是错综复杂、瞬息变化的，要揭示它们之间的本质联系，难度较大。但是在实验调查中，可以通过对实验刺激变量的控制和操纵，使一些现象发生，另一些现象不发生，使假设影响条件极为明显地体现出来，这样，不仅能够验证事先假设的正确与否，而且能使实验对象的发展变化过程以较纯粹的形式出现，以便认识在自然状态下难以观察到的特征和因果联系，这是其他调查方法所不具备的。实验调查法与其他调查法相比，一个突出的特点是鲜明的对照性——实验调查“参照物”。这种“参照物”有两种情形：一是以实验对象自身在实验前作为“自我对照”；二是选取与实验对象相类似的单位作为对照。实验的结论均是通过对照得出来的，因此人们认为：没有对照，就没有实验调查法。而“参照物”

既可以是一个，也可以是一组或几组。由于实验的规模有一定的限度，时间也相对短暂，投入的财力也不多，因而有可能在不同的时间内重复实验。如果重复实验的结果与前面的实验结果相同或差距不大，就增强了实验调查的可信性。

实验本是自然科学研究的基本方法，随着交叉科学的发展，这一方法已经被移植到社会科学、管理科学领域，而且得到了广泛的应用。

（六）个案调查法

也叫个别调查法。它是指以某一特定的具体单位作为深入细致的调查研究对象，通过对这个对象的调查，达到“以一斑窥全豹”的目的，对调查研究对象与同类事物之间的关系有较深刻的认识。

个案调查涉及面小，内容全面。它的调查对象是一个具体单位。这个“具体单位”既可以是一个社区、一个团体、一个家庭、一个人，也可以是一种社会现象、一个事件、一个过程等。个案调查的涉及面虽小，但调查的内容较为全面。也就是说，对“这一个具体单位”作历史的、现实的、横向的、纵向的全面调查，以弄清其来龙去脉，全方位地把握个案的全貌。

个案调查，首先要“立案”，即确定调查对象。这个对象无论是由调查者确定的，还是组织上指定的，或其他人或单位委托的，都要确定好，这样调查起来才能目标清楚。

个案调查，既可以从“静态”的角度去考察，收集有关调查对象的资料，包括日记、自传、文物、书信、地方志、档案和照片等；也可以从“动态”的角度去调查对象的有关资料，包括思想、观念、精神、风韵、态度和心理状态等；进行个案调查时还可以运用“参与法”，即调查研究人员与被调查对象处于同一环境和条件之中，与被调查对象一同劳作、学习和生活，直接获取第一手资料。

（七）抽样调查法

抽样调查就是把调查对象当做总体，从总体中按照随机或非随机的原则，抽出一定数量的调查单位作为样本，通过对样本的直接调查和分析，然后借助统计推论的方法，推断出调查研究对象总体的状况、特征和性质等情况。

抽样调查的基本方法可以分为两大类。

1. 随机抽样。随机抽样又叫概率抽样，它是按照概率理论来抽取样本的。随机抽样的方式可分为5种。

（1）简单随机抽样。它是按照随机原则，直接从总体中抽取若干个单位，构成一个样本，通过对样本单位的调查研究，计算样本指标，然后对总体相应的指标作出统计推断。

（2）分层抽样。它是把调查总体所含的单位按照一定的标准分为若干组或类别，每一组或每一类别称之为一层，然后从每一层中按照相同、相近或不同的比例随机抽取样本，这就是分层抽样法。分层抽样的方法又有两种情况：一是分层定比抽样，即按照各层在总体中所占的比例，在各层中随机抽取样本。各层样本数占总体样本数的比例与各层单位数占总体单位数的比例相同。二是分层异比抽样，这是指某一层所包含的单位数在总体中所占的比例过小，为了使该层的特征在样本中得到足够的反映，需要适当地加大该层在样本中所占的比例。如果各层单位数相差悬殊，仍采用分层定比抽样方法，那么就有可能因为某单位数最小的那一层抽得太少而失去代表性。在总体构成复杂、内部各单位差异较大、单位项目和数目较多的情况下，运用分层异比抽样法效果最佳。这是因为：一方面使各分层中的单位之间共性最大，而差异程度缩小；另一方面使各层内的单位分布比较均匀，保证各层内的每一个单位都有抽中的机会，并且分层之后，影响抽样误差的只是各层内的差异，而各层之间的差异已经不再影响总体抽样误差。这就可能提高样本的代表性，具有较好的抽样效果。

（3）等距抽样。等距抽样是将总体中的全部调查单位按照某一标准排列起来，先随机抽选一个样本作为起点，合并样本和总体单位数，计算出抽样距离，按照固定的顺序和计算出的间隔距离，在总体中抽取若干样本的抽样方法。这种方法在经济领域、管理领域中有较高的实用价值。

（4）整群抽样。这是一种将总体划分为若干个群或组，以群或组作为抽样单位，从中抽选出一部分群，然后对群内全部单位进行调查的一种抽样方法。采用这一方法时，首先按照某种标准将总体划分成若干群，然后将各群编码，再按照随机原则抽取这些群中的某些群体作为样本，然后又在抽取的样本中分群，再次按照随机原则抽取新的样本。依次继续下去，直到最小的单位为止。

（5）多级段抽样。把抽取样本单位的过程分为两个或两个以上的阶段抽样的方法，称之为多级抽样，也可称之为多段抽样。在抽样调查中，如果一次直接抽取具体样本单位，叫做单级抽样。而多级段抽样必须在两个以上的阶段抽样。无论是两级抽样、三级抽样，还是五级抽样，必须注意的是每一阶段应严格按照随机原则抽取样本。

2. 非随机抽样。非随机抽样又有 4 种情形。

（1）偶遇抽样。这是一种根据调查者方便的原则，任意地、偶然地抽选样本的方法。调查者的心中事先没有确定样本，到达某一个地方，遇到谁就选谁为样本，随走随选，直到满足规定样本数目为止，因而人们又称之为任意抽样。偶遇抽样虽然方便，但有较大的偶然性。

（2）判断抽样。这是一种以调查者或专家根据主观判断选择样本的方法。这种判断既可以凭借调查人员的经验或印象来判断选取样本，也可以凭借专家的学识来判断选取样本，因此，抽样调查结果的精确度全部取决于这种主观的判断力。

（3）配额抽样。也可以称之为“定额抽样”。这是一种首先把调查研究的总体按照一定标志分成若干类，然后按照一定比例分配样本数额，由调查研究者在定额的范围内主观地抽取样本的方法。运用配额抽样，首先要选择一些控制特性作为划分总体的标准，把总体划分成若干子体。然后按照子体在总体中的大致比例，决定各子体中的样本“数额”。最后由调查者在“额度”内随意抽取样本。

（4）滚雪球抽样。在实际调查中，可以选定一个或几个有特征或有代表性的人物进行访问，然后按照这个或这几个被调查者提供的名单去调查。如此类推，如同滚雪球一般，被调查者愈来愈多。

第二阶段是写作。调查报告的写作是表现和阐释调查研究成果最常见的形式。这种形式无论是采用第一人称的写法，还是采用第三人称的写法，一般都包括相互关联的5个部分（如图3－4所示）。

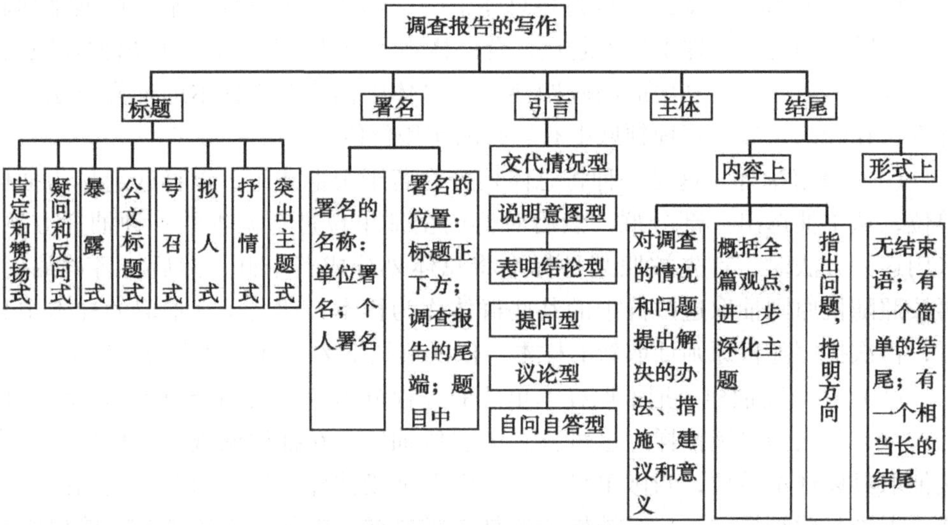

图3－4　调查报告的结构

（一）标　题

在一般情况下，调查报告的标题往往就是调查报告的主题，如“公开招标，势在必行——襄樊市直部分商贸企业公司公开招聘经理的调查”，这个标题既高度概括，又明确具体地反映了这篇调查报告的主题。

常见常用调查报告的标题有下列几种类型。

1．肯定和赞扬式，如“乡镇企业管理机制的优越性调查”“市委书记攻克‘顽症’调查”。

2．疑问或反问式，如“国有大企业连年亏损的原因何在?”“为什么中国的乡镇企业效益好?”“‘老亏’何以戴‘红帽’?”。

3. 暴露式，如“‘官学’正在窒息学术生命”“一种令人不安的趋向——乡镇企业出现家族化现象”。

4. 公文标题式，如“关于打击假、冒、伪、劣产品的调查”“关于××市×××公司经理接受贿赂的调查”。

5. 号召式，如“要重视科技干部的培训——北京市经委科技干部培训的调查”。

6. 拟人式，如“手持金钥匙的人——××省××市教师队伍状况的调查”。

7. 抒情式，如“还我美好山河——桂林风景区的保护和治理工作亟待加强”。

8. 突出主题式，如“公开招标，势在必行”“随州市万和镇发展庭园经济的调查”。

调查报告的标题远不止这八种类型。无论是哪一种类型，都应力争做到贴切、简明、醒目。

（二）署　名

调查报告一律要求署名。无论是以单位的名义进行调查，还是以个人的名义进行调查，都应在标题之下、正文之上或文尾之处签上单位的全称或个人的姓名。其作用：一是给人以真实感；二是加强了调查者的责任感。

1. 从名称上讲，署名一般有两种。

（1）单位署名。若是一个单位进行的调查，就署上这个单位的全称。如果是两个单位联合进行的调查，就署上这两个单位的全称，以此类推。

（2）个人署名。谁调查就署谁的名。如果需要公开发表这篇调查报告，那么根据作者的要求，既可署真实姓名，也可以署笔名。

2. 从署名的位置上讲，有以下三种情况：

（1）署名在标题正下方；

（2）署名在调查报告的尾端；

（3）署名在题目中，如《沙湖大学学生工作处关于学生厌学的调查》《上海市冶金局关于当前人事制度上存在几个问题的调查》。

（三）引　言

调查报告中的引言也就是调查报告的开头。它在调查报告中起到总领或引出全文的作用。

引言部分写什么、如何写，没有具体的规定，作者应根据掌握的材料、结构安排和写作目的等具体情况，不拘一格地灵活而定。

写作引言的主要类型有以下几种。

1. 交代情况型。如罗天庆撰写的《农民企业家具有五大社会功能——谷城县石花镇的调查》的引言：

石花镇是谷城县的一个县辖镇，历史悠久，素有“鄂西北门户”之称。它地处川陕要塞，是房县、保康、郧阳、竹溪等县和地区出入武汉、襄樊、南阳、十堰等城市的必经之地和重要物资的集散地。全镇版图面积162平方公里，人口54424人，共有30个村，农村劳动力18596人，还有10条街道，城镇非农业人口10845人。党的十一届三中全会以来，石花镇的农民有胆有识，利用交通方便等优势，率先登上了商品经济的舞台办工业、办商业，现在已涌现出在本镇范围内赫赫有名的农民企业家21名，有的在县内外、省内外还小有名气，有的获得了“湖北省农民企业家”称号。这21名企业家平均年龄38岁，他们大都经营着年产值百万元的工商企业。小小的集镇竟能生产出55种工业产品，其中有一种获得国家部级奖励，还有一种远销东南亚五个国家和地区。在短短的几年里，石花镇的经济发生了翻天覆地的变化。笔者通过初步调查发现，农民企业家能量之大，原因就在于他有五大社会功能。

2. 说明意图型。如上海市“办实事”民意调查课题组撰写的《听上海市民的心声——上海市人民政府为人民办实事的民意调查》的引言：

为了解市民对1986年市政府办十五件实事的看法和感受，我们从三个方面进行了调查研究。

3. 表明结论型。如武汉钢铁公司烧结厂思想政治工作办公室和党委工作部撰写的《烧结厂一次党员抽样调查》的引言：

烧结厂最近对该厂体制改革后党员工作、学习情况进行了一次无记名问卷调查。从收回的400份问卷表中可以看出，目前企业党的建设有所加强，但党员干部在职工群众心目中的威信下降。

4. 提问型。如李再龙、王观潮撰写的调查研究《物价改革与社会心理承受力》的引言：

目前，价格改革已经成为人们经常谈论的一个“热点”。究竟怎样评价群众的各种议论，怎样对待群众在谈论中表露的各种情绪，这不仅是价格改革面临的一个课题，也是全面改革开放面临的一个课题。

5. 议论型。如北京市统计局撰写的《从科技进步的影响看北京工业的发展途径》的引言：

技术进步是社会经济进步的综合评价，也是工业发展水平的重要标志。在当前大力提倡经济效益的情况下，只有科技进步促进生产的发展才是最大的经济效益。

6. 自问自答型。如周延高撰写的《建立综合治理机制，弱化人口增长势头——老河口市北部边远乡村人口状况的透视和思考》的引言：

当今世界，“人口爆炸”问题已成为人们议论和忧虑的焦点，同时也已成为困扰中华民族发展、繁荣的难题之一。边远乡村，古有“山高皇帝远”“鞭长莫及”之说。今日我国边远乡村的人口状况如何？计划生育面临什么样的问题？笔者在对鄂豫两省三县交界处的老河口市袁冲乡和纪洪镇的调查中发现：一、超生势头居高不下；二、多胎生育越来越多；三、党员干部超生严重；四、隐报人口的现象极为普遍。

总之，引言的写法多种多样，没有固定的模式。调查报告的引言应根据内容和表达的需要而定。无论采用哪一种引言类型，都必须为内容服务，为表现主题服务。

（四）主　体

调查报告的主体有以下几种结构形式。

1. 横式结构。横式结构的调查报告是按照事物的内在联系来安排内容的先后顺序。这种结构适用于大型的调查报告，因为大型的调查报告不仅背景广阔、内容丰富，而且涉及面较广、综合性较强，因此，只有抓住事物的本质特点和内在联系，才易于掌握和利于表达。

2. 纵式结构。纵式结构的调查报告一般是以事物的发展时间和层次为线索，依次或层层递进，从而揭示事物的产生、发展和变化过程，将其来龙去脉反映出来。典型（正面典型或反面典型）调查的写作往往采用这种结构形式。

3. 因果式结构。因果式结构的调查报告往往有两种情形：一是先把调查的内容（事物产生、发展和演变的原因）写出来，再进行分析和研究，得出结论（结果）；二是先把调查研究的结果写出来，再阐述形成这一结果的原因。

4. 并列式结构。并列式结构的调查报告往往是指同一性质的事物，不分主次，并排平列地写出来。

5. 三段论式结构。三段论式结构的调查报告往往是将要写的内容分为三大部分，依次写来。一般来说，这三大部分的内容是：① 经验教训，包括具体做法；② 存在的问题；③ 建议、思考或打算。

6. 标题式结构。标题式结构的调查报告往往是比较大型的调查而采用的一种结构形式。这种写法是以若干小标题作为全篇报告的构架。标题式结构调查报告中的小标题既有并列式的，也有递进式的。

7. 条文式结构。条文式结构的调查报告是用“一”“二”“三”“四”条文的形式，把要报告的内容分条列出表述。

8. 集纳式结构。集纳式结构的调查报告往往是把同一性质内容的不同调查对象聚集、收录在一起，或按照不同层次，或按照时间顺序一一写出来。

9. 连环套扣式结构。连环套扣式结构的调查报告往往用于破案调查方面的写作。也就是说，按照侦查、调查案件的具体环节，一环套一环地写作。

10. 横中有纵式或纵中有横式结构。

调查报告的结构形式并不止这 10 种，并且在具体写作时，不是一篇调查报告只采用一种结构形式。值得注意的是，采用哪一种结构形式写作，应视写作具体内容的容量大小和复杂程度而定。

（五）结　尾

调查报告的结尾没有统一的规定，但有统一的要求，那就是应根据具体内容的不同，依据写作的需要，采取多种多样的写法，要求不说废话，切勿画蛇添足。

从总体上看，调查报告的结尾可分为两大类，即内容上的和形式上的。

1. 属于内容上的。这一类结尾有 3 种。

（1）对调查的情况和问题提出解决的办法、措施、建议和意见。如采用“条文式结构”的调查报告，或采用“标题式结构”的调查报告，往往在最后一个问题中提出解决的办法、措施、建议和意见。有的干脆标出“存在的问题及建议”“设想与建议”“对策与思考”“意见与展望”等。

（2）概括全篇观点，进一步深化主题。如果是采用“标题式结构”，往往标出“小结”这样的题目，对全篇调查报告的主要观点作出概括的说明和总结。如唐灿撰写的《当代青年工人的人生价值取向》一文的结尾就用“小结”做标题，对全篇调查研究作了总结。

（3）提出问题，指明方向。

2. 属于形式上的。这一类结尾有 3 种。

（1）无结束语。调查报告的正文写完了，全篇调查报告也就完成了。

（2）有一个简单的结尾。这种形式的结尾或者概括地说明全篇调查报告的主要观点和问题，或者扼要地指出方向，作出展望。

（3）有一个相当长的结尾。这种形式的结尾对调查的问题往往作出比较充分的分析，提出具体解决问题的办法、措施和建议。

五、调查报告写作注意事项

（一）坚持实事求是

对所写的人和事，坚持好便说好、坏便说坏的原则，公正地划分是非界限，不因为领导者或自己的好恶而随意褒贬，更不能歪曲事实。这就要求调查报告的撰写者具有一种不趋时、不附势、不虚美、不隐恶的“存真”和“求实”精神。

在调查报告正式定稿之前，还应对一些重要人物、事件和数据进行核实，力争做到实事求是。

（二）写作者要有将军的胆略和战士的勇气

写一篇调查报告，往往要付出很艰辛的劳动，有时甚至吃力不讨好，惹来不少麻烦。尤其是写暴露式的调查报告，不但有人阻挠和纠缠，而且有威胁和恐吓，这就需要作者有将军的胆略和战士的勇气。只要你写的是真实的，就要敢于坚持，按照毛泽东、邓小平提倡的“实事求是”去办。而要“实事求是”，就必须从客观实际出发，而不是从抽象的原则、定义和结论出发。因此，我们要求调查研究人员要像李瑞环强调的那样，敢于碰书本上说的，敢于碰文件上规定的，敢于碰已有的经验，敢于碰领导人说的，敢于碰多数人公认的，敢于顶住来自各方面的压力，敢于讲真心话，敢于参与和干预生活，敢于怀疑，敢于承担责任。当然，一个作者在反映生活时，敢于不回避矛盾，直接面对生活和社会的真实，是很不容易的。没有一定的胆识和勇气，也是做不到的。

（三）要克服写作调查报告中常见的问题

我们写作调查报告时，要注意克服调查报告中常见的4种问题：一是观点与材料脱节；二是材料不典型或不充分，所用的材料难以说明观点；三是堆砌材料，未能从材料中抽出观点，缺乏概括、分析和研究；四是表述不当。写作调查报告，应尽量避免枯燥无味的语言，力争写得通俗、朴实、生动一些。

调查报告写作范式

甜蜜，还是忧伤？

——对两所高校大学生同居现象的调查

校园里多少人在同居

在大学校园里，无论是白天还是夜晚，无论是在绿化广场还是晚自习教室，一对对相依相偎的情侣随处可见。在校外的民宅、男女生宿舍，常见男女学生出双入对。看到这种情况，不由让人心生疑惑：他们中有多少人在同居呢？

近日，笔者就此问题在长沙市相邻的两所高校作了调查，结果让人触目惊心。在A高校，笔者采访的5个系中有52人与他人同居。其中，6个学生与同班或同年级同学同居，2个学生与外校的学生同居，1个与大学老师同居，1个与社会上的人同居。B高校中，有7个大学生与同班或同年级同学同居，1个和外校的同学同居，2个和社会上的人同居。

笔者对没有同居的大学生也进行了调查。结果表明，近75%的大学生"认可"或"不反对"这一现象。

这一调查结果在一定程度上反映了大学生对同居现象的基本心态和看法。不管我们是否赞成，大学生同居作为一个事实摆在了我们面前。它已经发生了。

有多少人是因为爱

A高校中同居的学生，有8人说，选择同居是因为相爱、情投意合，住在一起比较方便，可以互相照顾，同时也是对未来生活的"演习"；而2个同居的学生认为，同居是各取所需，反正大家都需要寄托。B高校中，有9人是因为觉得同居可以使双方更容易了解对方，在一起也比较方便，生活和学习上都可以互相帮助；只有1人觉得反正大家都需要，双方愿意就同居，不需要有爱情。

B高校一名大三学生和一名在网上认识的女生同居已经有一年了。他洒脱地告诉笔者："大学生到了这个年龄，都有生理上的需求，同居没什么不正常的。"

"那你们有没有考虑过将来？"

"将来？你在开玩笑吧？将来还早呢，哪管将来！"

另一位同学是个男孩。他告诉笔者："我们是同班同学，大一我们就相恋了，但我们大四才同居。"

同居的苦果谁来品尝

在采访中，大多数同居的大学生认为，同居不会影响学习，也不会增加家庭经济负担。然而据笔者调查，同居的大学生每天至少要用2个小时做一些很琐碎的事。还有，他们每月要比住校生多用至少500元钱，这能说不会给家庭造成额外的负担吗？

一位刚刚毕业于B高校财经系的学生说："大四最后一个学期，我和女朋友在外租房住，用2万多元钱，单缴房租就用了3000多元。另外，买洗衣机、电视机、电脑、手机要用钱，外出游玩、逛街购物要用钱，买菜做饭要用钱，什么都要钱。学习就不用说了，两个人整天在一起，就不会想到要学习，想得最多的是到哪儿玩，常为吃饭的事就要用去两三个小时，学习只求60分，能说好吗?”

至于同居生活对男女同学身体方面产生的影响，就不用多说了。

毫无疑问，同居是与校规相悖的。笔者调查的两所高校对非法同居或发生性行为的学生处理也是严格的。一经发现，都对当事人进行处分直至勒令退学。今年9月刚刚开学的时候，A高校就发生了一女生怀孕事件。学校经过调查后，对同居的男女都作了勒令退学的处理。

但事后简单的处理并不能从根本上解决问题。事实证明，学校加强性观念的引导和教育已迫在眉睫。

(周琼《星城快报》)

【范文赏析】

这是一份专题性、判断是非性的调查报告。作者通过访问调查法，获得了大量的、真实的、鲜活的第一手材料，这是写好调查报告的前提。标题为反问式——“甜蜜，还是忧伤?”答案自在其中。三个小标题均用提问式：“校园里多少人在同居”以悬念为引言，无形中产生一种不能不读的魅力；“有多少人是因为爱”采用集纳式结构，概括了男女生各种各样的同居目的——“对未来生活的‘演习’”，为“生理上的需求”而“各取所需”，“不需要有爱情”等；“同居的苦果谁来品尝”更是层层深入，穷追不舍，分析透彻，发人深省。

病文举例

关于我市试行“错时上下班”制的调查报告

市政府调研室

(2009年12月8日)

目前，我市市区交通拥堵已成为市民关注的热点问题之一。市政府调研室根据市政府领导指示，就我市试行“错时上下班”制度分别到市公安局、建委、人事局等部门进行了专题调研，并与省内各市进行了电话沟通，现将有关情况报告如下。

一、我市城区交通现状

(一) 城区道路交通概况

目前，我市城区现有道路310条，总长366. 6公里，道路面积860万平方米；建城区面积68.8平方公里，人口96.8万；市区机动车保有量12.45万，其中公交车507辆，出租车3882辆，党政群检法机关和事业单位车辆约1500台（编制数），人均机动车占有率达12.8%。此外，还有自行车、电动自行车、人力手推车、外地车辆等，每天在市区上路行驶的各种车辆约为60万台次。

（二）城区交通拥堵的主要表现

1. 拥堵的主要路段：一是主干道……二是次干道“肠梗阻”……

2. 拥堵的时间分布：主要是每天上下班高峰期。具体而言，夏季是每天上午7:00—8:00，下午5:00—6:00；冬季是每天上午7:20—8:10，下午4:30—5:10。主要集中在“三桥”和“三洞”，即西大桥、凌川大桥和南桥，云飞街桥洞、士英街桥洞和人民街桥洞的路段上，并由这些点向市区延伸。

（三）城区交通拥堵的原因分析

1. 城区人口密度大。目前，我市城区户籍在册人口96.8万，若加上大中专院校、驻军和暂住人口，市区人口可达到110万，这就使我市有限的城区面积承载的人口数量过多，每平方公里达1.6万人，比位列我国200万以上城市人口密度第一名的武汉市还要大。虽然，我市近几年大力推进城市南扩，但由于基础设施建设滞后，入住率较低，大部分市民还是居住在老城区，致使其人口密度大大高于全市平均水平。据调查测算，砖塔、淋河两区的人口密度与上海的南京路地区不相上下。

2. 道路供给不足。近年来，我市老城区基本没有新建道路，但市区车辆却增长迅速。据统计，2006—2009年，市区仅机动车增量就达2.5万台，年均增加6300台。目前，我市每平方公里道路网密度5.3公里，人均8.9平方米，按照畅通工程评价指标要求，远远低于B类城市达标标准（道路网密度7.0~9.0公里/平方公里，人均道路面积13~18平方米）。

3. 路网结构不合理。一是外环路只完成了东半段，而西半段尚未修建，致使英雄街全天拥堵；二是缓解主干路压力的两侧辅路或是被占用，或是成为断头路，导致主干路承担了过量的运力；三是新建小区与市政道路建设不匹配，如幸福家园小区只有英雄桥洞一处入口，而没有打通北出口，致使本已拥堵的桥洞更加拥挤不堪。

4. 交通设施不完备。由于市区南北向交通分别被京哈铁路、小淋河、红女河阻隔，而与市区相连接的大桥和桥洞有限，况且在主要交叉路口尚无一处立交桥，致使“三桥”“三洞”路段堵车现象严重。另外，我市用于交通信号等设施方面的投入也严重不足。目前，我市只在57个交叉路口设有信号灯，尚有149个交叉路口无信号设施，一旦交警疏于管理，各种车辆抢行、争路、违反交通规则的现象就大量存在。

此外，因市政施工，个别路段实行交通管制；公交车在单行线逆行等情况，也是加剧我市交通拥堵的实际因素。

二、外地经验借鉴

北京市为缓解早晚高峰交通压力，借鉴2008年北京奥运会、残奥会期间实行错时上下班的成功经验，已从2008年10月11日起实行错时上下班，今年年底错时范围将从大型商场扩大至北京各级党政机关。另据网上查询，我国的郑州、济南、杭州、苏州、温州、成都、重庆、深圳、广州等城市，都已采用“朝九晚六”“朝九晚五”等错时上下班作息制，且收到良好效果。其中，济南市推行错时上下班制度后，主要道路高峰时段的机动车、非机动车减少了约30%，相当于节约10亿多元的道路建设投入；温州则相当于少花20亿元打通了老城区的主要道路。

目前在我省14个市中，只有大连市于今年3月份实行了错时工作制，其具体做法如下。

“错时上下班”范围：市内四区（中山、西岗、沙河口、甘井子，含高新园区）的各级党政群检法机关和部分事业单位。幼儿园、学校、医院、疾控中心等社会公益性行业原作息时间不变；各级行政服务中心（办事大厅）等承担社会管理、公共服务职能的部门和窗口单位原作息时间不变；各级应急、安全监管、交通管理等行政执法部门中的特殊岗位可自行调整作息时间；金融系统原作息时间不变。

作息时间：上班时间统一调整为9:00，下班时间冬春季（一、四季度）为17:30，夏秋季（二、三季度）为18:00。午休时间仍为12:00—13:00。

三、对策建议

借鉴外省市做法并结合我市实际，制定如下错时实施办法。

（一）试行“错时上下班”的范围。党政群检法机关和部分事业单位实行错时。幼儿园、学校、医院、疾控中心等社会公益性行业、各级行政服务中心（办事大厅）等承担社会管理、公共服务职能的部门、金融系统原作息时间不变，各级应急、安全监管、交通管理等行政执法部门中的特殊岗位可自行调整作息时间。

据我市人事部门统计，若我市实行错时制度，可使我市四个城区内600多个党政群检法及部分事业单位约1.5万名职工避开交通高峰时段，实现“让路于民”的目的。

（二）调整作息时间。建议我市上班时间延后半小时，即上班时间统一由早8:00改为8:30。下班时间可有两个方案选择：一是冬春季（一、四季度）为16:30下班，夏秋季（二、三季度）改为18:00下班；二是不分季节统一为17:30下班。午休时间仍为12:00—13:00。

以上情况，仅供领导参考。

【病文指瑕】

本例调查的目的在于为领导决策提供科学、客观和可行的依据。虽无大疵，但有小瑕。

一是结构失衡。既然以“错时上下班”是否可行为命题，那么结构安排应该是：可否实行错时上下班制度？如何错时上下班？实行错时上下班利有几条？弊有几点？本例共79行，“我市城区交通现状”占去41行，“外地经验借鉴”占去19行，而“对策建议”只有15行，明显轻重失衡。领导如果不知“现状”，何必让你调研，故此项或者不写，或者作为如何实行错时上下班的依据，略加阐述即可。“外地经验”也可照此办理，或者作为附件为宜。

二是标题概括失准。“试行”是已然的，事实上是未然的，若改为“关于可否在我市城区实施错时上下班制度的调查报告”则好些。

三是小项有题文相悖之处。如“一（二）2”首句为“拥堵的时间分布”，时间叙述完毕本应收篇，但却接续“主要集中在‘三桥’和‘三洞’，即……”。“三桥”“三洞”是拥堵的地段，而非时间。

第三节　述职报告

我国从奴隶社会起就有述职制度，《左传》《孟子》中均有“述职”一词，但中华人民共和国成立初期废止。政治文明的推涌，市场经济的需求，民主监督的洪潮，恢复或催生出了诸多应用文体，述职报告便是其中之一。自20世纪90年代以来，述职报告日渐成为党政机关、企事业单位、人民团体考察干部、发现人才、民主管理和严格监督的重要工具，对推动社会组织及个人的全面发展都具有重要的意义。2004年，中国共产党以中央文件的名义颁发党内监督条例，第一次对述职、述廉作出了明确规定，要求中央政治局向中央委员会全体会议报告工作；中央纪委党委向中央纪委全体会议报告工作；地方各级党委常委会、纪委常委会分别向委员会全体会员报告一次工作。这不仅是加强对领导机关和领导干部管理与监督的有效途径，也是推动政治文明建设的重大举措。述职报告是检验考察干部的窗口，是民主监督的平台，既是领导干部自我塑造的有效途径，也是相互学习的镜鉴。

一、述职报告的含义

述职报告属于下位文体，是法定社会组织的负责人或有关人员，根据权力属性、职务要求和主体特性，就一定时期的任期目标、履职情况、感悟体会和经验教训等，向选举或任命机构、向上级领导机关、向主管部门或者董事会、向代表大会或人民群众所作的书面报告。

二、述职报告的特点

述职报告虽然以“报告”为名，但却是“报告”这一文种中的另类。其内涵、外延、写作主体、规律技巧等均与通行的报告有显著差异。主要体现在以下几方面。

（一）主体高度特定

述职报告的特质是“我口言我心”。个体在岗履职的情况，个人的感悟体会，只有自己最清楚，只有自己才能证明自己。与其他公文不同，述职报告不可能由下属（他人）代为起草或上下级共同完成，更不可能集体创作，它只能由报告者本人单独完成。所以呈现在文本中，述职报告的主体始终是我，如“在……方面，我重点抓了以下几项工作”“我和……成员一起……”“……是我工作的重点”。即使是领导班子集体述职，也大多采用第一人称复数，如“我们……”“我们几个……”“我们新一届领导班子……”。

（二）报告内容高度集中

述职报告的核心在“职”。这是该文体展开的逻辑起点及通贯血脉。本人的基本职责是什么，自己围绕职责做了什么，围绕更好地履职自己想了什么，自己是否胜任岗位职责要求，是否符合授权主体、上级组织、人民群众的期望，这是行文必须交代的重点，也是决定述职报告成败的关键。因此，无论在述职报告中写学习交流还是深入调研，是写工作绩效还是写经验体会，是写未来设想还是写应吸取的教训，是写制度建设、组织建设还是写思想作风状况，都要围绕更好地履职尽责做文章，不能抛开履职尽责这个核心。这是述职报告与总结的不同。

（三）涵盖内蕴高度丰富

述职报告虽然是围绕职责展开，但围绕履职尽责可谈的内容却不少，比如写作者可以谈履职尽责的战略思考、敬业的态度、从业的能力、管理的水平、取得的成绩、有效的做法、经验体会、做事做人的境界、思想的动态等，只要与履职尽责有关，都可以尽情挥洒。相对于以“单位”作为主体的应用文，它的理论性、思想性和前沿性更强，为写作者本人展示工作绩效、个性才华及综合素质提供了更大的舞台和空间，这也是述职报告容易写出彩的原因。如山西省河津市常务副市长尚根仓2000年4月16日在该市第二届人民代表大会第三次会议上的述职报告的内容就十分丰富，围绕履行好副市长的职责，谈了如何激励清闲、清贫部门改变“冷”部门的状况；谈了带领手下一起学习国内外先进管理经验，学会谋大事、办大事、勿被小事务缠身的管理理念；写了深入基层调研，写出多篇调研文章，为新世纪河津经济腾飞献计献策的苦心；写了自己学理论、学科技，与时俱进，争当时代排头兵，争取让河津与世界接轨的闯劲。其中有想法、有做法，有经验、有体会，有思考、有认识，有干劲、有闯劲，字里行间浸溢着一个新时代领导干部的个性才华和工作活力。

（四）语言表达高度感性

一般来讲，非规范性公文比规范性公文用语较为自由。在非规范性公文中，场合性公文又比书面性公文用语自由。述职报告兼具书面公文与场合公文两种属性，因此，在语言表达上十分讲究，理性与感性、共性与个性、显在性与潜在性都要通盘考虑，应尽量使之既严谨典雅，又易于听记。

归纳许多典范性的述职报告，除敬业态度、工作绩效令人刮目相看外，语言凝炼活泛、佳句迭出、震撼人心，往往是其成功的重要因素。

三、述职报告的类型

权力属性不同、职务要求不同、主体特性不同，写出来的述职报告就不同。这种不同还反映在表达形式的不同。因而对述职报告的分类，写作界至今没有一个统一的“说法”。这里大体将其归纳为四类（如图3－5所示）。

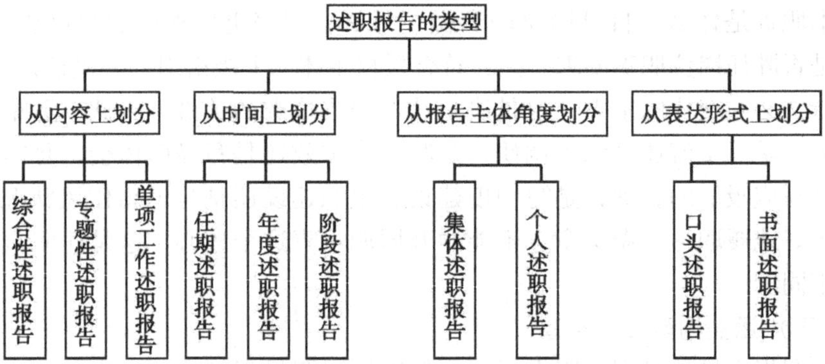

图3－5 述职报告的分类

（一）从内容上划分

有综合性述职报告、专题性述职报告、单项工作述职报告等。综合性述职报告，是指报告内容是一个时期内所做工作的全面、综合的反映。专题性述职报告，是指报告内容是对某一方面的工作的专题反映。单项工作述职报告，是指报告内容是对某项具体工作的汇报。这往往是临时性的工作，又是专项性的工作。

（二）从时间上划分

有任期述职报告、年度述职报告、阶段述职报告等。任期述职报告是指对任现职以来的总体工作进行报告。一般来说，时间较长，涉及面较广，要写出一届任期的情况。与综合性述职报告有交叉。年度述职报告是一年一度的述职报告，写本年度的履职情况。一般来说，这是党政机关、企事业单位、人民团体的负责人或有关人员在年终岁尾要做的例行工作。阶段述职报告是指担任了某一项临时性的职务，在工作结束以后或工作告一段落之后，写出其任职情况或阶段性进展的述职报告。比如，负责了一期的招生工作，或主持了一项科学实验，或组织了一项体育竞赛等，写出的履职情况报告即属于此类。

（三）从报告主体角度划分

有领导班子集体述职报告、个人述职报告等。领导班子集体述职报告通常是在一届领导班子任期将满时，由领导班子核心人物代表其领导班子集体，向选区选民或向本单位职工报告其领导层在搭班子期间工作情况及工作业绩等；个人述职报告指单位负责人或有关人员陈述其个人在某一时间段内，在德、能、勤、绩等方面的表现与体会等。

（四）从表达形式上划分

有口头述职报告、书面述职报告等。口头述职报告是指单位负责人或有关人员向选区选民、董事会或本单位职工群众以口头形式述其履职情况。当然，口头述职报告也应先通盘考虑，事先写下来或打好腹稿，那种单靠临场发挥甚至不着边际地瞎吹是口头述职报告所忌讳的。书面述职报告是指依据上级要求，向领导机关或人事部门以书面形式呈报的述职报告。一般用于考查干部时，作为干部工作业绩、工作能力的证明材料之一。

四、述职报告的结构

述职报告的结构如图 3－6 所示。

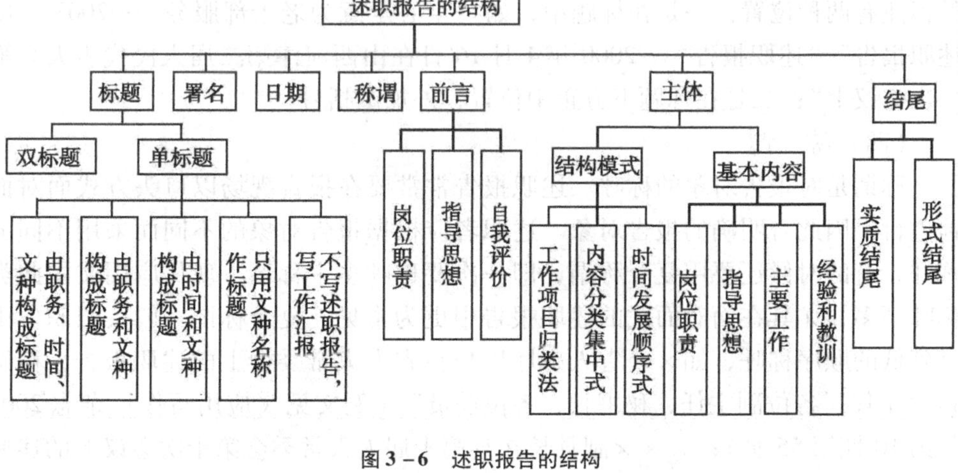

图 3－6　述职报告的结构

(一) 标　题

述职报告的标题有 4 种写法。可大致概括为单标题和双标题两种模式。

1. 单标题

由职务、时间和文种构成标题，如“××省教委办公室主任 2004 年度述职报告”。

由职务和文种构成标题，如“××公司总经理述职报告”。

由时间和文种构成标题，如“1999—2000 学年述职报告”。

只用文种名称作为标题，如“我的述职报告”或“述职报告”。

不写述职报告，写工作汇报。如“××年至××年任××职务期间的工作汇报”“×××（姓名后带职务）在××（机构）×届人大第××次会议上的汇报”。

2. 双标题

将内容的侧重点或主旨概括为一句话做标题，以年度和文种构成副标题，这就形成了双标题。如“全心全意为老干部服务——2003 年度述职报告”“努力抓好‘菜篮子’和‘米袋子’——我的述职报告”“高扬创业主旋律，打好建区第一仗——××区人民政府 1995—1996 年区长述职报告”。

(二) 署　名

如果是个人述职报告，就写述职者个人的姓名；如果是集体述职报告，就署领导班子集体名称，个人署名一般要带职务。署名的位置有两种：一是放在标题中，如“×××（姓名后带职务）在××（机构）×届人大第××次会议上的汇报”“劳科所领导班子述职报告”；二是置于标题之下正中位置，如“河北省人民检察院党组书记、检察长侯磊”。

(三) 日　期

述职报告可以标注述职的具体年月日，这种情况一般用于在××会上面对面述职；也可以只标注年度，这种标注方法一般用于书面汇报履职情况。日期的标注有两种位置：一是在标题中，如“全心全意为老干部服务——2003 年度述职报告”“述职报告——2000 年 4 月 16 日在山西河津第二届人民代表大会第三次会议上”；二是在标题下方正中位置，外加圆括号。

(四) 称　谓

称谓是对报告对象的称呼。述职报告常常要在报告现场以口头方式面对面地进行，因此有明确的报告对象。述职者应根据报告对象的不同而采用不同的称呼，有的时候还要用复合称谓，即一次要称呼多个称谓。现代应用文中此类称呼渐多，尤其在面对面式的述职报告中更为常见。复合称谓一般按照职位由高到低的顺序称呼，如××省人事厅厅长在省人大常委会上的述职报告，称谓是“主任，各位副主任，秘书长，各位委员”（例文见《应用写作》杂志 2003 年第 10 期第 55 页）；×××副县长在县第十届人大常委会第十次会议上的述职报告，称谓是“人大常委会主任、副主任，各位常委”（例文见《公务员实用写作》第225页）。

（五）前　言

述职报告的前言部分一般包括三方面的内容：一是岗位职责，二是指导思想，三是自我评价。岗位职责包括自己从何时起担任何职，主要负责什么工作；指导思想是说明自己在什么样的思想原则、方针政策指引下进行工作的；自我评价是对自己尽职情况的基本评价，也是述职报告的行文基调。三方面的内容都要简略地写，一般一个自然段即可。如：

> 我于2000年2月任×市××机床厂厂长，在省委、市委和机械局及厂党委的领导下，按照厂长岗位职责做了自己应该做的工作。现在向领导和同志们作如下汇报。（例文见《现代应用文写作大全》第150页）（只写任职概况）

河北省人民检察院党组书记、检察长侯磊2001年的述职报告前言：

> 现将我在2001年履行省人民检察院党组书记、检察长职务情况及个人学习、思想作风建设情况汇报如下。2001年是新世纪的开局之年。高检院、河北省委都要求新世纪要有新思路、新业绩、新形象。我和省院党组其他成员一道，遵照高检院、省委的部署，以“三个代表”重要思想为指导，按照基础性工作抓落实，常规性工作抓质量，创新性工作抓成效的思路，努力抓好全省检察工作。（写了任职概况和指导思想）

××区人民政府1995—1996年区长王××的述职报告前言：

> ××建区两年来，经济建设及社会各项事业取得了令人瞩目的成就，这是市委、市政府正确领导的结果，也是区委、区政府班子同心协力、负重拼搏、艰苦创业、勇于开拓，带领全区38万人民苦干实干、勇创一流的结果。我作为一区之长，在建区创业的大军中尽了一个指挥员的职责，起到了组织、领导、决策、协调的作用。尽职尽责是我的本分，博采众长、从善如流是我工作的本色，勤政为民、立身立德是我人生的宗旨。区长的岗位，对我是锻炼、鼓励、鞭策，也是我施展才华、实现抱负的阵地。两年来，在上级领导的悉心关怀、培养、教育下，在同志们的帮助、支持下，我为××人民做了一些实实在在的事，现总结如下。”（例文见《现代应用文写作大全》第152页）（写了岗位职责、指导思想和对自己工作的概括评价）

（六）主　体

1．结构模式

主体是述职报告的核心部分，工作实绩、经验、问题和今后打算都在这一部分中进行表达，其中实绩和经验又是核心的核心，要用主要笔墨来详写。对于核心内容的写作，多数按照性质不同分成几个方面（可列小标题）来写，每个方面可先写实绩，后写认识和做法（即经验）；也可先写认识和做法，后写实绩。但不管怎样写，都要突出个人的工作能力和管理水平（即领导才干），因为只有这样，才能给群众和上级领导一个鲜明的印象，才能让人评断出你是否有资格继续任职。这一部分容量很大，要特别注意条理性，从结构上说，大致有以下 3 种写法。

（1）工作项目归类法。即把自己所做的工作按照性质加以分类，如生产方面、销售方面、后勤方面，或者是分成业务工作、思想政治工作、队伍建设工作等，一类作为一个层次，依次进行阐述。自己主持做的工作和协助别人做的工作也要分开写。另外，对自己作出突出成绩的工作、有创造性和开拓性进展的工作要重点写，即在反映一般成绩时突出重点。一般性的工作、日常事务性工作要简单一点。如河北省人民检察院党组书记、检察长侯磊 2001 年的述职报告的主体即按照工作项目分为 4 个部分：检察业务工作、基层检察院建设工作、检察队伍建设工作、个人理论学习和思想作风建设情况，其中检察业务工作是作为检察长最主要的工作，所以用重墨分了 4 个小的方面来谈。这 4 个小的方面又各有重点：

一是，在“严打”整治斗争中，倡导并督促开展了“涉黑涉恶专项立案监督活动”；

二是，在反腐败斗争中，参与并推动了从福奎、李真等案件的查处工作；

三是，在诉讼监督工作中，重点解决了民行抗诉难问题；

四是，在服务大局工作中，倡导开展了“打击卷烟非法经营犯罪专项活动”，写得有条理、有重点，有面的铺开，有点的到位，对于自己所做工作区分分明，有的是倡导并督促，有的是参与并推动，有的是重点解决，有的是倡导开展，工作思路清晰，战斗部署有条不紊，显示出一个工作经验丰富、老练精干的检察长的工作作风。

（2）内容分类集中式。这种形式最常见，一般分为主要工作（包括成绩和问题）、几点体会（包括经验和教训）、下一步工作思路（包括履职指导思想、针对问题提出的对策）等几部分。几个部分再按照一定的逻辑顺序展开，如按照由主到次、由认识到实践、由基础性工作到开创性工作等。如劳动和社会保障部劳动科学研究所领导班子 2002 年述职报告的主体部分即分三大块：一、几年的主要工作；二、几点体会；三、下一步设想。每个部分又以从认识到实践、从思路到举措到实绩的顺序展开。以第一部分为例，共分了5个小部分，依次是：

（一）逐步确立了“一个中心，四个支柱”的发展方向，服务劳动保障事业，服务社会（——确定发展方向）

（二）坚持以任务带队伍的思路，不断培育人才（——制定工作思路）

（三）建章立制，加强管理，改善机制（——建立工作制度）

（四）内引外联，开门办所（——工作中的举措）

（五）新班子的工作情况（——取得的成绩）

把劳动科学研究所工作的开展一步步讲得清楚明白，一环扣一环，很有理论水平，显示了该研究所人员的逻辑功力。

（3）时间发展顺序式。主体部分按照时间发展顺序来结构，这种结构形式在任期述职报告中经常采用。即把任期内的工作按照先后顺序分成几个时间段来写。因为任期述职报告所述时间较长，涉及面广，所做的工作和存在的问题较多，为了便于归纳总结，展现工作的全貌，所以将一个时期的主要工作按照时间分段，这样便于在各个阶段中详细叙述所取得的成绩和经验。

写作主体部分时，可以安排几个主旨句来总领主体，起到纲举目张的作用。以上所举例文皆是如此，写主旨句的要求是“立片言以居要”，“扩之则为千万言，约之则为一言”。

主旨句可以是主谓结构，可以是动宾结构，也可以是偏正结构。几个主旨句要尽量保持句式一致，以产生整齐、响亮和紧凑的效果。如前文列举××区人民政府1995—1996年区长述职报告，主体部分的主旨句为：一、勤政为民，以突出的政绩造福于民；二、廉洁奉公，以优良的政风取信于民；三、立身立德，以高尚的操守影响于民。不仅句式保持一致，而且字数完全相同，对句工整，形式美观，内容恰切，显示了写作者扎实的驾驭语言的基本功。

主旨句的写作还应该注意上升到一定的层次。大致说来，主旨句主要有这样几个层次：客观事理层次和时代特色层次、文化色彩层次、哲理意味层次、审美生命层次等。每一层次的提升都会使文章的意蕴更加丰厚。富有时代特色、饱含文化底蕴、潜藏哲理意味、深具人文关怀的述职报告必然会赢得代表、群众的信任和上级领导的认可、赞许，同时也是自己思想、工作有深度、有广度、有厚度和有底蕴的表现。

2. 基本内容

不同行业、不同层次的领导，其述职报告的内容必然各不相同。但无论哪一行业、哪一级别、哪一层次领导的述职报告，其主体部分都应该包含以下几方面的内容。

（1）岗位职责。述职报告首先要简明扼要地介绍自己的基本情况，如所任职务、任职时间。然后要详细介绍自己的岗位职责范围，即自己分管的工作、任职期间的主要工作目标。之所以要详细介绍，是因为岗位职责是群众评议和干部考核，部门衡量述职者是否称职的标准。同一层次甚至同一职位的领导者因为分工不同，其职责范围各不相同，但岗位职责是任何一个职位都具有的，所以说述职报告的核心在“职”。

（2）指导思想。这是每一位领导干部工作不可缺少的前提条件。领导干部的工作有其目的性和原则性，那就是站在党的立场上，依据党和国家的政策法规去观察事物、分析问题、处理问题并开展工作。没有正确的指导思想，没有对党和国家方针政策的深入领会，就不可能辨明工作中的是非曲直，看清事物的本质，找出存在的问题，采取正确的方法，从而很好地完成自己的本职工作。因此，“指导思想”是述职报告的“魂”，写好了常能由形见神，活现出报告者的精神境界。

（3）主要工作（即尽职情况）。这是述职报告最主要的内容，也是最需要细化、量化的部分。要向组织向群众如实地汇报自己所做的主要工作，工作过程中所取得的成绩和由此带来的经济效益与社会效益，工作中出现的失误及由此造成的损失等。具体说来，主要包括以下几方面。

① 自己主持开展了哪几项工作？结果如何？

② 协助别人开展了哪几项工作？结果如何？自己所起的作用如何？

③ 在任职期间，党和国家有哪些方针政策出台？自己是如何贯彻执行的，效果如何？

④ 在任职期间，上级有哪些重要的指示？自己是如何落实的，效果如何？

⑤ 在工作实践中，遇到了哪些新的情况和新的问题？自己是如何处理的？

以上各点都包括成绩和失误两方面，不能只说成绩，报喜不报忧。

（4）经验和教训。对自身的工作实践，还要能够概括出一些规律性的认识，其中包括成功的经验有哪些，今后应该如何发扬；失败的教训有哪些，今后应该如何防止。这部分内容要有分析研究、集中概括，要提高到理论的高度来认识。对于教训，则应着重分析造成失误的主客观原因，明确自己应负什么样的责任。

这一部分是由实（工作成绩）到虚（工作规律），也是对主要工作的升华，写好了常能显示报告者的理论水平、工作能力和敬业态度，因而也是要着力写好的部分。常见有些述职报告写到这里草草收场，从而使整个行文的水平大打折扣。虎头蛇尾是写文章的大忌。

（七）结　尾

述职报告的结尾可以分为实质结尾和形式结尾。

1. 实质结尾

必要时，可以安排一个专门的结尾部分，主体部分按照工作项目进行归类的述职报告，经常在结尾部分写存在的问题和不足。如果主体部分已写了不足之处和改进措施，也可以在结束部分对自己所做工作来一个总体评价，或者简要说明自己的一些体会或今后打算；还可以请领导和同志提出评议意见，表达今后工作的信心，或者提出今后工作的目标。

对检察工作中存在的一些重大问题，虽然引起了重视，也采取了一些措施，但解决得不力。比如，队伍结构、干警素质、执法观念、执法水平与新形势新任务的要求不相适应的问题，机制创新赶不上时代发展的问题，业务工作机制、队伍管理机制和执法保障机制不完善的问题，装备建设和经费保障与检察工作任务的要求不相适应的问题，基层基础工作薄弱的问题等。这些问题表现在个人思想作风、工作作风上，主要是部署要求多，抓落实不够。这些问题决心在今后认真解决。

（河北省人民检察院党组书记、检察长侯磊 2001 年的述职报告）

——写工作中存在的问题和不足

我任职 11 个月以来，在上级党委、厂党委领导的关心和全厂职工的全力支持下，取得了点滴成绩。任职 11 个月以来，我认为自己是尽职尽责地做了应该做的工作，认为自己是称职的。

今后，我要全心全意依靠广大职工，出主意想办法，在改革开放中加快步伐，大胆改革，把生产搞上去，争取年终为国家创造利润 100 万元，以优异的成绩迎接新的一年。

（机床厂厂长 2000 年述职报告/例文见《现代应用文写作大全》第 150 页）

——对自己所做工作总体评价，提出今后工作的目标

主任，各位副主任，秘书长，各位委员，我虽然对这次述职做了认真准备，但仍会有不足之处，恳请各位领导和同志们提出评议意见。我一定虚心接受，坚决整改，在省委、省人大和省政府的领导、支持和监督下，尽职尽责，努力工作，争创人才新优势，为广东率先基本实现社会主义现代化作出新的贡献！

（例文见《应用写作》杂志 2003 年第 10 期第 55 页）

——请领导和同志提出评议意见，表达今后工作的信心

总之，结尾的写法并不拘于一格，只要认为应该写而前面主体部分没能涉及或写得不够充分的内容，都可以在收束部分作补充交代或重点强调。如果认

为没有什么要补充或强调的，也可以不做内容上的结尾。

2. 形式结尾

有的述职报告采用模式化的结束语收束全文，书面汇报常用的模式语是“特此报告”“专此述职”；面对面述职常用的模式语是“以上报告，请予审议”，或者是用“谢谢大家”表示报告结束。述职报告并不要求必须有此形式的结语，但面对面述职为了能让听众感知到报告即将结束，不至于出现冷场，一般都会采用形式化的套语结束全文。

五、述职报告写作注意事项

（一）坚持实事求是

述职报告要务实，要既讲成绩又讲失误，既讲优点又讲不足，不能揽功诿过。对具有较大影响、能显示自己工作能力和水平的工作实绩，要写得深入透彻；对一般性工作、常规性工作，可以尽量少写或一笔带过。述职报告还要处理好主管与协管工作之间的关系，要注意把个人成绩和集体成绩分清，处理好个人与集体、个人与上级及同级之间的关系。述职报告应重点阐述主管工作的情况，公正、准确，既不拔高，也不贬低，更不能有失公允，要力求反映工作的真实面貌。对于协管的工作，要讲清楚参与程度、发挥的作用、投入的精力和时间、解决的困难等。

（二）突出个性

由于领导者“述”的是个人所尽的“职”，所以要突出个人在某一特定时段内在某一岗位的履职情况，述的是“我”而不是“我们”，即不要把单位总结当做个人述职报告。不同岗位、不同层次、不同行业的领导有不同的工作内容和方法，即使同一职务的领导，也会因为分工不同有不同的工作重点，至于工作方法就更加各具特色。鉴于这种情况，述职者要突出自己工作的特点，显示自己的工作个性，尽量避免那种千部一腔、千人一面，没有特点、缺乏个性的写法。

（三）力戒片面性

述职报告必须坚持一分为二的观点，既要讲成绩，又要讲问题，缺了哪一方面都是片面的。述职的重点是德、能、勤、绩、廉五个字，特别不能忽略廉。述职不述廉，难免惹闲言。总之，要有意识地抓住核心问题，突出重要成绩，总结主要教训。凡重点部分，要写得详细、具体、充分、全面；次要部分，则可约略提及、一笔带过。

（四）要注意虚实结合

述职报告只有紧紧围绕履职重点汇报自己的领导思路和管理方式，才能达到述职的目的。"虚"指理论观点，"实"指具体工作情况。述职报告应该以叙事为主，论理为辅，用叙议结合的方式来表达。既不能像大事记或记流水账那样就事论事、堆砌材料，也不能像理论文章一样，通篇理论阐述，缺乏事实根据。最好的方法是叙议结合，在事实的基础上加以概括总结，使理论与事实两者有机地结合起来。

（五）述职语言力求口语化、情感化

面对面述职因为要面对会议听众来宣讲，由于讲话是人和人之间声入心通的传播活动，需要考虑听众的接受心理，为了能让个性不同、情况各异的与会代表愿意听、能听懂，使之产生亲切感、参与感和冲击力，就需要拉近讲话者与听众的心理距离，因而述职报告需要适当地讲究语言的口语化和情感化，变诉诸视觉的书面文字为有声语言。一般可考虑采用以下几种方法：① 语言生活化、大众化；② 多用短句子，注意长短交叉合理，随物（公务和感情）赋形；③ 慎用古语和欧化语；④ 少用单音词；⑤ 避免同音不同义或易混淆的词语；⑥ 不随便用简略语；⑦ 适当增加语气词，如"吧""吗"之类；⑧ 为了方便聆听，有些标点符号还要用文字代替，如顿号改为"和"，破折号改为"是"，引号表示否定时加"所谓"，括号补充另用文字说明等。

述职报告写作范式

述职报告

——2000年4月16日在山西河津市第二届人民代表大会第三次会议上

常务副市长　尚根仓

各位代表：

现在，我把自己两年多来思想工作情况作一汇报，请予审议。

一、履行职责情况

从1998年7月份政府换届以后，我担任政府常务副市长，主要协助市长处理政府的日常事务，具体分管政府秘书处、机关事务管理局、体改委、民政局、信访局、档案局、民宗局、地方志办公室、旅游局、老龄委、残联和计划委员会。回顾总结两年多来的工作，主要有以下三个方面。

1. 抓学习教育，激励奋发向上

我在政府所分管的单位，多数属于间接服务市里中心工作的后勤部门。这些单位有软任务没有硬指标，比较清闲，但也比较清贫。在社会向市场经济转型期，各种因素给我们这些单位也带来不少冲击。个别同志不安心工作，想变动岗位，不求创先进，只求过得去，思想消极，牢骚满腹，怨领导不重用。这种现象产生，固然有其大环境客观影响，但与我们平常学习不够、觉悟不高有直接关系。针对这种状况，我从提高政治素养入手，狠抓系统干部职工的政治思想教育。两年来，我们举行十多次时事形势报告会、座谈会和研讨会，并在重大节日、年终岁末，结合“三讲”教育举行表彰会和总结会，对干部进行理想信念和党性党风教育。通过一系列学习宣传教育，使大家都能够面对现实，实事求是地用辩证唯物主义观点分析认识问题。大家认识到：一定要好好工作，不工作就不能体现自己的人生价值。工作岗位没有高低之分，只要观念改变，劣势可以变优势；只要有本事，冷部门也能作出大贡献。目前，各单位干部职工工作作风扎实，精神状态很好，人心思干，人心思进，不少单位在搞好本职工作的同时，组织大家学科技、学理论，提高干部职工全面素质。

2. 抓管理建章立制，鼓励争创一流

毛泽东讲过，政治路线确定之后，干部就是决定因素。工作能否上得去，关键在于单位一把手。一定程度上可以讲，一把手的水平有多高，工作的成效就会有多大。我由原来分管农业口变为分管计委和政府口以后，针对这些单位服务功能较强这一特点，把“要创历史辉煌，要争同行一流”作为奋斗目标。在这样的高标准严要求下，各单位普遍建立了有利于促进工作的激励机制和竞争机制。我还经常与各单位的负责人学习国内外先进的管理经验，强调一把手要学会宏观上把握大局，掌握科学的领导艺术。我用古人讲的“君忙臣闲国乱，君闲臣忙国兴”的哲理，启发大家要注意发挥班子成员作用；我用经济学家提出的“三管三不管”道理，启发大家学会谋大事、办大事，切勿被小事务缠身；我用“上者为闲，能者居中，工者居下，智者在侧”的管理经典，启发大家重视人才，发挥能人作用。两年来，我所分管的十多个单位，普遍出现了敬业爱岗、扎实苦干的可喜局面，确实成绩斐然。

民政局一甩在全区落后的帽子，城乡居民低保、县乡勘界、城乡义务兵优待金社会统筹、村委会换届选举等工作全面启动，受到地区好评……

3. 深入基层调研，为新世纪河津经济腾飞献计献策

在这个世纪之交，人们都意识到我们将面临着一个历史机遇，也面临着严峻的挑战……我作为分管计划的副市长，责任迫使我考虑河津怎么办，河津如何搞调产。两年来，我先后用了两个多月时间，多次深入到山西铝厂、河津铝厂、河津电厂、振兴集团、太兴集团、森达集团和有关乡镇进行调产的调研，收集了百万字相关资料，先后写出十多篇关于产业结构调整的论文，其中《突出发展铝工业，迎接新世纪的曙光》《煤电铝联产，充满生机活力的振兴路》《“三步走”做好铝业“大蛋糕”》《山西可在河

津设立煤电铝联产示范区》《山西铝称霸新世纪的杀手锏》《发展虚拟联合培植农业龙头》《围绕挑战搞调产》等文章先后在《山西日报》《山西发展导报》《山西经济日报》《运城日报》《改革之声》《城市经济》《河津报》等报刊上发表，引起了各方关注和共鸣。《山西日报》工商部、《山西日报内参》、《山西发展导报》分别写信、打电话，表示要来河津对煤电铝联产进一步调研，愿意就河津建煤电铝示范区一事在更大范围内进行呼吁。

我为什么要搞煤电铝调研，呼吁省上抓煤电铝联产示范区呢？一是我从掌握的信息认识到铝工业是新世纪最具有发展潜力的产业之一，因为今后铝产品市场需求量非常之大，发达国家现在人均年消费铝达 37 千克，而我国仅为 2.7 千克。目前市场上 80% 以上产品包装还是塑料和木料为主，在建筑和生产中木料品仍高达 80% 以上。按照国外发达国家的发展趋势，今后，这些产品以及工农业生产中一些高精尖产品的包装都将由铝产品所代替，可以预测发展铝工业市场前景十分光明。二是因为河津作为山西铝厂所在地，氧化铝产量占全国三分之一，呼吁把山西铝厂铝产业“蛋糕”做大，对今后河津经济社会发展意义重大。试想，如果山西铝厂搞煤电铝联产，能尽快形成年产值达 300 亿 ~500 亿元大型企业集团，那么将给河津带来多大税源，提供多少个就业机会，带动多少个相关产业发展！三是从河津振兴集团煤电铝联产典型实例中，可以使我们看到煤电铝联产是一条充满生机活力的振兴路。煤电铝联产，可以搞活煤炭工业、电力工业、铝工业，还可以搞活地方经济，壮大地方财政。振兴集团自己挖煤发电，生产铝锭的每度电成本仅 7 ~8 分钱，吨铝锭成本仅 8000 ~9000 元，而同行业吨铝锭成本高达 14000 ~15000 元。河津有这样好的项目，应该呼吁各界人士高度重视，用煤电铝项目招商引资，一定会给河津争取回更多的投资。

尽管我的劳动成果仅仅还只是一种设想，但我高兴地看到，目前省委省政府已把煤电铝列为百项潜力产品第一项，省委书记田成平、省长刘振华在几次会议上都讲到了发展煤电铝。关于农业结构的调产，我也进行了重点调研……

二、思想作风建设情况

当今世界正在发生着人类有史以来最为迅速最为广泛最为深刻的变化，“全球经济一体化”“知识经济”“电子商务”“生物技术”“基因工程”“数字地球”“电子政府”“加入世贸”“西部大开发”等新名词、新事物不断涌现，我深刻意识到今天知识更新太迅速了，作为一个市级领导，不学习就要落后，不学习就赶不上时代潮流，不学习就要被历史淘汰。为了不辜负人民的期望，更好地完成人民政府所担当的各项任务，必须不断地学习，努力提高自己的政治素质和指导经济工作能力。两年来，我在自己学习、加强思想建设上下了不少工夫，取得了一些效果。

一是学理论。……可以说，这两年来是我参加工作从事理论学习、受政治教育时间最长，内容最多，收获最大的时期。通过这一系列学习，使自己对“人活着为什么，当官为什么，身后留什么”的问题有了更明确的认识，理想信念坚定了，工作思路清晰了，干事儿的劲头觉得更足了。

二是学科技。当今科技创新日新月异，必须采用科技手段才能更快更多地获取信息，加快知识的更新。我主要采取三种方法来加快新知识的占有量：一用电脑“充电”，二是书海知识，三是利用信息家电获得知识。所谓电脑“充电”，就是利用计算机这个最先进的电子工具去获取最新的知识和信息。有人讲：“劳动工具使人手延伸，汽车轮子使人腿延伸，电脑使人脑延伸。”这确实是真理，利用电脑是成功获取知识的捷径。还有一个形象的比喻说，“21 世纪 = 电脑 + 因特网”，这也是至理名言。因特网和电脑把全世界连成了一个整体，人类几千年历史文化和当代科学发明创造都通过因特网公布于世。……

有播种就有收获。电脑因特网有效的学习方法，使我开阔了视野，丰富了知识，明显感觉与以前相比有了变化，我自己觉得生活充实，而且在不断影响着身边的人，同时也促进了自己在更高层次抓工作的自觉性。比如我懂得了电脑，了解了因特网，我就特别重视信息中心的建设，先后争取财政为信息中心拨款 5 万余元，注册了河津信息网站域名，实现了河津政府上网工程，使河津成为山西省第一家县（市）政府上网的单位。河津政府网站开通，标志着河津已经走向了世界。

…………

三、存在的问题和今后努力方向

回顾检查自身存在的问题，我认为主要有三点：第一，自己作为分管常务的副市长，没有能尽职尽责，有负于党和人民的期望。第二，自己分管计委工作，在宏观调控、招商引资、争取国家投资方面，没有充分发挥应有作用，对河津发展造成一定影响。第三，自己党性不强，在工作较累的时候，也有过松弛思想，在廉洁自律方面有差距。这些问题产生的根源归结到一点，还是自己的政治素质不高，还是世界观、人生观和价值观解决不好的表现。

今后怎么办？我想，绝不能辜负党和人民对自己的重托与期望，一定要努力做到以下三点：

1. 放下包袱，放开手脚大干，力争当一名合格的常务副市长

常务副市长的担子是很重的，其工作职责就是要协助市长处理日常事务，协助市长宏观把握全局，微观处理政府各种热点难点，充分发挥政府

行政行为，促进改革河津经济和社会发展。自己一定要顾全大局，把人民利益看得高于一切，克服消极埋怨情绪，为了河津发展，为了维护政府形象，与政府班子成员搞好团结，放下包袱，积极主动协助市长抓工作，当好副班长。

2. 努力学习，提升素质，提高工作能力，为河津经济社会发展作出贡献

今后我要进一步精通电脑，积极参加各种理论学习，2000 年攻读完北师大研究生课程，提高理论水平。要经常深入实际搞调研，每月要争取写出一篇论文或调研报告，为领导宏观决策当好参谋。要充分发挥计委的职能作用，备好项目库，争取为河津争取更多建设资金。

3. 严格要求，廉洁自律，塑造领导干部形象，当好反腐倡廉带头人

党风是关系到党的生死存亡的重大政治问题，尤其在当前国际形势错综复杂、国内改革面临重要关头，我们党面临着严峻考验。在这种情况下，我们每一个领导干部必须保持清醒头脑。今后，我一定要按照共产党员标准严格要求自己，廉洁自律，绝不搞权钱交易，绝不利用职权为个人谋私利，绝不干有损于国家、集体和人民的事情，一定要清清白白做人，堂堂正正办事，当老百姓的官，同时对社会上的各种歪风邪气敢于反对，敢于抵制，勇当反腐倡廉带头人。

谢谢大家！

（据雅虎网）

【范文赏析】

这是山西省河津市常务副市长尚根仓在市人民代表大会上的述职报告。按照逻辑顺序谋篇，分为“履行职责情况”“思想作风建设情况”“存在的问题和今后努力方向”3 个部分，内容既分类又集中。从头到尾，以“我”为特定主体，以个人的工作思路、主要做法为报告事项依次道来，表达虚实结合，详略得当，语言朴实，感情真挚，说得有因有方有药有果，听得有滋有味有悟有得。遗憾的是，漏写了自我评估。

病文举例

述职述廉报告

××市人民政府副市长　司马奔腾

省委组织部：

按照市政府工作分工，我分管农业农村经济工作。在过去的一年里，坚持以科学发展观为指导，把农业增效、农民增收、农村进步作为第一要务，把为民、务实、清廉作为第一准则，科学谋划，精心组织，恪尽职守，

完成了分管工作任务。现将履行岗位职责、思想作风、廉洁自律情况报告如下：

一、履行岗位职责情况

2008年，面对自然灾害和市场风险的双重考验，按照市委、市政府“双增升位”的决策部署，组织带领广大农村、农口干部戮力同心，真抓实干，全市农业农村经济实现了“三增”。

——农民收入大幅度增加。全市农民人均纯收入达到6089元，同比增加1041元，增长20.6%，增幅列全省第二位。

——农业增加值大幅度增长。农林牧渔各业发展速度加快、效益攀升，农业增加值达到122.8亿元，同比增加19.2亿元。

——农业综合生产能力大幅度增强。粮食产量达到42.1亿斤，创历史最高水平。蔬菜产量达到326.8万吨，同比增长6.7%；水果产量达到34.4万吨，同比增长14.7%；肉类产量达到80万吨，同比增长22%，产量列全省第二位；水产品产量达到42.3万吨，同比增长10.7%，产量列全省第五位。

在过去的一年里，围绕农民增收、发展能力增强、农民福祉提高、农村和谐稳定，切实履行岗位职责，尽最大努力抓了四方面工作：

（一）综合施策，努力促进农民多元增收。一是构建现代农业产业体系促增收。……二是转变发展方式促增收。……三是创新经营模式促增收。……四是推进农民转移就业促增收。……

（二）强基固本，努力增强可持续发展能力。投入7.34亿元，动用土方6881万立方米，实施了病险水库除险加固、河道生态整治、小流域治理、洼区排涝等水利建设工程。全市新增水浇地13.8万亩，改洼治涝15万亩，治理水土流失12万亩，有效地扭转了雨养农业的被动局面。……为农业丰收、农民增收提供了有力保障。

（三）注重民生，努力提高农民福祉。从群众要求最迫切、最需要解决、又有能力解决的问题入手，推进3件实事：一是农村饮水安全工程。完成了“引大入小”干渠收尾工程，……解决了10.8万农村人口安全饮水问题。二是新型能源建设工程。……三是扶贫开发工程。……

二、思想作风建设及廉洁自律情况

在自身建设上，把做一名“为民、务实、高效、廉洁”的党员领导干部作为追求目标，从六个方面作出了努力：

第一，加强学习，坚定理想信念。认真学习邓小平理论和“三个代表”重要思想，学习……把为民理政作为想问题、做决策、安排部署工作的出发点和落脚点，努力为群众多办好事、实事。

第二，创新工作思路和工作举措。为确保实现“双增升位”目标，提出了“定超常指标，定扶持政策，定激励措施，定落实办法”的工作思路，并组织制定科学的考核方案，将主要指标和重点任务分解到各涉农县区和农口各单位，层层建立责任制，实行任务完成情况与荣誉挂钩、与利益挂钩，有效地激发了各级干部真抓实干的激情，确保了目标任务的圆满完成。

第三，勤政务实，真抓实干。坚持深入基层、深入一线开展调研、指导工作。为抓好防火、防疫、防汛工作，对每项工作都作出前瞻性的部署，层层落实责任，健全检查、督导机制，努力做到防患于未然。……为加快贫困地区脱贫步伐，提出了山区贫困村要抓好“留住水，修好路，抓特色，人提素”四项重点工作，明确了主攻方向，扶贫开发工作取得了明显成效。

第四，尽职尽责，着力破解难题。……为加快县域经济先导区建设步伐，组织分管部门积极争取省有关厅局的支持，解决了县域经济先导区建设用地等难题。为化解社会矛盾，对农村信访工作提出了宏观上早预见、动向上早发现、行动上早控制、对话渠道早畅通、信访结论早下达的“五早”要求，督促相关部门认真解决涉农、涉地信访问题，确保了农村和谐稳定。……

第五，筑牢防线，恪守廉洁自律的各项规定。作为一名市级领导干部，我时刻告诫自己，要常修为政之德，常思贪欲之害，常怀律己之心，常排非分之想，时刻绷紧“廉洁从政”这根弦。在思想上把“公”作为个人的道德标准和处世原则，做到公平处事、公正办事、光明磊落。在行动上，坚持以身作则，严格按照党员领导干部廉洁自律的各项规定约束自己，从无利用手中权力谋取个人私利行为，保持了廉洁奉公的本色。

尽管在工作中取得了一定成绩，但与组织的要求和人民群众的期望还有一定差距。在今后的工作中，我将用党的十七届三中全会精神武装头脑，不断提高科学发展、改革创新和驾驭复杂问题的能力，保持党员领导干部的蓬勃朝气、昂扬锐气和浩然正气，努力做一名政治坚定、开拓进取、为民务实、清正廉洁的市级领导干部，不辜负党的培养和人民群众的重托。

二〇〇九年三月

【病文指瑕】

这篇述职报告存在以下问题：

一是前言只有岗位职责、指导思想，而无自我评估，属于要素不全。

二是把市政府“三增”工作总结作为个人“履行岗位职责”的报告。“三增”如此，“四个方面工作”亦然，明显与述职报告主体高度特定的特点相悖。

三是结构不合理。大标题为“述职述廉”，小标题只有“履行岗位职责情况”“思想作风建设及廉洁自律情况”两项，“存在问题”“今后打算”也是述职报告的应有之项，但却一带而过，未设专题。本应重点突出的“德、能、勤、绩、廉”没有作为主要内容来报告。用语也待推敲，如“努力提高农民福祉”，“福祉”就是“福”“幸福”，可以“谋”或“送”，使用“提高”就是动宾搭配不当。结构层次序数用法紊乱。第一题为“一”“（一）”，第二题则为“二”“第一”，故“第一”应为“（一）”。

第四节 简 报

一、简报的含义

简报是党政机关、人民团体和企事业单位编发的向上反映情况、向下指导工作或向平行单位交流经验、沟通信息时经常使用的简短灵活的文字材料。在日常工作中，简报也可叫做“动态”“简讯”“内部参考”等，它是使用得最普遍、最广泛的一种应用文体。1955 年 6 月 9 日，国务院在《关于所属各部门工作报告制度的规定》中指出：“工作简报：各办、外交、计委、建委、体委、民委、侨委，两周向总理写一次工作简报，明白、扼要地报告所掌管范围内的重大问题的处理、工作的重要情况和经验。”这是新中国成立后正式对“简报”作出的规定。从这一规定可以看出，当时的简报侧重于工作方面的，只用于向上级领导机关汇报重要的工作。随着社会的发展变化，简报的使用日益广泛，成为沟通社会各部门上下左右之间，交流情况、经验必不可少的工具。尤其是在实际工作中，每开展一项活动之后，大多以简报的方式向上汇报，向平行单位交流，向下级进行肯定和提出新的指导意见。正是基于简报这一特有的功能，我们将之归到“总结类文书写作”中。总之，简报具有汇报工作、指导工作和协调工作等作用。

二、简报的特点

（一）新

简报捕捉的是先兆征象，所反映的内容是最近发生的新情况、新动态和新经验。如果写的都是众所周知的旧闻，人云亦云，也就没有什么参考价值。简报的目的在于沟通信息，互通情况，使人们从反映的新情况、新动态和新经验中得到新的启示、新的认识，以便更好地开展工作。追求材料的新颖是简报写作的一大特色。当然，也绝不应该为新而新，哗众取宠，故作异闻。

（二）精

在反映事实时，要精选材料，根据简报的目的和需要，选取典型、有新意、与党的方针政策和当前的中心任务密切相关的情况和问题来反映，使人们从简报所反映的新情况、新动态和新经验中得到启示起到“小中见大”的作用。

（三）准

有两层含义：一是简报所反映的问题要真实，因为简报是向领导机关和领导者提供情况，作为领导决策的事实根据。有许多重要的批示和决策常常是领导机关根据简报所反映的情况而作出的，因此简报所写的内容必须准确无误，对里面的事实既不夸大也不缩小，所用的数据和涉及的时间、地点、人物，一定要经过核实，严守真实准确的原则。二是要抓准问题，善于把握时代的脉搏，准确地反映实际工作中存在的问题。

（四）快

简报与新闻报道相似，要及时地反映新情况和新问题，特别是在当今信息社会里，信息传递的速度越快，信息的社会效益就越高。简报就起着传递的作用，它上情下达，下情上传，特别是会议简报，往往在一定时间内有效，如果慢了就失去了时效，又有何用？因此，在编写简报时，常常要求撰写者文思敏捷、头脑清晰，随采随写、快编快发，以适应工作的需要。

（五）简

就是简明扼要。如同“简报”这个名称一样，简报一般应该是千字文。所谓“增一字太长，减一字太短”，在内容上要求简练、篇幅短小。因为简报的阅读对象大多是各级机关的领导同志，所以要尽可能地用最少的篇幅、最精的文字反映事实情况，以便于领导在百忙之中抽出较短的时间阅读，通过简报了解和掌握有关情况。

（六）密

简报一般用于机关、单位内部汇报工作、交流经验和互通情况，简报不在报纸上公布发表宣传，这也是简报有别于新闻报道的地方。简报常有严格的阅读范围和阅读对象的限制，尤其是涉及机密性的简报，也常在报头部分的左上角注明“内部刊物，注意保存”或“机密”等字样，以示醒目提示的作用。简报机密程度视内容的具体情况而定。

三、简报的类型

简报的分类如图 3－7 所示。

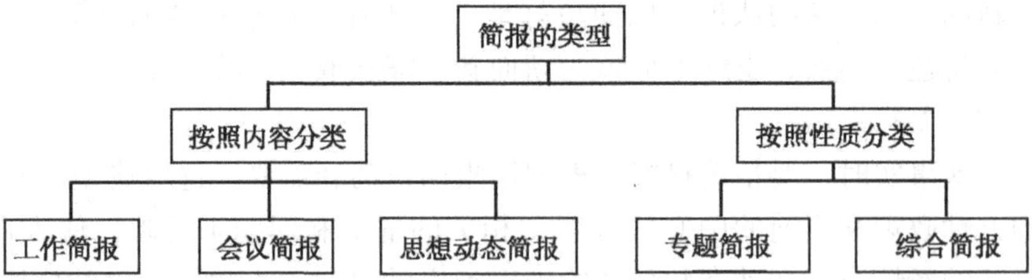

图 3－7　简报的分类

（一）按照内容分类

1. 工作简报。用于反映工作情况的简报。其应用范围广泛，主要包括以下几方面：

（1）总结工作中的经验和教训，便于今后工作的开展和进行；

（2）对党和国家的方针、政策及上级指示的领会和执行情况，使上级领导机关及时了解和掌握，便于及时指导；

（3）调查所属的企业、机关或单位的有关情况，供领导和有关同志参考，以便迅速地作出决策。

2. 会议简报。主要是反映会议基本情况、主要精神的简报，一般包括以下几方面。

（1）反映会议召开的概况。如会议召开的时间、地点，参加范围，应到和实到的人数，到会的领导，会议的目的，要解决的问题及会议进程等。

（2）重要的或典型的会议发言摘要。把到会有关人员发言的主要部分摘要下来，真实地反映到会人员对该会议议题所发表的意见或看法。

（3）及时反映会议的决议、决定。简报的特点就是简明、迅速，在会议形成了一定的决议、决定，还没来得及形成正式文件时，可以通过简报这一形式传达主要内容。

会议简报时间性强，往往随着会议的开始而开始，随着会议的结束而结束；但不是凡会都必出简报，只有内容重要、期限长、参加人数多的会议才需要出简报。

3. 思想动态简报。一定时期内汇集各个阶层的人民群众对党和国家的重大方针、政策或国内外重大事件在思想上的反映。如党的十五大报告中，江泽民提出："依法治国，是党领导人民治理国家的基本方略。"怎样进行依法治国，有什么好的经验和建议可以借鉴，可以通过简报加以反映。思想动态简报最大的特点是速度快、阶段性强。它不是固定不变的，代表着一定时期的思想反映状况。

（二）按照性质分类

1. 专题简报。它是反映一个单位中比较典型、新鲜的事件或问题的简报。专题简报的内容比较单一，着重反映一人一事或一个问题。如《择优升级有哪些积极作用？——十位党支部书记谈体会》就是围绕择优升级这个问题，通过十位党支部书记座谈的方式，讲述了择优升级的优越性。

2. 综合简报。对某地区、某企业或某单位的基本情况作一个综合的反映，与专题简报相比，综合简报所反映的情况十分广泛，往往围绕大量的事实材料，提炼出一个中心，反映问题的实质、规律或发展趋势。

四、简报的写作

（一）简报的格式

简报一般由报头、主体和报尾 3 个部分组成（如图 3－8 所示）。

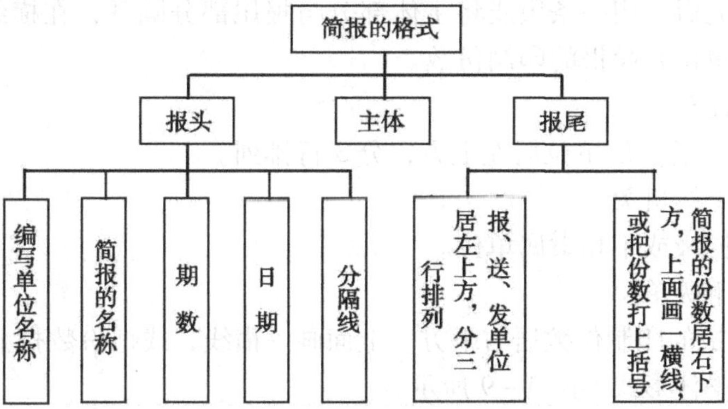

图 3－8 简报的格式

1. 报头部分

简报的报头一般应占第一页的三分之一版面，它由简报的名称、期数、编写单位名称、日期和分隔线组成。

（1）简报的名称。要注明是什么简报，如“会议简报”“工作简报”等，也可以只写“简报”。简报名称需用红色字体；大字号（视机关大小而定）；居中排列；中间的空格要大些；左上角用黑体字标明“内部刊物，注意保存”，并打上黑框，作两行写下来。例如：

内部刊物 **注意保存**

根据需要，有时还写上“机密”字样，例如［**机密**］。

（2）期数。写在简报名称下面，以中间为宜，不需用红字，字号小，写“第×期”或只写序数“××”。

（3）编写单位名称。在期数的下面另起一行，靠左上方顶格写主办单位的名称。

（4）日期。在主办单位同一行，居右写印发的年、月、日。

（5）分隔线。这一点不能忽视。在主办单位和日期的下边画一条红色横线以示分隔；有时为了美观、鲜明，还在红线的正中间标有红五星，或者采用一连串“*”作为分隔线。

2. 主体部分

写在红色分隔线下面的内容是简报的主体部分，在正文的正上方有一个标题。有的简报还需写按语，放在标题前，解释和说明编写该简报的原因和目的，或提示主要内容，或强调其重要性，或提出要求等。“按语”位于标题之上、分隔线以下，比正文字号小，两侧留有空白。

3. 报尾部分

正文写完后，用一条黑线将主体部分与报尾部分隔开，在横线下写简报的报、送、发单位和简报的印制份数。

这里要注意：

（1）报、送、发单位居左上方，分3行排列。

报：指上级机关。

送：指同级或不相隶属单位。

发：指下级单位。

（2）简报的印制份数居右下方，上面画一横线，或把份数打上括号。

简报的整体形式如图3－9所示。

内部刊物
注意保存

简　报
第　期

××市××局××办公室　　2001年×月×日

按语：×××××××
×××××

标　题

×××××××××××××
×××××××××××（正文）

报：×××
送：×××
发：××

共印××份

图3－9　简报的整体形式

（二）简报的写作

简报的写作一般分为标题、正文两大部分。在撰写时，首先要注意从整体出发，充分掌握材料，合理安排这些材料，做到层次、段落井然有序。其次，撰写简报要突出“简”的特点，这个“简”有两层含义：一是内容较为单一，意多乱文，围绕一人一事或一个问题，选择典型、新鲜的事实材料，去粗取精，去伪存真，深入浅出，揭示事件或问题的本质；二是篇幅不宜太长，以千字文为好，语言要简洁明了、清晰准确。

1. 标题要求确切、精练、醒目。

（1）确切。指标题与所写简报的内容相符。如《审查应有准则，不能以言代法》这份简报谈的是当前电影审查问题，题目概括了全文的内容，一看就知道这是呼吁限制创作人员积极性而又违反艺术规律的事不要再发生，保证我国的电影事业的繁荣发展。

（2）精练。标题应该让人看后一目了然，这就要求精练。如“东部欲飞，西部何为?”谈到中央对沿海地区实施开放、优惠的政策以后，会不会使东西部差距扩大，西部如何作出选择。这个标题既精练又形象，有一种时代的迫切感，如果换成“东部发展得很快，西部该怎么办?”效果就远远不及前一个。

（3）醒目。标题又称为题目，其原义指的是前额和眼睛，这两者都是人体最显著的部分，很显然，标题就是要给人以鲜明、突出的醒目感。如一篇文章写“铁饭碗”时代的结束，中学生考进大学后可以有机会选择自己喜欢、社会需要的专业时，运用对偶句写出“大学生不包分配，中学生反响强烈”的标题。再如“××书店‘以商养文’，利乎?”运用反问句提出问题，以此为标题，引人深思、发人深省。

总之，标题要设计好，力求吸引读者，达到“题好一半文”的效果。

2. 正文的写作。这是简报的核心部分，要求掌握充分的事实材料，做到言之有物、言之有理、言之有序，让人信服。

正文的写法有以下 4 种。

（1）新闻报道式的写法。这种写法分导语、主体和结尾 3 个部分。

① 导语。简报的导语如同新闻的导语，起到总领作用，一般要交代时间、地点、人物、事件、原因和结果，用简明生动的文字点明简报最主要的事实，揭示全篇的中心思想。常见的导语有以下几种形式。

第一，直叙式。例如：“9 月 1—2 日，学校召开中层以上干部会议，传达了中央、省委有关加强高校思想政治工作的文件精神，部署了本学期的党政工作。”这种开头就是直叙式（即叙述式），比较常用，其优点是开门见山，直接入题，点明时间（9 月 1—2 日）、地点（某校）、人物（中层以上干部）、事件（传达中央文件精神、部署本学期的党政工作）等因素。

第二，提问式。例如：“怎样加强研究生管理工作？这是一直困扰有关领导、老师以及研究生自身的一大难题。12 月 20 日，中文系研究生联合班集体的组织为解决这一难题找到了答案。”开头就提出问题，便于引起读者的注意，从阅读下文中寻找答案。

第三，结论式。例如：“为了认真贯彻中宣部、国家教委、团中央及省委关于今年暑期高校学生参加社会实践活动的文件精神，我校积极组织学生参加暑期社会实践活动，取得较好效果。参加的学生普遍反映：深入实际，走与工农相结合的道路，是当代大学生健康成长的正确道路。总结一下这次成功的大学生暑期社会实践活动，其丰硕成果的取得，关键在于学校各级党政领导的积极组织和高度重视。”这种方式的特点在于首先交代结果，然后在正文中才说明取得这个结果的原因及方式、方法。

② 主体。这是正文的主干部分，它承接导语，把问题全面展开，用典型的材料印证导语中的提示，回答导语中的问题。要求观点鲜明，内容充实，层次分明，通俗易懂。

第一，观点鲜明，内容充实。采用新闻报道的写法写简报，观点一般在导语中出现，那么在主体部分就应抓住“事”“理”中的关键性材料，公正、客观地说明观点，才能做到事实充分，说理透彻，观点鲜明。例如，有份题为“××系毕业分配工作安排具体措施得力”的简报，在导语中写道：

> 面对即将步入社会的九〇届毕业生，不少同学感叹：“我们是生不逢时的一届。”言下之意是说他们 1986 年高考适逢国家教委对师范专业招生进行提前录取试点，有些同学“自我感觉”素质不错，却进错了“门”。入校后，又先后经历了 1986 年学潮、1989 年政治风波及“两清”工作，又逢 1990 年研究生招生政策调整。一波一折，或多或少在他们心里投下不稳定的阴影。

如何做好这届毕业生分配工作呢？导语中提出这个问题，在主体中要得以解答。针对这种情况，××系根据国家有关毕业生分配工作的精神和学校的规定，采取 3 项措施：一是加强组织领导，××系专门成立了由党政负责同志、班主任及有关任课教师组成的毕业分配工作小组，深入到学生中去，广泛了解情况；二是抓好思想教育，认真搞好总结鉴定，对学生进行国情教育，鼓励他们发扬奉献精神，走向基层，走向山区，让学生充分认识到服从国家、社会的需要是一个合格毕业生义不容辞的义务，同时认真落实四年来的总结及毕业生鉴定表，把思想教育融于总结与鉴定之中；三是搞好综合测评，实行分配“五公开”，在分配之前给毕业生办理推荐表、发函，对毕业生进行摸底排队，从毕业生的思想素质、学业成绩、工作能力、实际贡献等4方面综合测评，并在分配上实行“五公开”，让每个毕业生权衡、了解自己和他人的分配情况，努力做到公平合理。主体部分从三个方面加以阐述，在“事”与“理”的叙述和分析中，使导语中所提的问题得以解答，有理有据，让人心悦诚服地接受。

第二，层次分明，通俗易懂。一份简报往往要在千字以内说清一个会议的内容、一件事情的原委，颇为不易，这就应对陈述的先后、表达的方式精心设计，合理安排简报的结构。

简报的结构可以从横向、纵向两方面来看。横向结构以材料性质的分类划分层次，综合性简报多采用这种方法。例如，有份报道某校文化艺术节的简报，分析其“寓教于文”“寓教于乐”的特点，从思想内容到形式上，对这次文化艺术节进行了概括。纵向结构：其一是以时间为序，这是一种依时间的推移划分层次的方法，较适合报道有头有尾的事件，这种方法也比较适合于写会议简报，随着会议的进程，把问题逐渐引向深入，把事件的来龙去脉叙述得有头有尾；其二是平行叙述的方法，即“花开两朵，各表一枝”，这种方法多是总叙——分叙——总叙，如写教师节前夕，服务公司的职工为迎接教师节的到来，积极组织货源，广开门路，为师生服务，这里在总写服务公司总的概括后，又分写了菜场、商店两个地方的情况，如同摄影、加入特写镜头，使读者从多方面了解情况，然后又归结到服务公司的概况上来。无论是采用横向结构，还是采用纵向结构，均应写得简明朴素，通俗易懂，做到朴素而不单调、概括而不枯燥。

③ 结尾。采用新闻式的写法来写简报的结尾，常见的有评论式、小结式、号召或希望式等几种形式。还有的结尾提出具体措施，有的简报则不需要结尾，应视具体情况而定。

（2）列小标题式的写法。这是采用归纳法的方式，将所掌握的事实材料进行归类整理，类似数学计算中的合并同类项，把同一性质的材料归在一起，再按照一定的逻辑顺序，分别标上与内容相符的小标题。通常在占有事实材料极其丰富，甚至有些庞杂的情况下运用此法。其优点是醒目、集中、概括。综合性简报多采用此法。例如，有一所学校在一份《教学工作简报》中，反映专业多、课程多、学生人数多、办学层次多、教学任务繁重，而教学工作抓得好、见成效的情况，就采用了列小标题的写法，列有“基本情况”“深化教学改革”“认真抓好教学常规管理”“需要解决的问题”4个小标题进行陈述，既抓住了问题的实质，又给人以简单、明确、概括、清晰之感。

（3）列条分述式的写法。与章程、条例、规定的写法相似，围绕事件或问题的中心，分条列项，依次列出要写的种种内容。例如，《××系采取有效措施，抓好班级建设》，其中心内容就是如何抓好班级建设，在标题之下，从4方面列出所采取的措施：

① 党政领导深入学生班集体，亲自管理学生工作；

② 优化学生干部队伍；

③ 健全学生工作制度；

④ 合理运用竞争机制。

这些措施很好地调动了全系学生的积极性，促进了该系的班级建设。

列条分述式写法较为简便，只需把问题说清，一条一种内容，一项一个问题。它大多采用平叙的方式进行，其优点是条理清晰、层次分明。

（4）集纳式的写法。这种方式主要是指信息集纳，因为就其互通情况而言，简报类似于现代化管理的信息，不过这种信息的传递是经过作者的主观意识整理后得出的。所谓集纳式的写法，就是把同类问题的相同信息集中在一起，多方面、多层次地表现某一个问题。

五、简报写作注意事项

（一）注意写好简报按语

简报按语是简报的编者对该期内容所反映的问题提出说明、表态性的文字（口授按语必须签字）。不是每期都有，只有对较有代表性、普遍性的简报才加上“编者按”。按语的内容有的强调该期简报的指导意义，提出值得探讨、注意的问题；有的则是在肯定某一单位的成绩时，提出希望和意见。但无论写哪种按语，都必须注意以下三点：一是统筹全局。在编写简报按语前，首先要搞清楚简报所反映或提出的问题，对这些问题要运用党的有关方针、政策进行研究和分析，“吃透两头”，全局在胸，有的放矢，语无虚发。二是观点鲜明。简报的按语代表着编辑出版机关的意向，具有评判、表态性质，在撰写时一定要观点鲜明，切忌模棱两可、态度含糊，不表态、无主见的按语不如不写。三是语言简练。简报按语是对简报内容的评论、说明性文字，具有高度的概括性，属于评注性文字，要做到提纲挈领、画龙点睛，切忌烦琐冗长、废话连篇。

（二）要注意内容真实

简报不外乎有两种：一种是写给上级领导机关看的，一种是写给下级领导机关及有关人员传阅的。无论是哪种类型的简报，是反映正面意见还是反映反面意见，都必须以真实作为生命线。因为我们党和国家各级领导机关都很重视简报的作用，许多重要的批示和决策常常是根据简报所反映的情况作出的。所以，简报的真实与否直接影响到上级领导机关作出决策的正误。因此，在撰写简报时，要本着实事求是的精神，客观、公正、如实地反映情况。

（三）要力求快捷迅速

简报与新闻报道相似，贵在及时，若不及时、迅速，则会失去简报特有的作用。特别是在当今改革开放的现代社会，信息反馈十分迅速，简报要适应形势的发展，及时反映新的信息、新的问题、新的经验和新的动向，便于上级领导及时作出决策，及时采取有效措施，以利于改革开放的深入进行。

（四）要做到文字简练

简练包含两层意思：一是所用事实材料要有代表性，要反复筛选，选取能够反映问题本质的典型事例作为材料；二是语言要简练，因为简报常常被送给上级领导机关参阅，如写得太长，会使人厌烦，常常被打入“冷宫”，失去简报的作用。所以，简报的语言一定要简练，应充分发挥公文文种中名副其实的“轻骑兵”的作用。

简报写作范式

汪爱群的连锁论

A.“在别人嘴里找饭吃”

中百并非武汉第一家走连锁之路的商企，但它现在走到了前面。

“由于过度竞争，西方百货业的销售额不断下滑，国内百货业虽正在成熟期，但投入大，效益逐年下降。而世界连锁业却发展迅速，多种业态——大卖场、食品超市、专业店等，已有60多年历史。当时武汉也有了这个萌芽，但严格意义上都不算连锁，因为没有完全实现集中采购。

我们看到了一种趋势：消费习惯是可以培养的，武汉人的收入是逐年提高的，海外模式是可以引进的。中国马上要加入WTO，形势紧迫，发展连锁业有后劲，是一次战略转型。加上那时上了市，募集了部分资金，要把钱用好。”

“我们是在别人嘴里找饭吃，做了别人先做了的但没重视的事。”

说到这里，汪露出“狡黠”的微笑。

B.“不小心走到前面了”

1998年，唐家墩购物广场开业。这个选址当时令圈里人大跌眼镜：“荒郊野外有人来吗？”

为了走亲民路线，卖场没有怎么装修，仍是水泥地面，但规划速度超前：建了停车场，并在武汉市超市中第一家安装了电梯。

不到半年，中百二七路店开业。此后，汪爱群歇了一年，回头看问题找差距，储备人才。1999年底，中百选了一个更偏僻的地址：珞狮南路。

投入7000多万元，店面1.6万平方米。但因为辐射周边36所大中专院校数十万师生，所以一开业就十分火爆。此后一年内，中百一口气又陆续开了6家店。

2001年3月，中百整体收购49家武汉金田超市，并更名为中百超市，从而开始了便民小超市之路。

“我们是一不小心走到前面来了。”汪爱群笑着说。

高峰时，中百曾创下月开8家店的纪录，但汪爱群说：“我们不是规模扩张型的，而是效益扩张型的。70%精力抓老店，30%精力开新店。”

C.“你如果恨他，让他去做超市”

“你如果爱他，让他去做超市；你如果恨他，也让他去做超市。”

这句调侃话真实反映了做超市的辛苦，而且不为外人知晓。中百开一家店的市场调查是3个月，由一个副总带队，其过程如同在地毯上绣花，每个报告都由汪爱群审阅。

记者看到厚厚一摞市场调研报告，每本都近40页，三四万字，充满文字、图表和数据：人口统计、人均收入、居民收支结构、乘车路线、交通流量、问卷调查……

在钟祥市市场调研报告（近期将开业）中，里面写有“钟祥人喜欢吃口味略咸一点的菜食，如麻辣酱、牛肉酱、麻辣豆豉……一般家庭一瓶酱油可吃3~5个月，做菜时喜欢放醋……”之类细致的调查结论。

汪爱群喜欢登山，但他没有王石潇洒，难得去一次，节假日更是很少享受过。多数中百员工也都经历过魔鬼式的训练。唐家墩购物广场副经理汪玲两年前从百货调过来时，先军训一个月，为赶每天7时20分的早市，多次凌晨三四点钟就起床。

D.“让店堂更温馨”

汪爱群要求下属把自己当成挑剔的消费者，这样才能对消费者体贴入微。他还要他们到外资超市“学习”，回来应用，自己也不例外。

“我是一个坐不住的人，多数时间在卖场里跑，不像董事长，更像二级公司的副总经理。我要求下面的人每周提20个问题，每个问题都要有反馈、整改措施。”

10月28日，记者在唐家墩卖场被一辆辆漂亮的童车吸引：后面是购物车，前面是卡通式样、五颜六色的座位。小孩坐在上面，让家长推着满场跑，乐不思蜀。

这叫儿童购物车，每辆2000多元——这不是哪位妈妈主管或顾客的建议，而是汪爱群的创意。他看家长带孩子购物不方便，就管了这么一件小事，“不够再买”。

…………

这都是遵照汪爱群“让店堂更温馨”的要求而做的。

E.“**让商品说话**”

这显然是一个让汪爱群兴奋的话题。

“货架上的商品标签，不知是指上面的，还是指下面的，顾客要看半天。为什么不在标签上画个箭头呢?”

“商品分类就是‘滋补’‘休闲’‘生鲜’‘洗化’之类的专业词，可不是每个顾客都懂。‘滋补’不就是蜂蜜类的东西吗?‘休闲’难道是放把椅子让顾客坐，谁知道卖的是话梅、糖果?‘洗化’不就是牙膏、洗衣粉吗?”

“促销太单调，就是‘特价’二字。家乐福专门做了个红色门楼，沃尔玛是用一面小旗帜，分‘新到货品’‘新品上市’，清清楚楚。它们招呼顾客：‘我在这里！我卖多少钱？我有什么功能？’这就是让商品说话!”

说到这里时，汪爱群激动地站起身，扶着书架当货架，探出头来演示一番。

…………

卖场无小事，卖场无死角。把小问题解决好，就形成了中百独特的企业文化。……

【范文赏析】

这是一份报告文学式的简报。汪爱群创办连锁店的成功之道可能有十条百条，总结起来可能是汪洋恣肆的鸿篇巨制。编者颇谙“简报”必须简而得要之道，为了既“快”又“准”地反映“新”，就只有力求“简”和“精”，故从浩如烟海的材料中选出汪爱群的五句话以成“论”，画龙点睛，题文一致。“在别人嘴里找饭吃”“不小心走到前面了”“你如果恨他，让他去做超市”“让店堂更温馨”“让商品说话”既是“汪爱群的连锁论”，也是汪爱群连锁成功的秘诀。

病文举例

市公用事业与房产局推进“四大工程”，增强保障能力

今年，我市以促进经济发展，打造宜居宜业新××为目标，以完善公用事业保障功能为重点，全面建设“四大工程”：

一是污水处理二期和再生水工程。该工程是接续2009年的工程项目。上半年将完成该工程的收尾和调试工作，下半年投入运行，并为××热电厂提供合格再生水。

二是三霄宫开发区给水工程。今年，将完成绥靖水源地至三霄宫开发区的给水主管网工程，为明年建设开发区内供水设施打下基础。

三是天然气管道建设工程。利用天然气西气东输管线穿越我市的有利时机，建设杏岭南站天然气首站，再把天然气管线从首站建设到桃园工业区，为桃园工业区的发展提供清洁能源打下基础。

四是南园热电厂供热管网改造工程。该工程正在设计阶段，采暖期结束后将开始施工，汛期到来前完成管线改造任务。确保今年冬季采暖期投入使用，使岭南地区用上热电热源。

【病文指瑕】

这是一份新闻报道式的工作简报，存在的问题有三方面：

一是文未证题。《易·乾》："大哉乾元，万物资始。"人间万事万物没有比较，就没有大和小。工程的大小必须比投资，比规模，比效用。本文标题为"四大工程"，正文既无横向的量化，也无纵向的量化，何以见其大？

二是有因无果。只有"推进四大工程"，才能"增强保障能力"，前者是因，后者是果。比如"污水处理二期"告竣每日、每月、每年能为××热电厂提供多少"再生水"？"绥靖水源地至三霄宫开发区的给水主管网"有多长？"南站天然气首站"能为桃园工业区提供多少"清洁能源"？没有这个"果"，何必"推进"那个"因"？

三是偷换概念。标题为"推进'四大工程'"，导语却用"全面建设四大工程"过渡。"推进"是推动工作、使之前进，说明工程早已有之，"推"的目的在于使之进；"建设"则是创立新事业或者增加新设施，有起始意。把"推进"偷换成"建设"，必然是题文相悖了。

第四章 规范性文书写作

第一节 条 例

一、条例的含义

条例是用以指导某一方面工作活动得以长期正常进行的较为原则化和规范化的立法性文件。具体而言，条例是党的中央组织、国家权力机关、国家行政机关制定或批准的用以规定国家政治、经济、科技、教育、文化、外事等领域的某些事项或某一机关的组织、职权及其某些专门人员的任务、权限等事项的法规性文件。它或者是对某方面的工作、职权作出规定，如《中华人民共和国消防条例》《中华人民共和国学位条例》等；或者是对某类专业人员的职责、权限作出规定，如《会计人员职权条例》等。条例往往涉及较长时期的工作任务，一般要由一定的会议通过、相应的领导机关颁发。

条例的撰写者是特定的，党的最高领导机关、国家最高权力机关或行政机关及受这些机关委派的组织才有权制定条例。企事业机关及各职能部门，党的地方机关与群众团体一般不能制定条例。

二、条例的特点

（一）政策性

制定条例的目的在于维护国家的根本利益，对社会生活中的各项工作进行管理。实际上，条例是有关政策的具体化。它是做好某项工作的依据与指针。《中华人民共和国营业税暂行条例》其实就是国家有关营业税税收政策的具体体现。条例都是根据国家的法律和政策制定的，所以其政策性特别强。

（二）权威性

条例是由国家权力机关发布的法规性文件之一，它对政治、经济等方面的工作作出原则性的规定，具有法定的权威性。特别是在经济领域里，条例常常以法的形式进行经济管理。条例一经制定并颁布，在相应的部门、范围内，必须照办执行。如《会计人员职权条例》颁布后，全国的会计人员都必须遵照执行，违者要按照规定给予处罚。

（三）稳定性

条例是对某一方面的工作所作的比较全面、系统的规定。条例所涉及的是关系国家政治、经济、科技、教育、文化和外交等领域的重大事项以及长期性、经常性的工作，具有较大的稳定性。

三、条例的类型

（一）事务性条例

它是国家机关制定或批准的用以规定国家政治、经济、科技、教育、文化和外交等领域的某些事项的法规性文件。它主要用于对社会政治、经济、文化、科技、教育和生产生活等领域的某方面的工作、职权作出规定。一般要由一定的会议通过、相应的领导机关颁发后才能生效。如《中华人民共和国学位条例》《中华人民共和国居民身份证条例》《中华人民共和国营业税暂行条例》等。

（二）职权性条例

它是国家机关制定或批准的用以规定某一机关组织的职权及其某些专门人员的职责、权限等事项的法规性文件，要对某类专业人员的职责、权限作出规定。条例一经制定并颁布，在相应的部门和范围内必须照办执行，违者要按照规定给予处罚。如《会计人员职权条例》《中华人民共和国律师暂行条例》等。

四、条例的写作

条例一般由标题、签署和正文 3 个部分组成，其结构如图 4 - 1 所示。

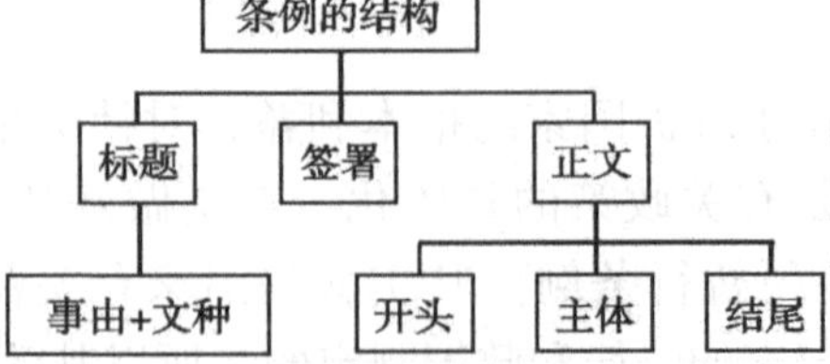

图 4 - 1　条例的结构

（一）标　题

由“事由＋文种”组成。这样写的目的是为了鲜明地突出主旨，如“失业保险条例”里“失业保险”是事由，“条例”是文种。有的条例为“暂行”、“试行”或“草案”，应在标题内标明，如“保守国家机密暂行条例”“中华人民共和国律师暂行条例”等。

（二）签　署

条例通过的时间、会议和公布的日期一般不放在文尾，而置于标题下方。须注意的是：一是要写明公布的机关和公布的日期；二是若会议名称是常务会，无发文权，则通过后需报请领导机关批准，并注明批准日期。如《中华人民共和国身份证条例》（1985 年 9 月 6 日第六届全国人民代表大会常务委员会第二次会议通过）。

（三）正　文

条例的正文有以下两种格式：

一是章断条连式。第一章为总则，独立于各章之前。条数从总则部分开始排下去，最后设一章附则。这种格式因为分章节用标题，又称为章节式或小标题式。如《失业保险条例》共 6 章，即总则、失业保险基金、失业保险待遇、管理和监督、罚则和附则，共 337 条。

二是一条到底式。既不设总则、分则和细则，也不分章，开头是第一条，继之为第二条，依次排列，直到最后，“条”完即“条例”止。这种格式也被称为直贯式或条排式。若条例内容相对简单、层次内容不复杂，宜采用这种格式。如《中华人民共和国营业税暂行条例》共分 17 条进行阐述，从第一条依次列举到第十七条。

条例的正文由开头部分、主体部分与结尾部分共 3 个部分组成。

1. 开头部分。也称为总则部分或序言部分，要交代制定条例的目的与根据，以强调它是为调整国家生活某个方面的准则而制定的，突出主旨与法定的行政约束力。同时要说明条例所涉及对象的有关范围，以便为下文的正式规定奠定基础，也为条例的专指对象确定明确的外延。一般要写明根据法律或国家的有关政策，为达到何目的，“特制定本条例”等。无论用章断条连式还是用一条到底式展开全文，下笔就需要讲清制文的目的。其标准格式是“为了……，特制定本条例”或“为了……，根据……特制定本条例”。例如，《失业保险条例》总则中第一条就鲜明地交代制定本条例的目的：“为了保障失业人员失业期间的基本生活，促进其再就业，制定本条例。”再如，《导游人员管理条例》第一条明确规定：“为了规范导游活动，保障旅游者和导游人员的合法权益，促进旅游事业的健康发展，制定本条例。”第二条指出条例所涉及对象的有关范围：“本条例所称导游人员，是指依照本条例的规定取得导游证，接受旅行社委派，为旅游者提供向导、讲解及相关旅游服务的人员。”

条例开头部分的行文应直截了当，条文多少按照实际情况而定，不必将原由、目的、依据和范围等一一陈述。

2. 主体部分。即条例的具体内容条款部分。这一部分是条例的实质性内容部分，由实施条款组成。主体部分写法比较复杂，要依据所规定的具体内容而定。但共同点是“有条有例”。“条”是指从正面规定条文，写明应该怎么做和不应该怎么做；“例”是指从反面加以说明，即做不到怎么处理。条例内容安排一般遵循“条前例后、以条为主、正反相辅相成”的原则。“条”中的应该与不应该两方面既可以糅合在一起说明，也可以集中一条或几条加以说明。而“例”则必须在后面单独为一条或几条。在章条层次安排上，应把握“先原则后具体、先主要后次要”的要领和办事的先后程序。例如，《失业保险条例》第一章为总则，第六章为附则，中间四章为主体。第二章从第五条至第十三条，是“失业保险基金”的相关内容，明确规定基金的来源及用途等具体规定。第三章从第十四条至第二十三条，是“失业保险待遇”的相关内容，对失业保险金领取条件、期限等都作出了明确的规定。第四章从第二十四条至第二十七条，对失业保险工作“管理和监督”方面作出了详细要求。第五章“罚则”共四条，明确而清楚地规定了有关的惩罚条款，这是保证条例实施的必要条件。

3. 结尾部分。即条例施行说明部分，也称附则。条例一律要有专门结尾，说明实施要求、生效日期、解释与修改权限，与原来有关文件的关系及其他未尽事宜的处理办法，以增强其严肃性与行政约束力。如果采用“章断条连”式，将结尾部分内容在附则下分条说明。如《失业保险条例》第六章为附则，其中第三十三条明确指出：“本条例自发布之日起施行。1993 年 4 月 12 日国务院发布的《国有企业职工待业保险规定》同时废止。”若因为条例内容简单，没有设附则，而用“一条到底”式，则将结尾部分内容作为最后一条或几条。又如，《导游人员管理条例》共 27 条，其中第二十六条规定：“景点景区的导游人员管理办法，由省、自治区、直辖市人民政府参照本条例制定。”第二十七条规定：“本条例自 1999 年 10 月 1 日起施行。1987 年 11 月 14 日国务院批准、1987 年 12 月 1 日国家旅游局发布的《导游人员管理暂行规定》同时废止。”

五、条例写作注意事项

（一）必须以国家有关法律、法令为根据

条例是国家机关发布的法规性文件之一，必须根据国家有关法律、法令（企事业单位规范性条例也应根据有关政策规定），符合党的方针政策，写清制定这一文件的法律依据及批准和公布机关。

（二）条文必须周全、完整、严密

撰写条例要求行文符合规范性的要求，条例要明确、具体，使用的概念要准确；语言文字要规范、凝练，不能模棱两可，以免曲解；同时要充分考虑其执行的持续性和相对稳定性。条例具有法规性，起草时要严肃、认真、谨慎，注意反复推敲。

（三）注意生效的时间及标志

国家行政机关的条例属于行政法规，必须经过专门发布方可生效。党政机关和企事业单位制定的条例注明批准或通过的时间后，也可直接生效。

条例写作范式

失业保险条例

（1998年12月16日国务院第11次常务会议通过）

第一章　总　则

第一条　为了保障失业人员失业期间的基本生活，促进其再就业，制定本条例。

第二条　城镇企事业单位、城镇企事业单位职工依照本条例的规定，缴纳失业保险费。

城镇企事业单位失业人员依照本条例的规定，享受失业保险待遇。

本条所称城镇企业，是指国有企业、城镇集体企业、外商投资企业、城镇私营企业以及其他城镇企业。

第三条　国务院劳动保障行政部门主管全国的失业保险工作。县级以上地方各级人民政府劳动保障行政部门主管本行政区域内的失业保险工作。劳动保障行政部门按照国务院规定设立的经办失业保险业务的社会保险经办机构依照本条例的规定，具体承办失业保险工作。

第四条　失业保险费按照国家有关规定征缴。

第二章　失业保险基金

第五条　失业保险基金由下列各项构成：

（一）城镇企事业单位、城镇企事业单位职工缴纳的失业保险费；

（二）失业保险基金的利息；

（三）财政补贴；

（四）依法纳入失业保险基金的其他资金。

第六条　城镇企事业单位按照本单位工资总额的百分之二缴纳失业保险费。城镇企事业单位职工按照本人工资的百分之一缴纳失业保险费。城镇企事业单位招用的农民合同制工人本人不缴纳失业保险费。

第七条　失业保险基金在直辖市和设区的市实行全市统筹；其他地区的统筹层次由省、自治区人民政府规定。

第八条　省、自治区可以建立失业保险调剂金。

失业保险调剂金以统筹地区依法应当征收的失业保险费为基数，按照省、自治区人民政府规定的比例筹集。统筹地区的失业保险基金不敷使用时，由失业保险调剂金调剂、地方财政补贴。

失业保险调剂金的筹集、调剂使用以及地方财政补贴的具体办法，由省、自治区人民政府规定。

第九条　省、自治区、直辖市人民政府根据本行政区域失业人员数量和失业保险基金数额，报经国务院批准，可以适当调整本行政区域失业保险费的费率。

第十条　失业保险基金用于下列支出：

（一）失业保险金；

（二）领取失业保险金期间的医疗补助金；

（三）领取失业保险金期间死亡的失业人员的丧葬补助金和其供养的配偶、直系亲属的抚恤金；

（四）领取失业保险金期间接受职业培训、职业介绍的补贴，补贴的办法和标准由省、自治区、直辖市人民政府规定。

（五）国务院规定或者批准的与失业保险有关的其他费用。

第十一条　失业保险基金必须存入财政部门在国有商业银行开设的社会保障基金财政专户，实行收支两条线管理，由财政部门依法进行监督。

存入银行和按照国家规定购买国债的失业保险基金，分别按照城乡居民同期存款利率和国债利息计息。失业保险基金的利息并入失业保险基金。

失业保险基金专款专用，不得挪作他用，不得用于平衡财政收支。

第十二条　失业保险基金收支的预算、决算，由统筹地区社会保险经办机构编制，经同级劳动保障行政部门复核、同级财政部门审核，报同级人民政府审批。

第十三条　失业保险基金的财务制度和会计制度按照国家有关规定执行。

第三章　失业保险待遇

第十四条　具备下列条件的失业人员，可以领取失业保险金：

（一）按照规定参加失业保险，所在单位和本人已按照规定履行缴费义务满 1 年的；

（二）非因本人意愿中断就业的；

（三）已办理失业登记，并有求职要求的。

失业人员在领取失业保险金期间，按照规定同时享受其他失业保险待遇。

第十五条　失业人员在领取失业保险金期间有下列情形之一的，停止领取失业保险金，并同时停止享受其他失业保险待遇：

（一）重新就业的；

（二）应征服兵役的；

（三）移居境外的；

（四）享受基本养老保险待遇的；

（五）被判刑收监执行或者被劳动教养的；

（六）无正当理由，拒不接受当地人民政府指定的部门或者机构介绍的工作的；

（七）有法律、行政法规规定的其他情形的。

第十六条　城镇企事业单位应当及时为失业人员出具终止或者解除劳动关系的证明，告知其按照规定享受失业保险待遇的权利，并将失业人员的名单自终止或者解除劳动关系之日起7日内报社会保险经办机构备案。

城镇企事业单位职工失业后，应当持本单位为其出具的终止或者解除劳动关系的证明，及时到指定的社会保险经办机构办理失业登记。失业保险金自办理失业登记之日起计算。失业保险金由社会保险经办机构按月发放。社会保险经办机构为失业人员开具领取失业保险金的单证，失业人员凭单证到指定银行领取失业保险金。

第十七条　失业人员失业前所在单位和本人按照规定累计缴费时间满1年不足5年的，领取失业保险金的期限最长为12个月；累计缴费时间满5年不足10年的，领取失业保险金的期限最长为18个月；累计缴费时间10年以上的，领取失业保险金的期限最长为24个月。重新就业后，再次失业的，缴费时间重新计算。再次失业领取失业保险金的期限可以与前次失业应领取而尚未领取的失业保险金的期限合并计算，但是最长不得超过24个月。

第十八条　失业保险金的标准，按照低于当地最低工资标准、高于城市居民最低生活保障标准的水平，由省、自治区、直辖市人民政府确定。

第十九条　失业人员在领取失业保险金期间患病就医的，可以按照规定向社会保险经办机构申请领取医疗补助金。医疗补助金的标准由省、自治区、直辖市人民政府规定。

第二十条　失业人员在领取失业保险金期间死亡的，参照当地对在职职工的规定，对其家属一次性发给丧葬补助金和抚恤金。

第二十一条　单位招用的农民合同制工人连续工作满1年，本单位并已缴纳失业保险费，劳动合同期满未续订或者提前解除劳动合同的，由社会保险经办机构根据其工作时间长短，对其支付一次性生活补助金。补助的办法和标准由省、自治区、直辖市人民政府规定。

第二十二条　城镇企事业单位成建制跨统筹地区转移，失业人员跨统筹地区流动的，失业保险关系随之转迁。

第二十三条　失业人员符合城市居民最低生活保障条件的，按照规定享受城市居民最低生活保障待遇。

第四章　管理和监督

第二十四条　劳动保障行政部门管理失业保险工作，履行下列职责：

（一）贯彻实施失业保险法律、法规；

（二）指导社会保险经办机构的工作；

（三）对失业保险费的征收和失业保险待遇的支付进行监督检查。

第二十五条　社会保险经办机构具体承办失业保险工作，履行下列职责：

（一）负责失业人员的登记、调查、统计；

（二）按照规定负责失业保险基金的管理；

（三）按照规定核定失业保险待遇，开具失业人员在指定银行领取失业保险金和其他补助金的单证；

（四）拨付失业人员职业培训、职业介绍补贴费用；

（五）为失业人员提供免费咨询服务；

（六）国家规定由其履行的其他职责。

第二十六条　财政部门和审计部门依法对失业保险基金的收支、管理情况进行监督。

第二十七条　社会保险经办机构所需经费列入预算，由财政拨付。

第五章　罚　则

第二十八条　不符合享受失业保险待遇条件，骗取失业保险金和其他失业保险待遇的，由社会保险经办机构责令退还；情节严重的，由劳动保障行政部门处骗取金额1倍以上3倍以下的罚款。

第二十九条　社会保险经办机构工作人员违反规定向失业人员开具领取失业保险金或者享受其他失业保险待遇单证，致使失业保险基金损失的，由劳动保障行政部门责令追回；情节严重的，依法给予行政处分。

第三十条　劳动保障行政部门和社会保险经办机构的工作人员滥用职权、徇私舞弊、玩忽职守，造成失业保险基金损失的，由劳动保障行政部门追回损失的失业保险基金；构成犯罪的，依法追究刑事责任；尚不构成犯罪的，依法给予行政处分。

第三十一条　任何单位、个人挪用失业保险基金的，追回挪用的失业保险基金；有违法所得的，没收违法所得，并入失业保险基金；构成犯罪的，依法追究刑事责任；尚不构成犯罪的，对直接负责的主管人员和其他直接责任人员依法给予行政处分。

第六章　附　则

第三十二条　省、自治区、直辖市人民政府根据当地实际情况，可以决定本条例适用于本行政区域内的社会团体及其专职人员、民办非企业单位及其职工、有雇工的城镇个体工商户及其雇工。

第三十三条　本条例自发布之日起施行。1993 年 4 月 12 日国务院发布的《国有企业职工待业保险规定》同时废止。

【范文赏析】

本例采用章断条连式结构。第一章为总则；第二章至第五章分别为失业保险基金、失业保险待遇、管理和监督、罚则，是主体；第六章为附则，即施行说明。通篇写作充分体现了有条有例的原则。如第十四条用三款先从正面说明具备什么条件可以享受失业保险待遇，第十五条用七款说明具有哪些情形停止享受失业保险待遇，应该与不应该实现有机结合，这是“条”；第五章用四条从反面说明由谁对违背“条”者作何处理，这是“例”，也是确保条例实施的必要条件。可谓“条前例后、以条为主、正反相辅相成”之典范。

病文举例

员工奖惩条例

第一章　总　则

第 1 条　（目的）

根据国家职工奖惩条例的有关规定及深圳市政府有关的劳动法规和政策，结合公司的实际情况制定本条例。

第 2 条　（适用范围）

本细则适用于公司所有正式员工。

第二章　责任与权限

第 3 条　（责任与权限）

3 - 1　对在公司生产经营工作中作出特殊贡献的员工给予荣誉称号鼓励和物质奖励；对违反公司管理制度、劳动纪律及在生产、经营工作中给公司造成损失和侵害公司利益的员工给予行政处分和经济处罚。

3 - 2　此规则的解释权归行政及人力资源部。

第三章　运营程序

第 4 条(奖励)

对有下列表现之一的员工应当给予荣誉称号鼓励和奖金奖励。

4－1　在完成生产、经营和工作任务，提高产品产量、质量，拓展销售渠道，改进企业经营管理，提高生产工艺技术水平等方面，有特殊贡献的或发明创造取得显著成绩的。

4－2　提出合理化建议或通过技术革新在提高工作效率、节约公司资财和能源等方面取得明显经济效益的。

4－3　保护公司财产，防止或挽救事故，使公司免受重大损失的。

4－4　为维护公司正常的生产工作秩序和治安环境，勇于向破坏行为作斗争，有显著功绩的。

4－5　因其他特殊贡献应当给予奖励的。

荣誉称号和奖金分为以下三等：

等级	奖金额
一等	1500～3000 元
二等	800～1500 元
三等	300～800 元

4－6　对有特殊贡献的集体也可以采用集体奖励的办法。例如采用集体记功的形式予以奖励。

4－7　有特殊贡献的也可在给奖金的同时辅之以晋级奖励。

4－8　奖励人员由所在部门申报书面材料，对可以直接计算出经济效益的，给予荣誉称号和奖金，提奖额应与创造的效益额挂钩，各部门申报的材料交人事部核准，由人事部提出意见，报总经理批准。

第 5 条　（处罚）

…………

6－3　不服从公司的正常工作调动，公司下达调动通知后过期两天本人拒不到岗的，予以书面严重警告。书面严重警告后，无悔改表现，三天内仍不到岗的，予以辞退。

6－4　员工违反下列规定之一的，由人事部或主管级以上人员对其进行相应处罚：

1）不按规定佩戴劳动安全防护用品者，罚款 50 元。

2）在上班时间睡觉者，罚款 50 元。

3）上班时间看与业务无关的书籍、报刊、杂志、影碟者，罚款 50 元。

4）在非吸烟区内吸烟者，罚款 50 元。

第 7 条　（处分）

违纪人员由所在部门（涉及治安管理的由保安部门）向人事部申报书面材料提出意见，经人事部研究处理。

第四章　附　则

第 8 条　员工受奖励或处分的有关材料由人事部整理装入员工人事档案，作为考核员工的依据。

【病文指瑕】

此例最主要的问题是错用文种。党的条例是“用于党的中央组织制定规范党组织的工作、活动和党员行为的规章制度”，而在我国行政立法体系内部，只有国务院制定的行政法规和地方性法规才有资格称为条例。本例的制定主体为企业，只宜依据国家职工奖惩条例，结合自身实际，制定“企业职工奖惩制度”。应该说，撰稿者对条例的体例下了很深的工夫，但还是不得其法。

一是结构层次序数不得法。这是三分式结构的条例，可以总则、分则、附则为章，其下分条。写作“第条”时，“”必须用汉字书写，而不该用阿拉伯数码；条下之款，可用“（一）”“（二）”排序，本例明显属于错用。

二是标注失当。诸如“第 1 条”至“第 7 条”后圆括号标注的“目的”“适用范围”“责任与权限”“奖励”“处罚”等确为应写之项，但属于只可意会不可言传者，颇似东施效颦。

三是题文矛盾。大标题为“员工奖惩条例”，而“第 2 条（适用范围）本细则适用于公司所有正式员工”，将“条例”偷换成“细则”了。

本例的其他问题，恕不一一列出。

第二节　规　定

一、规定的含义

规定是党的机关、国家机关、社会团体和企事业单位制定的，对某项具体工作或行动作出具体规范性要求，用于统一人们行动的法规性文件。它适用于对某些政策性问题提出具体的执行意见或措施，以便使某些活动顺利开展或确保某项工作完成。

规定是介于条例与办法、细则之间的一种文体，其使用范围较广。党政机关、社会团体、企事业单位均可使用。政治、经济、文教和卫生等领域，凡是需要规范人们行动、要求有关人员遵守和执行的事情，都可以用规定行文。同时，规定既可以是一个较长时期执行的规范性要求，又可以是临时性的措施，其使用范围相当广泛。与条例相比，规定的使用范围比条例宽广，规定事项比条例具体。

二、规定的特点

（一）规范性

规定是对某些政策性问题或某一方面的活动提出具体的执行意见或措施，它要求参与该活动者都必须遵守，是具有法规性质的指令性文件。若违背了这种行动规范，轻则受到批评，重则受到惩罚，甚至受到纪律和刑事处分。

（二）阶段性

与条例相比，就总的方面而言，规定所涉及的工作或问题不如条例重大，其法规性、约束力也不及条例。从时间上看，条例在相当长时间内比较稳定；而规定带有阶段性，在稳定性方面也不及条例。

（三）针对性

规定与条例相比，针对性更强。条例常常针对具有规律性的问题或普遍情况而发，原则性较强；而规定一般是针对某一方面的具体事情而制定的，针对性较强。

（四）事务性

规定常常是针对某一方面的活动而提出的具体要求、意见和措施，以确保某些活动的顺利开展和圆满完成，因而在内容上它往往是就事论事，事务性较强。

三、规定的类型

（一）法规性规定

它是党政机关制定发布的行为规范，一经发布，就具有法律效力与强制性。如中华人民共和国文化部2003年5月10日发布的《互联网文化管理暂行规定》是为了加强对互联网文化的管理，保障互联网文化单位的合法权益，促进我国互联网文化健康、有序地发展，根据《互联网信息服务管理办法》和国家有关规定而制定的。一经发布，所有相关互联网文化单位均应遵守执行。

（二）一般性规定

它是社会团体、企事业单位制定发布的行为规范。它没有法律效力，但有行政约束力，而且这种行政约束力随着制发行政组织行政权力的大小而变化。行政组织行政权力越大，其制发的规定的行政约束力就越大。

四、规定的写作

规定一般由标题、签署和正文 3 个部分组成，其结构如图 4－2 所示。

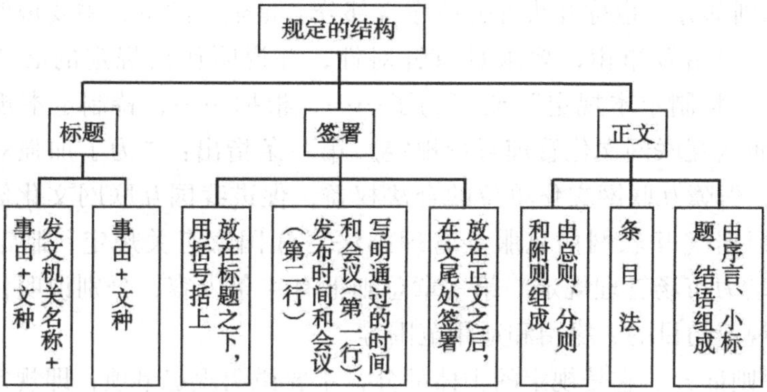

图 4－2　规定的结构

（一）标　题

一般有两种写法：一是由“发文机关名称＋事由＋文种”组成，如“国务院关于征收私营企业投资者个人收入调节税的规定”；二是由“事由＋文种”组成。使用这种方法，应另起一行写明发布单位和发布时间。如果该规定是短期的、临时性的，那么在“规定”文种前加“暂行”两字，如“互联网文化管理暂行规定”。若标题较长，则须分行写，安排要合理、严整、匀称。

（二）签　署

签署即标明发文时间及机关。有 3 种写法：一是放在标题之下，用括号括上；二是写明通过的时间和会议（第一行）、发布时间和会议（第二行），这种写法多用于规格比较高、原则性较强、涉及范围较广的规定；三是放在正文之后，在文尾处签署。有的规定，标题中已标明发布单位，签署时可以只标明时间，不签发文机关。

（三）正　文

规定有 3 种格式：一是由总则、分则和附则组成。总则写制定本规定的缘由和目的等，并以“特制定如下规定”“特作如下规定”承上启下。分则部分是规定的主体部分，写明规定的具体内容，一般分章列条行文。附则部分即结语部分，写实施说明，如适应范围、执行日期、制定细则、解释权之类。二是条目法。即整个规定从头到尾都以条目反映。这种写法也可以划分出层次来。一般前一两条写制定本规定的原因、目的和依据等，中间写具体规定内容，末尾几条写实施说明。三是由序言、小标题和结语组成。开头以序言的形式写，主要写形势、目的和依据等。中间部分列若干小标题（这小标题类似“章”），小标题下用序码排列条目内容。结尾处写实施有关事项。

规定的条数既可以用序数，也可以用数词，如“一”“二”“三”等。条下再分款，还可以用阿拉伯数字。

规定正文的写作主要把握以下几项。

1. 总则部分。也称开头部分或序言部分。是全文的纲，主要说明作出该规定的目的、缘由及事由，要求具有针对性，并说明作出规定的必要性。常用“为了……，特制定本规定”或“为了……，根据……，特制定本规定”的格式行文。如《互联网文化管理暂行规定》第一条指出：“为了加强对互联网文化的管理，保障互联网文化单位的合法权益，促进我国互联网文化健康、有序地发展，根据《互联网信息服务管理办法》和国家有关规定，制定本规定。”再如《劳动力市场管理规定》第一章总则下有 4 条内容，分别说明作出劳动力市场管理规定的目的、缘由和适用范围等。

2. 分则部分。它是规定的主体部分，主要说明规定事项，即规定的实质性内容和具体要求都要在这一部分表述清楚。这一部分多采用列条分述的方式表达，阐述规定的具体要求及主体措施，使问题得以充分说明。对主要内容的阐述，一般首先确定原则措施，然后是这些措施的具体说明。如《劳动力市场管理规定》第二章“求职与就业”、第三章“招用人员”、第四章“职业介绍”、第五章“公共就业服务”分别制定出原则措施，然后第六章“罚则”对上述各章下各条措施进行具体说明。

若规定仅为某一事项或某一问题而发，则可不要总则部分或序言部分，将规定事项一条条列出即可。若只有一条或两条规定，还可以不分段落，不列条款，而将制发原因和所作规定一笔写出。

3. 附则部分。也称结尾部分，主要写清施行说明，即补充说明或交代执行要求等内容。在结尾部分，规定要用一条或几条说明实施要求、生效日期及解释权属等。如《互联网文化管理暂行规定》第二十六条、第二十七条分别提出实施要求与生效日期。再如《劳动力市场管理规定》第七章附则，用第三十九条、第四十条、第四十一条分别说明实施要求、具体实施方法的制定权及生效日期等。

五、规定写作注意事项

（一）措辞要庄重、周密、严谨、准确

规定是法规性文件，具有行政约束力；法规性规定还具有法律效力。规定一经发布，就要求大家照章执行，因此措辞要庄重、周密、严谨、准确。该如何做，不该如何做，界限都要清楚明了。

（二）内容要有“规”有“定”

在规定具体内容写作过程中，要有“规”、有“定”：“规”是原则性规范要求，“定”指的是具体约束措施。所以规定的事项要有所提倡，有所反对，要明确“可以怎样”“不可以怎样”，特别是对职责、权益、奖惩等问题要有具体措施。

规定的内容是原则性的规范要求和具体的约束措施的高度结合，应按照“先原则后措施，先主要后次要”的原则统筹安排；规定事项应简明具体，前后一致。往往前几项规定文字多一些，后面的少一些。语言上，用肯定语气行文。“应（该）”一词的使用频率较多。

（三）行文要规范、正式

重要规定的实施，如国务院发布的各种规定，都要由总理发布命令；地方有些规定虽然不用命令的形式发布，但也必须正式行文，以便遵照执行。规定在发布之后，如果有些内容不够完善，或者需要调整，增加某些内容，可发《补充规定》。补充规定需要特别注意的是，其内容一定要与原有的规定衔接，发布范围与原发布范围吻合。

规定写作范式

劳动力市场管理规定

（2000年11月29日劳动和社会保障部部务会议通过）

第一章 总 则

第一条 为保护劳动者和用人单位的合法权益，发展和规范劳动力市场，促进就业，根据劳动法和有关法律法规，制定本规定。

第二条 劳动者求职与就业、用人单位招用人员、各类职业介绍机构从事职业介绍活动，适用本规定。

第三条 各级劳动保障行政部门应当积极组织开展公共就业服务，促进发展多种类型职业介绍机构，为劳动者就业和用人单位招用人员服务。

任何组织和个人对违反本规定的行为有权检举和控告。

第四条 县级以上地方劳动保障行政部门主管本行政区域内的劳动力市场管理工作。

县级以上地方劳动保障行政部门可委托其所属的就业服务机构，具体办理本行政区域内的劳动力市场管理有关事务。

第二章　求职与就业

第五条　劳动者年满16周岁，有劳动能力且有就业愿望，符合法律规定条件，可凭本人身份证件和接受教育、培训的相关证明，通过职业介绍机构介绍或直接联系用人单位等渠道求职。

劳动者就业前，应当接受必要的职业教育或职业培训。城镇初高中毕业生就业前应参加劳动预备制培训。

第六条　在法定劳动年龄内，有劳动能力且有就业要求的城镇失业人员，应当进行失业登记。进行失业登记时，没有就业经历的失业人员，须持本人身份证件和证明原身份的有关证明；有就业经历的失业人员，还须持原单位出具的终止或者解除劳动关系的证明。

失业人员凭失业登记证明享受公共就业服务、就业扶持政策或按规定申领失业保险金。失业登记的具体程序和失业登记证明的样式，由省级劳动保障行政部门统一规定。

第三章　招用人员

第七条　用人单位招用人员，应当面向社会、公开招收、公平竞争、择优录用。

第八条　用人单位可以通过下列途径自主招用人员：

（一）委托职业介绍机构；

（二）参加劳动力交流洽谈活动；

（三）通过大众传播媒介刊播招用信息；

（四）利用互联网进行网上招聘；

（五）法律、法规规定的其他途径。

第九条　用人单位委托职业介绍机构招用人员时，应当出示单位介绍信、营业执照（副本）或其他法人登记文件、招用人员简章和经办人身份证件。

招用人员简章应包括用人单位基本情况、招用人数、职业工种、岗位要求、录用条件、劳动报酬、福利待遇、劳动保护等内容。

用人单位通过报刊、广播、电视等大众传播媒介发布招用人员广告，经当地劳动保障行政部门审核后，按国家有关规定办理。

用人单位应当接受当地劳动保障行政部门组织的空岗调查，并主动报告空岗情况。

第十条　禁止用人单位招用人员时有下列行为：

（一）提供虚假招聘信息；

（二）招用无合法证件的人员；

（三）向求职者收取招聘费用；

（四）向被录用人员收取保证金或抵押金；

（五）扣押被录用人员的身份证等证件；

（六）以招用人员为名牟取不正当利益或进行其他违法活动。

第十一条　用人单位在招用职工时，除国家规定不适合从事的工种或者岗位外，不得以性别、民族、种族、宗教信仰为由拒绝录用或者提高录用标准。

第十二条　用人单位招用国家规定须持证上岗的技术工种人员，应按照《招用技术工种从业人员规定》执行。

第十三条　用人单位跨省招用人员和招用外籍人员、港澳台人员，依照国家有关规定办理。

第十四条　用人单位招用人员后，应当自录用之日起30日内，到当地劳动保障行政部门办理录用备案手续，并为被录用人员办理就业登记。

用人单位与职工终止或者解除劳动关系后，应当于7日内到当地劳动保障行政部门办理备案手续。

录用备案、就业登记和终止或解除劳动关系备案的具体办法，由省级劳动保障行政部门统一规定。

第四章　职业介绍

第十五条　职业介绍机构分为非营利性职业介绍机构和营利性职业介绍机构。其中，非营利性职业介绍机构包括公共职业介绍机构和其他非营利性职业介绍机构。

…………

第二十五条　设立外商投资职业介绍机构以及职业介绍机构从事境外就业中介服务的，应当按照有关规定办理手续。

第五章　公共就业服务

第二十六条　本规定所称公共就业服务，是指由各级劳动保障部门提供的公益性就业服务，包括职业介绍、职业指导、就业训练、社区就业岗位开发服务和其他服务内容。

…………

第三十三条　公共职业介绍机构提供减免费服务所需费用，劳动力市场信息网络建设和运行维护费用，以及对失业人员免费培训的补贴费用，按有关规定从各级财政安排的就业经费中列支。

对失业人员领取失业保险金期间接受职业培训、职业介绍的补贴，按有关规定从失业保险基金中支出。

各级劳动保障行政部门应根据财政部门的预算编制要求，编制本级就业经费年度预算，报同级财政部门审批后执行。

第六章 罚 则

第三十四条 用人单位违反本规定第十条规定的，由劳动保障行政部门责令改正，并可处以1000元以下罚款；对当事人造成损害的，应承担赔偿责任。

第三十五条 用人单位违反本规定第十四条规定，未按期办理备案手续的，由劳动保障行政部门责令限期改正；逾期不改正的，处以1000元以下罚款。

第三十六条 违反本规定第十七条、第十八条规定，未经批准设立职业介绍机构或未经批准从事职业介绍活动的，由劳动保障行政部门责令停止职业介绍活动，并可处以10000元以下罚款；有违法所得的，可处以不超过违法所得3倍的罚款，但最高不得超过30000元。

第三十七条 职业介绍机构违反本规定第二十一条规定的，由劳动保障行政部门责令改正，并可处以10000元以下罚款；有违法所得的，可处以不超过违法所得3倍的罚款，但最高不得超过30000元；情节严重的，提请工商部门吊销其营业执照，或提请原登记管理机关办理撤销登记；对当事人造成损害的，应承担赔偿责任。

第三十八条 职业介绍机构违反本规定第二十四条规定，未明示合法证照、批准证书、监督电话的，由劳动保障行政部门责令改正，并可处以1000元以下的罚款；未明示收费标准的，由劳动保障行政部门提请价格主管部门依据国家有关规定处罚。

第七章 附 则

第三十九条 省、自治区、直辖市劳动保障行政部门应根据本规定第二十八条所列免费服务项目和本地经费落实情况，规定免费服务的实施步骤，报劳动和社会保障部备案。

第四十条 省、自治区、直辖市劳动保障行政部门可以根据本规定制定实施细则。

第四十一条 本规定自发布之日起施行。原劳动部1995年9月12日颁布的《就业登记规定》和1995年11月9日颁布的《职业介绍规定》同时废止。

（转引自 http：//www. molss. gov. cn）

【范文赏析】

这是三分式结构的法规性规定。全文共分7章，第一章为总则，第二章至第六章为分则，第七章为附则。总则6条为本规定的根据、适用范围、组织领导等。分则第二章至第五章分别就“求职与就业”“招用人员”“职业介绍”“公共就业服务”等作出规范要求，为“规”；第六章是对违反上述规定而制定的罚则，为“定”。既有所提倡又有所反对，既明确应该怎么样又明确不该怎么样，完全符合先原则后措施、先主要后次要的原则。第七章为附则，提的是执行要求。

病文举例

关于职工病假的管理规定

为了严格劳动纪律，加强内部管理，维护医院正常的医疗和管理工作秩序，强化目标管理和岗位责任制，提高工作效率，根据上级有关文件精神，并结合我院实际，经研究，院部特对医院职工的病假管理重申规定如下：

1．请假程序。

职工非因公成疾，具有县级以上医院的诊断证明，并办理请假手续，按休假审批权限批准后方可休病假，因急诊本人不能办理请假手续的可委托亲属或医院职工办理请假手续。

职工在医院居住地生病的医院诊断证明必须是由我院相关科室开具的诊断证明，其他医院出具的诊断证明无效。病假时间七天以内者须经主治医生开具病假证明；七天以上者以及连续病假超过七天者，携带相关资料须经主管院长审批。

需转院治疗的，按规定履行转诊手续，并报请主管院长审批。未履行转诊手续者，其他医院开具的病假证明无效。本科室负责人和主管院长应对院外医院所开具的病假证明进行审核，并按有关规定办理。

职工出差或探亲因急危病情在外地医院就诊而开具的病休证明由职工所在科室报主管院长履行请假手续，待职工返院后一周内必须出具当地县级以上医院的诊断证明，交主管院长审核批准。假期有效时间最长 7 天，如需继续休病假的必须回医院治疗和休养，在外地办理住院治疗的例外。非急危病情在外地医院开具的病休证明无效。

凡不履行请假手续的一律按旷工处理。

2．休病假期间的待遇及假期的计算。

（1）病假期间遇法定节假日、公休日连续计算。

（2）大中专毕业生在见习期间或试用期期间病休的，执行病假工资（即在见习期工资中减发 30% 部分），病假超过两个月的，其见习期要相应延长。

（3）每月病假超过 7 天（含 7 天）的，免发当月岗位津贴；不足 7 天满 3 天（含 3 天）的，发 50% 岗位津贴。

(4) 当月病假超过7天（含7天）的，免发当月的效益津贴；病假不满7天满3天的，发半月效益津贴；不满3天的，按日效益津贴如数扣回(享受行政、工勤效益津贴)。

(5) 每月病假超过4天（含4天）免发当月目标奖。

(6) 新招聘的学生在正式上岗前的病假工资待遇执行《关于招聘人员管理的暂行规定》。

(7) 门诊休病假在一个月以下的职务工资全发，其岗位津贴和补贴按上述规定执行；病假在一个月以上的从第二个月开始享受定州市规定的最低生活费。

(8) 职工住院治疗的休病假期间的工资待遇除按上述规定执行外，对职务工资发放按以下标准执行：

停止工作连续休病假在六个月以内，连续工龄不满5年的，发给本人60%；满5年不满10年的，发70%；满10年不满15年的，发职务工资的80%；满15年不满20年的，发职务工资的90%；满20年以上的，发职务工资的95%；非工会会员享受以上待遇的半数。获得省部级劳动模范称号的工作人员，病假期间的工资可以提高百分之五。

职工病假期间待遇低于本市市区最低生活保障标准的，按最低生活保障标准执行。

(9) 长期病休从第七个月起按病劳保规定执行。

3. 长期病休。

(1) 职工连续病假满六个月时（具有我院和省级以上医院证明），病假人员所在科室须向主管院长提出长休病假病情鉴定申请，病情鉴定由主管院长组织疾病鉴定委员会鉴定并经主管领导批准，到院办室备案后按长期病休处理，同时通知病假人员所在科室，未经病情鉴定不予审批。

(2) 一年内累计病假时间达六个月及以上的，逾期按长期病休处理。

(3) 长期病休人员在休假期内，每两个月到医院复查身体一次，并将诊断证明交所在科室确认，经主管院长审批后报院办室。无正当理由拒不复查者，医院将暂缓兑现其病假工资及其他福利待遇，并由个人全部承担医院所缴纳的各项社会保险等费用。凡病愈并可以正常工作的应到岗试工。

(4) 长期病休人员（含门诊连续病休两个月）病愈后回院工作，需由个人提出书面申请和近期能够证明疾病已经痊愈的相关疾病检查材料交院办室。由主管院长召集有关人员进行鉴定被确认可以工作的并出具复工鉴定证明，经院长同意，可由原科室根据需要安排试工两个月。试工满两个月后又病休，病假期间重新开始计算；试工不满两个月又病休的，病假时间累积计算，试工期内不享受效益津贴。

(5) 为加强长休病假管理工作，及时掌握长休病假人员的病情，有利于其恢复健康，医院保健科要做好长休病假人员病情的建档和管理工作。

(6) 列入长病假的人员，长休病假期间不计工龄。

(7) 职工在长休病假期间，不享受医院的各项生活福利待遇。

4. 其他规定。

(1) 连续病假达到三个月，或全年累计病假达到70天的，免发全年年终奖，不参加医院任何评选优秀和先进；连续病假达六个月的，年度考核结果为不定等次。

(2) 因伤、因病丧失工作能力，不能坚持正常工作的，按省人事厅文件规定办理病退手续。

(3) 临时工休病假满一个月的，医院不再使用。

(4) 女职工符合计划生育政策的怀孕，具有我院有关证明需要保胎休息的，其保胎期间按病假处理。

(5) 女职工怀孕期间，按规定做产前检查，每次检查超过半天的，或因避孕失败而怀孕在两年之内第二次做流产的，均按病假对待。

(6) 女职工产假期满，因身体原因仍不能工作，具有医院证明的，超过产假时限的假期按病假计算。

(7) 在本年度内，累计病假超过60天，不享受本年度的年休假待遇；已经休过年休假的，改按事假处理。

(8) 职工患病经我院和省级医院诊断患严重或重大疾病（如恶性肿瘤、生活不能自理等疾病）者，病假在两个月到半年的，职务工资全发，岗位津贴按50%发放；病假在半年以上的，执行上述有关规定。

(9) 病假期间从事有偿收入活动的，停发病假期间的全部工资。

(10) 患有传染性疾病者应住院治疗，治疗期间的待遇参照病假待遇执行。

(11) 职工休病假期间在居住地以外，发生任何意外（含病情加重），其一切费用全部自理，医院不承担任何责任和费用。

5. 原下发的有关病假方面的管理规定与本规定有抵触的，按本规定执行。

【病文指瑕】

1. “重申”与“规定”自相矛盾。“重申”是“再一次申述”，而“规定”是对某一事物新作出关于方式方法或数量质量的决定。作为序言与事项的过渡词，或者用“重申”，或者用“规定”，两者只能取其一，不可并用。

2. 分则项目残缺。病假规定，至少应有病假的概念、种类，请假的程序、批准权限，假期的计算，病假期间的待遇，特殊情况的处理等。此例不仅缺项，而且概念混淆。比如标题为“病假”，自是“因病请假”，而“3”为“长期病休”，即“长期因病休息”，病假既含长假，也含短假，何须单列？

3. 结构层次序数用法欠妥。第一层用“1”，第二层用（1），不妥，应分别改用“一”和“（一）”。数字用法不统一，忽而“七天”或“7 天”，忽而“六个月”或“5 年”，比较混乱。

4. 个别语句欠严密。“职工休病假期间在居住地以外，发生任何意外（含病情加重），其一切费用全部自理，医院不承担任何责任和费用”有何法律依据？如果是“按规定履行转诊手续，并报请主管院长审批”者“在居住地以外”发生意外，该当如何呢？

第三节 办 法

一、办法的含义

办法是机关、企事业单位对某项工作或某一方面的活动制定或提出比较具体的规定和措施时所使用的一种规定性文种。办法往往是根据一定的法令、条例的原则而制定的具体规章，可以说是某一特定法令、条例的具体化。办法是介于条例、规定与细则之间的一种法规性文体。它适用于各级各类行政机关，适用面很广。

与条例相比，办法往往用于具体事务或某一事项，甚至是比较细小琐碎的事情，如关于某种资金的管理、税务的征收、票汇的结算等；而条例、规定多用于某些重大问题、重大事项。

二、办法的特点

（一）规定性

规定性是指制定办法的机关单位对某些具体工作制定出规范性标准，作为人们的行动准则，并要求在有关范围内遵照执行。

（二）具体性

办法的具体性主要体现在两个方面：一方面，办法往往是针对某一特定的条例、法令或者事项的落实或实施而制定的，所以它在内容上十分具体、详细。如《湖南省实施〈失业保险条例〉办法》第一条明确指出：“为了实施《失业保险条例》，保障失业人员失业期间的基本生活，促进其再就业，制定本办法。”另一方面，办法是对人们进行规范，是具体的、完整的，而不是抽象的。其具体性体现在政策界限清楚、技术性问题要求明确、数据确凿和毫不含混等方面。

三、办法的类型

根据办法所涉及的内容不同，办法有多种分类。按照制定办法的主体不同，一般可将办法分为两大类：一是党政机关办法，二是企事业单位办法。

（一）党政机关办法

它是由党或国家行政机关针对某一特定的条例、法令或事项的落实或实施而制定的。它是党和国家制定的条例、法令的具体化。这类办法在一定范围内具有较强的规定性。如《江苏省实施〈中华人民共和国城市规划法〉办法》《黑龙江省实施〈城市居民最低生活保障条例〉办法》等。

（二）企事业单位办法

它是企事业单位针对某一特定事项的落实或实施而制定的。它对具体工作的开展作出详细的规定，内容明确具体，可操作性强，具有较强的具体性特点，如《国家行政机关公文处理办法》《电信业务许可经营管理办法》《“星火计划”管理办法》《证券公司高级管理人员管理办法》等。

四、办法的写作

办法一般由标题、签署和正文 3 部分组成，其结构如图 4－3 所示。

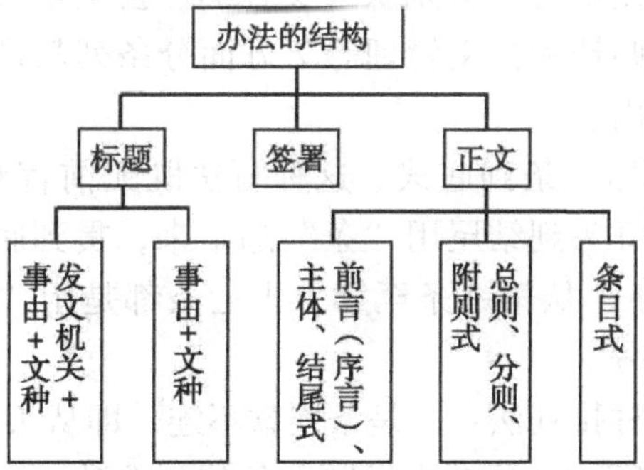

图 4－3　办法的结构

（一）标　题

一般有两种写法：一是由“发文机关 + 事由 + 文种”组成，如“中华人民共和国枪支管理办法”；二是由“事由 + 文种”组成，如“国家行政机关公文处理办法”“电信业务经营许可证管理办法”。后一种写法使用得比较多。

若该办法是短期的、临时性的，则在“办法”文种前加“暂行”“试行”两字，有的还要加“实施”两字，如“旅游安全管理暂行办法”“企业年金试行办法”等。

（二）签　署

签署即发布时间及机关。一般放在标题之下，注明由何单位于什么时间发布，并用括号括上；有的放在文末。放在标题之下的一般是国家行政机关所制定的比较重要的办法。如：

国家行政机关公文处理办法

（国务院二〇〇〇年八月二十四日发布）

（三）正　文

办法的正文有以下 3 种格式。

一是前言（序言）、主体、结尾式。前言（序言）要说明制定的依据、目的、意义和作用等。主体写明具体的措施和办法。这部分内容要按照“从主到次、从直接方面到间接方面”排列，一般分条列目行文。结语要写要求和希望。有的办法无结语。

二是总则、分则、附则式。总则和分则写法基本同前一种前言（序言）和主体的写法。而附则一般要写明办法的实施意见，包括解释权、说明权、实行日期等。如《国家行政机关公文处理办法》第一章是总则部分，共有 8 条内容；第二章至第八章是分则部分，分别从公文种类、公文格式、行文规则、发文办理、收文办理、公文归档和公文管理等 7 方面分条列款进行了说明；第九章是附则部分，共有 4 条内容。

三是条目式。也称一条到底式。这种写法既无前言和结语，也不分总则、分则和附则，而是从开头到结尾用“条”通下来，贯到底。如《互联网信息服务管理办法》共 27 条，从第一条至第二十七条都是用“条”贯通下来，不分总则、分则与附则部分。

办法的条款有两种排列法：一是条连款不连，即从头到尾条序是依次排列，而条下设款则另定次序；二是在小标题下条款各自独立，每一小标题下的条款都从“第一条”或“第一款”写起。

正文的写作应注意把握以下几点。

1. 序言。这是办法正文的开头部分，说明制定本办法的目的、依据、原则和要求。有的作为总则的第一条，有的以序言形式出现，条目式格式中则写成首条。如《国家行政机关公文处理办法》开头部分即第一条指出："为使国家行政机关（以下简称行政机关）的公文处理工作规范化、制度化、科学化，制定本办法。"明确地提出制定此办法的目的和依据。

2．办法内容。这是办法的主体部分，是将具体措施、具体做法按一定顺序逐条列出。如《国家行政机关公文处理办法》在总则之后，分为7章，分别从公文文种、公文格式、行文规则、发文办理、收文办理、公文归档、公文管理等7方面共计45条，对有关国家行政机关公文的处理问题作了具体、细致的规定。如第三章公文格式中第十条下用十四点详细说明了公文的写法，甚至对公文的"文字从左至右横写、横排"都作出了明确、详细的规定。第十二条中对公文的用纸及装订都作出了明确的规定。

一般而言，这部分内容应该按照"先主要后次要，先原则后具体，先直接后间接"的原则将一条一款撰写清楚。分条列款要严密细致，实行办法应明确具体，对例外情况应有所预见，并作出相应的规定。

3．施行说明。这是办法的结尾部分，要写明实施日期、解释权属和有关实施的说明等。施行说明既可在正文中说明，也可在正文的最后一条或几条，还可以以结束语的形式表达。如《国家行政机关公文处理办法》第九章附则即公文结尾部分，共4条，说明了此办法的施行日期及有关实施的具体情况的说明。

五、办法写作注意事项

（一）事项要具体、详细

办法是针对某一方面的工作或活动而制定的具体处理方法，侧重于措施和做法，为明确办事途径和方法而制定。所以要求内容必须详细具体，措施切实可行，程序明了。对规定的事项要具体、详细，提出的办法要具体可行、便于操作。因为办法一经制定，有关人员就要执行，所以办法的内容要明确，要有较强的可行性，不能似是而非。

（二）语言要通俗易懂、便于理解执行

办法的写作中，语言要通俗易懂，便于理解和执行。"应（该）"与"可（以）"这两个词经常结合使用，这是办法所具有的原则性与灵活性的特点在语言上的表现。

（三）要经过充分的协商与论证

办法具有法规性质，是要遵守执行的，要经过充分协调和论证，按照决策程序通过后公布。办法一般比较具体，专业性较强，应注意吸收有关部门和专家的意见。

办法写作范式

闲置土地处理办法

（国土资源部一九九九年四月二十八日通过）

第一条　为依法处理和充分利用闲置土地，切实保护耕地，根据《中华人民共和国土地管理法》、《中华人民共和国城市房地产管理法》及有关法律、行政法规，制定本办法。

第二条　本办法所称闲置土地，是指土地使用者依法取得土地使用权后，未经原批准用地的人民政府同意，超过规定的期限未动工开发建设的建设用地。

具有下列情形之一的，也可以认定为闲置土地：

（一）国有土地有偿使用合同或者建设用地批准书未规定动工开发建设日期，自国有土地有偿使用合同生效或者土地行政主管部门建设用地批准书颁发之日起满1年未动工开发建设的；

（二）已动工开发建设但开发建设的面积占应动工开发建设总面积不足三分之一或者已投资额占总投资额不足25%且未经批准中止开发建设连续满1年的；

（三）法律、行政法规规定的其他情形。

第三条　市、县人民政府土地行政主管部门对其认定的闲置土地，应当通知土地使用者，拟订该宗闲置土地处置方案，闲置土地上依法设立抵押权的，还应通知抵押权人参与处置方案的拟订工作。处置方案经原批准用地的人民政府批准后，由市、县人民政府土地行政主管部门组织实施。

处置方案可以选择下列方式：

（一）延长开发建设时间，但最长不得超过1年；

（二）改变土地用途，办理有关手续后继续开发建设；

（三）安排临时使用，待原项目开发建设条件具备后，重新批准开发，土地增值的，由政府收取增值地价；

（四）政府为土地使用者置换其他等价闲置土地或者现有建设用地进行开发建设；

（五）政府采取招标、拍卖等方式确定新的土地使用者，对原建设项目继续开发建设，并对原土地使用者给予补偿；

（六）土地使用者与政府签订土地使用权交还协议等文书，将土地使用权交还给政府。原土地使用者需要使用土地时，政府应当依照土地使用权交还协议等文书的约定供应与其交还土地等价的土地。

对因政府、政府有关部门行为造成的闲置土地，土地使用者支付部分土地有偿使用费或者征地费的，除选择前款规定的方式以外，可以按照实际交款额占应交款额的比例折算，确定相应土地给原土地使用者使用，其余部分由政府收回。

第四条　已经办理审批手续的非农业建设占用耕地，1 年内不用而又可以耕种并收获的，应当由原耕种该幅耕地的集体或者个人恢复耕种，也可以由用地单位组织耕种；1 年以上未动工建设的，应当按照省、自治区、直辖市的规定缴纳闲置费；连续 2 年未使用的，经原批准机关批准，由县级以上人民政府无偿收回土地使用者的土地使用权；该幅土地原为农民集体所有的，应当交由原农村集体经济组织恢复耕种。

在城市规划区范围内，以出让等有偿使用方式取得土地使用权进行房地产开发的闲置土地，超过出让合同约定的动工开发日期满 1 年未动工开发的，可以征收相当于土地使用权出让金 20% 以下的土地闲置费；满 2 年未动工开发时，可以无偿收回土地使用权；但是，因不可抗力或者政府、政府有关部门的行为或者动工开发必需的前期工作造成动工开发迟延的除外。

第五条　依照本办法第四条规定收回国有土地使用权的，由市、县人民政府土地行政主管部门报经原批准用地的人民政府批准后予以公告，下达《收回国有土地使用权决定书》，终止土地有偿使用合同或者撤销建设用地批准书，注销土地登记和土地证书。

第六条　市、县人民政府土地行政主管部门应当根据本行政区域内闲置土地的状况，依据土地利用总体规划、土地利用年度计划及各项建设对土地的需求，优先使用闲置土地。

建设用地能使用闲置土地的，必须使用闲置土地，不得批准占用农用地。对闲置土地利用未达到规定标准的地区，应当核减其下一年度农用地转用计划指标。

第七条　市、县人民政府土地行政主管部门对依法收回的闲置土地，应当重新明确用途、设定使用条件、确定供地方式，并向社会公告。

收回的国有闲置土地，应当采取以下方式利用：

（一）在土地利用总体规划确定的城市建设用地区内，应当按照土地利用总体规划和城市规划确定的用途安排建设项目或者其他临时用途；近期无法安排建设项目，耕种条件未被破坏的，可以组织耕种，不适宜耕种的，可采取绿地等方式作为政府土地储备。

（二）规划用途为农用地，耕种条件未被破坏的，应当恢复耕种；不适宜耕种的，应当改为其他农用地。

第八条 收回的集体所有的闲置土地，应当采取以下方式利用：

（一）在土地利用总体规划确定的村庄、集镇建设用地区内，应当用于本集体经济组织的其他建设项目；本集体经济组织近期无法安排建设项目的，可以由县级人民政府土地行政主管部门拟订置换方案，报上一级土地行政主管部门批准后，依法安排其他建设项目，并对原集体经济组织给予补偿。

（二）规划用途为农用地，耕种条件未被破坏的，应当恢复耕种；不适宜耕种的，应当改为其他农用地。

第九条 市、县人民政府土地行政主管部门应当在地籍调查和土地变更登记的基础上，查清闲置土地位置、面积等情况，建立闲置土地宗地档案，绘制闲置土地分布现状图，监督跟踪其利用情况。

第十条 闲置土地依法处置后土地权属和土地用途发生变化的，应当依照有关规定办理土地变更登记，重新核发土地证书。

第十一条 本办法自发布之日起施行。

（转引自 http：//www. sdinfo. net. cn）

【范文赏析】

这是条目式结构的行政机关类办法。第一条为序言，阐明制定本办法的根据。第二、三条阐述闲置土地的概念定义、管理部门及处置方案的选择方式；第四条至第十条为闲置土地的处置办法；第十一条为附则。办法是介于条例、规定与细则之间的法规性文体，本办法是《中华人民共和国土地管理法》《中华人民共和国城市房地产管理法》等法规的具体化，由于经过充分协商和科学论证，所以写得事项具体，条款规范，语言通俗，便于施行。

病文举例

城管局机关出勤考核办法

为提高工作效率，维护职工的合法权益，调动干部职工的工作积极性，特制定本办法。

第一条 全体机关干部必须遵守机关考勤制度，上班必须签到；因故不能签到的要告知常务领导或办公室主任，由办公室主任做好记载。

第二条 无正当理由全年累计 30 次不签到，或连续 15 次不签到的，财政开支的取消奖励工资，年度考核列为不称职；其他开支的，按实际出勤兑现工资。无故少签到一次扣 5 元。

第三条　严格执行请假、销假制度。请假半天，普通职工由站股队长批准；请假一至三日，需经主管领导同意并告知常务领导或办公室主任；请假超过三日，需经局长同意。站股队长向主管领导请假，班子成员向局长请假。

第四条　领导班子成员带班。特殊岗位工作的站股长和工作人员，因工作需要双休日和节假日在岗，要有详细的考核记录，经带班领导和主管领导签字后，记在领导带班考勤登记中，由办公室主任统一汇总。

第五条　在机关设立满勤奖，年终兑现。获得满勤奖的，年终一次性奖励500元。考核由办公室每月一公布。请假不满勤的，因工作需要有双休日、节假日在岗的可以抵顶。

第六条　领导双休日带班的时间不能少于6小时。双休日、节假日因工作需要在岗的站股队长，工作量和工作时间由主管领导认定签字，并记在领导带班记录中。

第七条　因工作需要季节性工作或工作面不在局机关的，实行抽查考勤，全年抽查累计10次无故不在岗的，财政开支的取消奖励工资，其他开支的每次扣20元。抽查由办公室负责并记录在册。

第八条　考核认定在局党政班子领导下进行，办公室负责情况综合，定期通报考勤情况。

第九条　节假日、双休日在岗补助，按照国家的有关规定执行，能安排串休的串休，不能串休的给予补助。

第十条　本办法自公布之日起施行。

【病文指瑕】

办法属于行政规章，只适用于对某项行政工作作出规定，如果连一个县（区）属局的机关考勤都敢用“办法”，那岂不是用宰牛刀杀小鸡吗？就结构而言，这是序言+条目式。序言本该阐述立法的目的、依据、适用范围等，本例以“维护职工合法权益”为目的之一，似乎牵强，且无依据。前九条为分则，本应对出勤制度、请销假制度、考绩的主管、监督部门（人员）和方式要求、奖惩措施等做出具体规定，明确应该怎么做、不该怎么做，如何奖惩，要求具有规定性、具体性和兼容性。本例不仅缺项，且列述不细。表述多有失准者。仅以第三条为例，光说“严格请假、销假制度”，但读至条尾，只有请假并无销假的具体规定；再说假种，只有“半天”“一至三日”“超过三日”，不明确且不符合国家规定；准假的权限模糊不清，普通职工请假的天数、批准权限规定颇细，干部请假却只规定批准权限而无天数；“常务领导”这个概念事实上并不存在。第十条为施行日期，遗憾的是，文尾并未标明发文日期。

第四节　细　则

一、细则的含义

细则是党政机关使用的规范性文书，它是为已颁布的法令、条例、规定作出具体说明和阐释的文本，一般为贯彻执行有关条例和制度而定。

具体而言，细则是根据上级机关的有关规定和办法，结合本单位、本部门的实际情况，制定出详细的规则或作出补充性与辅助性说明的文书。细则适用于某项较大的活动或较为复杂的工作任务及职能机构的分工管理，以保证某些原则性比较强或涉及面比较广的规章的具体实施和落实。

二、细则的特点

（一）规范性

细则是对某一条例、规定或办法的补充说明或辅助性的规定，自然具有条例、规定或办法的规范性特点。

（二）补充性和辅助性

制定细则的目的是为了补充某些规定或办法的“不足”，以利于贯彻执行；因此，细则对某些规定或办法的补充要详细，即把上级有关规范具体化、细密化。

（三）针对性

制定细则要“上有所依，下有所系”。上有所依，即要根据上级机关的有关规定或办法来制定；下有所系，即联系本单位、本部门的实际，从实际出发，有的放矢地制订出具体的实施措施。

（四）具体性

细则所涉及的内容不是某些法令、条例或规定的整体，而是某些法令、条例或规定某一部分内容的具体化，是某项法令、条例或规定的派生产物，是对它们进行解释和具体化的。其侧重点在于交代工作中的具体做法、界限要求，达到明细的程度，使工作有章可循。

三、细则的类型

根据细则的针对性和作用的不同，细则可分为两类：一是阐释性细则，二是非阐释性细则。

(一) 阐释性细则

它是根据上级机关的有关规定、办法、制度或条例，结合本单位或本部门的实际情况，作出详细的补充性和辅助性说明的文书。如《中华人民共和国进口器具监督管理办法实施细则》《旅游安全管理暂行办法实施细则》《中华人民共和国营业税暂行条例实施细则》等。

(二) 非阐释性细则

它是根据上级机关的有关规定和办法等，结合本单位或本部门的实际情况，制定出详细的规则的规范性文书。如《音像制品条码实施细则》《地名管理实施细则》等。

四、细则的写作

细则一般由标题、签署和正文 3 部分组成，其结构如图 4－4 所示。

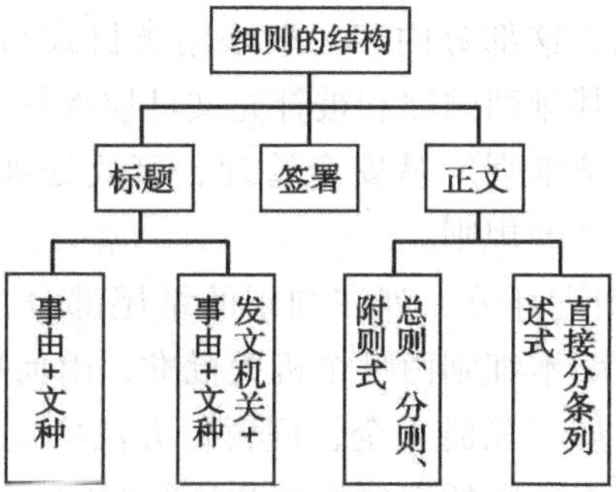

图 4－4　细则的结构

(一) 标　题

一般写成“事由＋文种”（细则），如“音像制品条码实施细则”；也可采用公文完整形式标题，即“发文机关＋事由＋文种”，如“中华人民共和国进口器具监督管理办法实施细则”。

(二) 签　署

写明发文机关与公布时间。如果属于会议批准或通过的，要用括号在标题下另加注说明“某年某月某日会议批准（通过或修订）”。

(三) 正　文

根据内容复杂程度的不同，细则正文的写法有以下 2 种。

一是总则、分则、附则式，也称章节式。分章列条撰写，如第一章为总则，中间各章为分则，各章标题由各章内容而定；最后一章为附则。每一章下面都分条，条数从第一章的第一条一直连下去，直至附则的最后一条。内容较复杂的细则常采用这种形式。如《旅游安全管理暂行办法实施细则》分总则、分则和附则3部分。总则部分共有1条；总则之后，分则部分从第二条至第十四条；最后是附则部分，下设2条，说明施行要求。

二是直接分条列述式。全文采取分条列举的形式，从第一条开始到最后一条结束。内容简单的细则常采用这种形式。如《音像制品条码实施细则》全文共11条，从第一条开始至第十一条结束。

正文一般包括以下3部分。

1. 细则根据。写明根据什么条例、规章的哪一章、哪一条而制定，这是制定本细则的法规性的依据。用总则部分或第一条说明制定该制度的依据和范围。例如，《音像制品条码实施细则》第一条明确指出："为加强对音像出版的标准化管理，规范音像制品的经营活动，实施音像制品条码制度，特制定本实施细则。"再如，《旅游安全管理暂行办法实施细则》在第一章总则中第一条指出："为贯彻落实《旅游安全管理暂行办法》，特制定本细则。"

2. 细则内容。即细则规则，是细则的主体部分，具体的规定内容、要求等都在这部分明确写出来。这部分内容一般采用条目式写法，分条叙述，详尽明确，以便管理和遵守。其排列顺序和被补充文件层次排列顺序相合。例如，《旅游安全管理暂行办法实施细则》从安全管理、事故处理、奖励与惩罚等3方面分章列条地叙述出该细则的规则。

3. 施行说明。即附则部分，列在细则的结尾部分，是对执行细则的说明。一般写在最后一条，注明本细则由哪个机关批准，由何单位公布、何单位解释，以及开始施行的时间。如《旅游安全管理暂行办法实施细则》第五章附则用第十五条与第十六条说明本细则的解释权属和施行时间。

五、细则写作注意事项

（一）内容要结合实际、详尽明了

细则正文部分写作内容应注意结合实际，不能只是部分重复被补充文件的条款或解释其字面意思，也不能对有关原文每一条款都具体化，详而又详，全面铺开，啰唆冗长，以致无法执行。

实施细则是法令、条例、规定的具体化，对法令、条例、规定中各个实施环节，哪一步应该怎么做，履行什么手续，都要详尽地说明清楚，提出具体的规则，不能含糊其辞。

（二）注意编排的层次性

细则按照章、条排列。一般第一章为总则，最后一章为附则。各条的排列从第一章第一条至最后一章的最后一条，序号顺编。如第一章最后一条是第八条，那么第二章便从第九条开始，以此类推。如果每条里有几款，那么处理的办法有两种：一是各条内的款独立编号，如第一条有 8 款，编号为 1 ~ 8；第二条里也有 8 款，则编号也是 1 ~ 8。二是不编号，把每条里的几层意思以另起段表示。对条内款是否编号的原则是：如果每条里相对独立的层次多，那么最好编号，这样表述较清晰；如果层次少，且相互之间独立性又不强，那么可不必编号。

（三）要充分吸取各方意见

起草细则要严肃、认真、细致，特别要充分发挥专家和内行的作用，不可草率从事。

细则写作范式

音像制品条码实施细则

（新闻出版署 2000 年 9 月 1 日发布，自 2001 年 1 月 1 日起实施）

第一条　为加强对音像出版的标准化管理，规范音像制品的经营活动，实施音像制品条码制度，特制定本实施细则。

第二条　音像制品条码由 13 位数字组成，共分 4 段，第一段为出版物前缀（共 3 位），第二段为出版者前缀（共 6 位），第三段为出版物序号（共 3 位），第四段为校验码（共 1 位）。

第三条　音像出版单位的出版者前缀由新闻出版署分配，并向出版单位颁发《出版者前缀证书》。

第四条　出版物序号自实行条码之日开始计算，不分年度，按出版单位的音像制品出版顺序依次累加。出版物序号使用完后，需重新申请出版者前缀。

第五条　音像制版单位申请版号时，须提交《音像制品条码（版号）使用目录》（附件一）一式两份；申请出版者前缀时须填报《申请出版者前缀数据单》（附件二）。

第六条　音像制品条码与中国标准音像制品编码（版号）是相互对应的，对于同一品种、不同载体的音像制品，将使用不同版号和条码，以保证条码的唯一性。

第七条　条码软片由新闻出版署条码中心统一制作，其他单位不得从事此项业务。条码软片制作费用按国家规定的标准，每个条码收取人民币 48 元。

第八条　各音像出版单位在接到新闻出版署分配的版号额度后，持批文和《音像制品条码申请单》(附件三)到新闻出版署条码中心申办条码。新闻出版署条码中心收到条码申请单后，应在三个工作日内完成条码软片的制作。

第九条　条码须印制在彩封、封套背面的显著位置。条码软片的尺寸为 38 mm×13 mm。印制单位应当按规定印制条码，不得随意缩小。

第十条　音像制品条码自 2001 年 1 月 1 日起正式实施。自实施之日起，所有的音像制品均须使用音像制品条码。对不按规定使用条码者将按照《音像制品管理条例》、《出版物条码管理办法》等有关规定进行处罚。

第十一条　在实施条码的过程中，有关技术问题，可向新闻出版署条码中心咨询。

本细则由新闻出版署负责解释。

（转引自 http：//www. people. com. cn）

【范文赏析】

这是分条列述式结构的非阐释性细则。第一条为制定细则的目的，简明扼要。第二条至第九条为音像制品条码实施的具体规则，项目齐全，程序明确，要求具体。最后两条为施行说明，准确到位，毫不含糊。细则所具有的补充性、辅助性、规范性和具体性等特点得到了充分的体现。

病文举例

××市城镇企业职工生育保险医疗管理和费用结算实施细则

第一条　为保障女职工在生育期内的经济补偿和医疗保健，加强生育保险基金管理，根据《××省城镇企业职工生育保险规定》《××市城镇企业职工生育保险办法》，结合我市实际，制定本实施细则。

第二条　本实施细则适用于我市行政区域内所有参加生育保险的用人单位和职工以及生育保险定点医院（以下简称定点医院）。

第三条　生育保险医疗费用结算方法

（一）生育保险医疗费结算采取限额和项目两种结算方法。计划内生育的医疗费用按限额结算；计划生育四项手术医疗费用按项目结算。未在计划生育四项手术范围内的事项，可根据实际情况进行结算。

（二）限额结算是指符合生育保险基金支付范围内的费用与限额标准比较，高于限额标准的，按限额标准支付，低于限额标准的，按实际发生的费用支付。

（三）项目结算是指生育保险经办机构与定点医院结算费用时，对符合生育保险基金支付范围内的实际医疗费用予以支付。

第四条　女职工计划内生育（包括四项手术）符合国家生育保险诊疗项目目录、生育保险药品目录……

第五条　定点医院应对符合计划生育政策计划内生育（包括四项手术）的参保职工实行登记管理……

第六条　生育保险经办机构向定点医院结算生育保险医疗费用时，按每月应付金额的90%拨付，另10%在年度结算周期期末根据对各定点医院的考核结果予以兑付。

第七条　就医及报销流程

（一）职工生育医疗费用报销及待遇支付程序：

1. 用人单位持职工身份证、《一孩生育登记单》、一寸免冠照片一张、IC卡、单位缴费收据复印件等材料到生育保险经办机构进行登记，并领取《××市城镇职工工伤、生育保险证》；

2. 生育职工凭此证等到定点医院生育，发生的费用先由本人垫付；

…………

4. 用人单位到生育保险经办机构办理《××市城镇企业职工生育保险待遇审批表》进行结算。

（二）计划生育四项手术就医核销程序：

1. 用人单位持职工身份证、单位出具的计划生育证明、一寸免冠照片一张、IC卡、单位缴费收据复印件到生育保险经办机构登记，领取并填写《市城镇职工工伤、生育保险证》；

…………

6. 生育保险经办机构应于每月18日至24日将上月应付的医疗费用支付给定点医院。

第八条　市劳动保障行政部门根据全市经济发展水平和生育医疗费用水平的变化，适时进行调整。

第九条　本实施细则自发布之日起施行。

【病文指瑕】

细则是主体法律、法规、规章的从属性公文，主要用于对主体公文所规定的原则作出补充和说明。本条例存在以下问题。

1. 题文相悖。首先是大标题与全文内容相悖。“职工生育”有计划内与计划外之别，本细则有“内”而无“外”，这种漏项为规范（章）性公文之大忌；其次是“第七条　就医及报销流程”与“（一）职工生育医疗费用报销及待遇支付程序”“（二）计划生育四项手术就医核销程序”不一致，“（一）”“（二）”均为报销程序，而非“就医”程序。那么，就医程序是什么？在哪里？题中有述，文内则无，岂不荒唐！

2．偷换概念。第七条标题用“流程”，其下“（一）”“（二）”用“程序”，明显违背了同一律。“流程”一个义项是“水流的路程”，另一个义项是“工业品生产中，从原料到制成成品各项工序安排和程序”；而“程序”则指“事情进行的先后次序”，可见改“流程”为“程序”才恰当。

3．表述失当。例如“第八条　市劳动保障行政部门根据全市经济发展水平和生育医疗费用水平的变化，适时进行调整”，调整什么？不得而知。且这个细则是以市政府名义发布的，下属部门有权调整吗？此外，该例文中的标点符号也存在使用不规范的问题。

第五章　章程制度类文书写作

第一节　章　程

一、章程的含义

章程，就是章法、标准。它是政党、企事业单位、社会团体等组织对本组织的性质、宗旨、任务、机构、组织成员及活动规则等作出明文规定的法规性事务文书。章程是政治、经济、文化组织或团体的纲领性文件，具有明确的范围和宗旨、鲜明的目的性及较强的针对性，对该组织或团体的成员有较强的约束力。

二、章程的特点

（一）纲领性

章程一经公布，便成为该组织一切活动和行为的总纲。

（二）法规性

章程具有法规性，它对该组织具有法规效力。制定章程要以政策和法律为依据，以确保其法定的权威。公司章程必须依法制定，并经政府机关批准和登记部门登记，成为具有法律效力的文书。

（三）规范性与约束力

一个政党或团体的章程，就是这个组织的根本法则，该组织的所有成员都要按照章程的条文规定来规范和约束自己的行为，章程条文具有很强的约束力。一旦违背了章程的规定，就要受到该组织的惩罚或谴责，甚至被该组织开除。企事业单位的章程，其成员也必须受其制约，严格按照章程规定的业务经营性质、业务活动和基本工作职责去办理。股份有限公司章程，特别是上市公司章程，除具备上述特点外，还具有准则性、公开性与合约性等特点。准则性是指公司章程从根本上确定了公司的组织原则、业务范围、活动方式和发展方向等，使之成为公司的行为准则，公司及其成员必须服从章程；公开性是指章程中记载的内容全部是公开的；合约性是指章程是由发起人共同讨论，一致同意签字而制订出来的。

（四）稳定性

章程所涉及的内容是长期的、经常性的工作任务，在其所适用的范围内具有权威的规定性，一旦通过，写明通过日期即可生效。所以，章程制定出来之后，经组织或团体的最高权力机关通过，就具有相当的稳定性，不可随便更改。当然，章程也并非一成不变，所以要注明生效日期，以及有关修改和解释等事宜。

（五）特定性

章程一般只用于具体的政党机关、企事业单位或社会团体等组织和单位，很少有同类机关通用的章程。

三、章程的类型

章程按照使用范围可以分为两大类：一是党政团体章程，二是企事业单位章程。

（一）党政团体章程

它是政党或社会团体用以规定组织的性质、任务和宗旨等，让本组织的成员共同遵守，以保证其纯洁性和战斗力的法规性文件。如《中国共产党章程》《中国科技协会章程》。

（二）企事业单位章程

它是企事业单位用以规定其业务性质、活动范围和行为规范，以保证企事业单位繁荣昌盛的法规性文件。特别是公司章程，从内容上看，它是明确公司组织和经营活动基本规则的文件；从法律意义上看，它是当事人之间约定各自法律行为的契约性文书。公司章程确认和保护股东的权益，确定公司的组织机构和议事规则，规定公司人员的职责，约束和规范公司对外对内的各种重要活动，还规定公司利润分配、股份转让、解散和清算等重大事宜的处理办法。如《中国人民保险公司章程》《广州白云山制药股份有限公司章程》。

公司章程一般包括下述基本内容：公司宗旨；公司名称和住所；公司性质，即所有制形式；注册资本金及来源；经营范围与经营方式；组织机构及职权；法定代表人的产生的程序和职权范围；利润分配形式和劳动报酬的分配办法；章程的修改程序及终止程序；其他事项。

按照公司的性质不同，公司章程又可分为有限责任公司章程、股份有限公司章程、中外合资公司章程和企业集团章程等。

四、章程的写作

章程一般由标题、签署和正文3部分组成，其结构如图5－1所示。

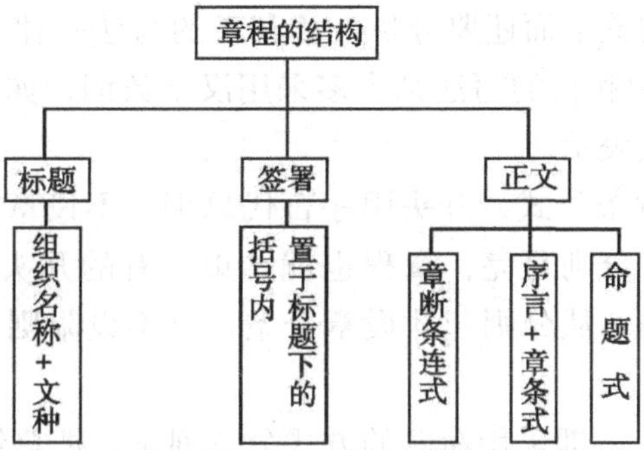

图5－1　章程的结构

（一）标　题

由“组织名称＋文种”组成。如“中国国际公共关系协会章程”和“广州白云山制药股份有限公司章程”等。

公司章程根据中国证券监督管理委员会1997年12月16日发布的《上市公司章程指引》撰写。完整的上市公司章程应包括封面（写明“公司名称”和“章程”字样及通过时间）、目录（登载按照顺序排列的每一章节的标题及相对应的页数，须排印在显著的位置）。

（二）签　署

章程通过的会议名称和日期，一般不放在文尾，而是置于标题下的括号内。这一方面说明该章程的生效时间，另一方面说明其制定或修改的历史发展阶段。任何章程都只能在有关组织的代表大会上正式产生。因此，要在标题之下以括号的形式注明什么时间、什么会议通过。通过的日期也即发文日期。如：

中国科学院院士章程

（2000年第十次院士大会修订通过）

又如：

北京××电机工程咨询有限公司章程

（2001年7月18日通过）

公司章程也可将其通过时间标注在封面上。

（三）正　文

章程的正文有3种格式。

一是“章断条连”式。设总则（或总纲）、分则和附则，分章连条撰写。如第一章为总则（或总纲），中间各章为分则，分则设多少章依内容而定，各章标题也由各章内容而定，最后一章为附则。每一章下面都分条，条数从第一章的第一条一直排下去，直到附则的最后一条。条下面还可以分款，但各条的款数独立编次。有的款下面还要分目。章和条的写法一律采用序数词，如“第一章”“第三条”。款和目的写法则大多采用汉字数词，如“一”“（一）”等。有时分目以分行形式表示。

二是“序言+章条”式，开头用序言代总纲，不设章分条；分则要分章连条撰写；不设附则，分则写完，章程也就结束。有的开头设“总纲”，但不列为第一章，也不分条；从分则起才设章分条，且不设附则。分则结束了，整个章程便结束了。

三是“命题”式，即采用命题的方式分章列条，把总纲（总则）包括到章节里。每章节都围绕该章节的命题行文。如《中国科学院院士章程》在第一章“院士”中分4条阐述院士的名称及其义务与权利，其中心就是命题的“院士”两字。

正文的写作一般由总则、分则和附则3部分组成。

1. 总则。总则又称序言、总纲，是章程的开头部分。总则部分规定该组织的宗旨、任务、性质和活动准则等，总则下按条排列，依次说明其主要内容。如《中国国际公共关系协会章程》总则部分分为4条，分别说明其名称、性质、宗旨、主管机构及办公地点等。公司章程的总则部分主要说明公司的名称、住所和注册资本等内容。

总之，总则是章程的统帅与灵魂。撰写总则，第一要开宗明义，首条首句就须切入主题，触及规范；第二要高度概括、明确直言，郑重声明组织的性质、宗旨和任务；第三用字要精炼准确，风格要质朴严肃。

2. 分则。分则又称细则，是章程的主体部分和原则规定，也是总则的具体化。其内容包括成员条件、权利义务、组织机构、活动规则、组织纪律等。如《中国国际公共关系协会章程》在总则之后，分7章说明该协会的业务范围、会员、组织机构和负责人的产生与罢免、资产管理与使用原则等，并对章程的修改程序、终止程序及终止后的财产处理等作出了明确的规定。

公司章程在分则部分详细规定公司的宗旨和经营范围，主要包括：公司设立方式、公司股份总数、每股金额；发起人姓名或名称；认购的股份数；股东的权利与义务；董事会的组成、职权、任期和议事规则；公司法定代表人；监事会组成、职权和议事规则；公司利润分配办法；公司解散事由与清算办法；

公司通知与公告办法；股东大会认为需要规定的其他事项。如《北京××电机工程咨询有限公司章程》从第二章至第十一章为分则部分，分别从公司经营范围，注册资本，股东姓名、出资方式、出资额，股东的权利与义务，股东转让出资的条件，公司的机构及其产生办法、职权、议事规则，财务、会计、利润分配及劳动用工制度，公司的解散事由与清算办法及股东认为需要规定的其他事项等方面，依次作出了详细的规定。

总之，撰写分则，第一要全盘考虑，合理分章；内容要全面周密，不能有所疏漏，各章要相互独立而不能混杂交叉。第二，章条款目应按照“先主后次，先上后下，先内后外”的原则安排；规定事项必须联系紧密，层次分明。第三，分则规定必须明确具体，并与总则精神相一致。

3. 附则。附则又称附文，是对正文的补充和说明。它是章程的最后一章，一般对未尽事宜进行说明，如说明生效日期、实施要求、修订权、解释权等。有的章程正文内容已说清楚，也可以不设附则。

另外，章程在使用过程中，在该组织的代表大会上可以进行修订，产生修正案，附在正式章程后，标题表述为“××章程部分条文修正案”。并在标题下用括号注明修正案通过的时间。修正案发布后，要按照修正案执行。

五、章程写作注意事项

（一）章程的制度要以国家的法律法规为依据

章程是法规性文件，是一个组织的行动准则，所以章法序列逻辑要严密，内容与格式必须符合国家的有关法律和行政规章。公司章程特别是上市公司章程，是保证公司正常经营和保护广大投资者利益的基础性文书，它所规范的内容不能违背国家法律和行政规章。如中国证监会在1997年12月16日颁布的《上市公司章程指引》中对上市公司章程的内容与格式作出了明确的规定，明确指出，自颁布《上市公司章程指引》之日起，拟上市公司必须按照《上市公司章程指引》的内容与格式编制本公司章程，否则不予审批上市交易。在颁布之前已上市的公司，要对照《上市公司章程指引》对原章程进行修订。

（二）章程的表述应简练扼要并切实可行

章程的规定要简明扼要，切实可行。第一，在文字表述上要准确严密。第二，条款表述要周密、系统、清晰、具体。因为章程是要求大家理解并遵照执行的，是一个组织的纲领性文件，因此在表述上要简明、具体、明确，不使读者产生歧义，特别是对一些不易理解或易产生混淆的词或句子要作出相应的解释。第三，章程是以书面语言的形式将一个组织的宗旨、目标和性质规定下来，作为该组织的行动准则，同时要对该组织成员应享受的权利和承担的义务提出要求，所以内容表述要中肯，并切实可行。

（三）力求“四性”相结合

章程写作过程中必须注意综合性、系统性、持续性和相对稳定性相结合，考虑周全，不可朝令夕改。由于章程是一个组织或团体共同遵守的纲领性文件，是该组织或团体的言行准则，它是根据有关方针、政策制订的，由有关会议通过、有关机关颁发并在一定范围内要求人们必须共同遵守的具有法规约束性的文件，所以必须考虑全面，在撰写之前要多方征求意见、反复斟酌，再通过该组织最高权威机构讨论通过、颁布实行，并在一定时间内具有相对稳定性。

章程写作范式

中国国际公共关系协会章程

（1999年3月17日第二届理事会第二次常务理事会议修订）

第一章　总　则

第一条　本会名称为中国国际公共关系协会（China International Public Relations Association，缩写为CIPRA）。

第二条　本会是全国性、非营利性、致力于国际公共关系交流的专业组织。

第三条　本会宗旨：遵守中华人民共和国宪法，遵守国家法律、法规和政策，遵守社会道德风尚；推进中国公共关系事业在海内外的发展，联络海内外公共关系组织、有关机构和人士，增进相互了解，发展友好合作；为建设有中国特色的社会主义、维护世界和平与促进世界发展作出贡献。

第四条　本会接受业务主管单位外交部和民政部的业务指导和监督管理。

第五条　本会办公地：中国北京。

第二章　业务范围

第六条　本会业务范围：

（一）促进中国各级公共关系组织同海内外相关组织之间的相互了解、交流与合作；

（二）开展高层次、多渠道、多形式的公共关系活动，发展国际交流与合作；

（三）建立公共关系信息网络，为海内外公共关系组织、企事业单位及个人提供咨询服务；

（四）组织海内外的公共关系学术交流，进行公共关系理论研究，培训国际公共关系人才；

（五）出版公共关系书籍、报刊，与海内外进行资料交流；

（六）根据情况和需要，在国内外设立办事机构或实体机构，为中国公共关系事业的发展提供服务。

第三章　会　员

第七条　本会会员分为单位会员和个人会员。

第八条　申请加入本会，必须具备下列条件：

（一）拥护本会的章程；

（二）有加入本会的意愿；

（三）热心支持本会活动；

（四）个人会员具有大专以上文化水平。

第九条　会员入会程序：

（一）提出入会申请；

（二）经理事会讨论通过，秘书长批准；

（三）本会秘书处核发会员证；

（四）本会会员部负责办理入会手续。

第十条　会员享有下列权利：

（一）本会的选举权、被选举权和表决权；

（二）参加本会的活动；

（三）本会服务的优先权；

（四）本会有偿服务的优惠待遇；

（五）对本会工作的批评建议权和监督权；

（六）入会自愿、退会自由。

第十一条　会员履行下列义务：

（一）遵守本会章程，执行本会决议；

（二）维护本会合法权益；

（三）完成本会交办的工作；

（四）按规定交纳会费；

（五）向本会反映情况，提供有关资料。

第十二条　会员退会应书面通知本会，并交回会员证。会员如果一年不交纳会费或不参加本会活动，则被视为自动退会。

第十三条　本会会员应遵守本会章程和公共关系职业道德准则，不得从事有损于本会声誉的活动，若有违反，经理事会或常务理事会表决通过，取消其会员资格。

第四章　组织机构和负责人的产生、罢免

第十四条　本会最高权力机构是会员代表大会，会员代表大会的职权是：

（一）制定和修改章程；
（二）选举和罢免理事；
（三）审议理事会的工作报告和财务报告；
（四）决定终止事宜；
（五）决定其他重大事宜。

第十五条　会员代表大会须有三分之二以上的会员代表出席方能召开，其决议须经到会会员代表半数以上表决通过方能生效。

第十六条　会员代表大会每五年一届。因特殊情况需提前或延期换届的，须由理事会表决通过，报业务主管单位审查并经社团登记管理机关批准同意；但延期换届最长不超过一年。

第十七条　理事会是会员代表大会的执行机构，在闭会期间领导本会开展日常工作，对会员代表大会负责。

第十八条　理事会的职权是：
（一）执行会员代表大会的决议；
（二）选举和罢免会长、副会长、秘书长；
（三）筹备召开会员代表大会；
（四）向会员代表大会报告工作和财务状况；
（五）决定会员的吸收或资格取消；
（六）决定设立办事机构、分支机构、代表机构和实体机构；
（七）决定副秘书长、各机构主要负责人的任免；
（八）领导本会各机构开展工作；
（九）制定内部管理制度；
（十）决定其他重大事项。

第十九条　理事会须有三分之二以上理事出席方能召开，其决议须经到会理事三分之二以上表决通过方能生效。

第二十条　理事会每年至少召开一次会议，情况特殊的，也可采取通讯形式召开。

第二十一条　本会设立常务理事会（人数不超过理事人数的三分之一）。常务理事会由理事会选举产生，在理事会闭会期间行使第十八条第（一）（二）（三）（五）（六）（七）（八）（九）项的职权，对理事会负责。

第二十二条　常务理事会须有三分之二以上常务理事出席方能召开，其决议须经到会常务理事三分之二以上表决通过方能生效。

第二十三条　常务理事会至少半年召开一次会议，情况特殊的，也可采用通讯形式召开。

第二十四条　本会的会长、副会长、秘书长必须具备下列条件：

（一）坚持党的路线、方针、政策，政治素质好；

（二）在本会业务领域内有较大影响；

（三）会长、副会长、秘书长最高任职年龄不超过70周岁，秘书长为专职；

（四）身体健康，能坚持正常工作；

（五）未受过剥夺政治权利的刑事处罚；

（六）具有完全民事行为能力。

第二十五条　本会会长、副会长、秘书长如超过最高任职年龄的，须经理事会表决通过，报业务主管单位审查并经社团登记管理机关批准同意后，方可继续任职。

第二十六条　本会会长、副会长、秘书长任期五年，最长不超过两届。因特殊情况需延长任期的，须经会员代表大会三分之二以上会员代表表决通过，报业务主管单位审查并经社团登记管理机关批准同意后，方可继续任职。

第二十七条　本会常务副会长担任法定代表人。本会法定代表人不兼任其他团体的法定代表人。

第二十八条　本会会长行使下列职权：

（一）召集和主持理事会（或常务理事会）；

（二）检查会员代表大会、理事会（或常务理事会）决议的落实情况；

（三）代表本会签署、落实有关重要文件。

第二十九条　本会秘书长行使下列职权：

（一）主持秘书处开展日常工作，组织实施年度工作计划；

（二）协调各分支机构、代表机构、实体机构开展工作；

（三）提名副秘书长以及各办事机构、分支机构、代表机构和实体机构的主要负责人，交理事会或常务理事会决定；

（四）决定办事机构、代表机构、实体机构专职工作人员的聘用；

（五）处理其他日常事务。

第五章　资产管理及使用原则

第三十条　本会经费来源：

（一）会费；

（二）捐赠；

（三）政府资助；

（四）在核准的业务范围内开展活动或服务的收入；

（五）利息；

（六）其他合法收入。

第三十一条　本会按照国家有关规定收取会员会费。

第三十二条　本会经费用于本章程规定的业务范围和事业的发展，不得在会员中分配。

第三十三条　本会建立严格的财务管理制度，保证会计资料合法、真实、准确、完整。

第三十四条　本会配备具有专业资格的会计人员。会计不得兼任出纳。会计人员必须进行会计核算，实行会计监督。会计人员调动工作或离职时，必须与接管人员办清交接手续。

第三十五条　本会的资产管理必须执行国家规定的财务管理制度，接受会员代表大会和财政部门的监督。资产来源属于国家拨款或者社会捐赠、资助的，必须接受审计机关的监督，并将有关情况以适当方式向社会公布。

第三十六条　本会换届或更换法定代表人之前，必须接受社团登记管理机关和业务主管单位组织的财务审计。

第三十七条　本会的资产，任何单位、个人不得侵占、私分和挪用。

第三十八条　本会专职工作人员的工资和保险、福利待遇参照国家对事业单位的有关规定执行。

第六章　章程的修改程序

第三十九条　对本会章程的修改，须经理事会表决通过后，提请会员代表大会审议。

第四十条　本会修改的章程，须在会员代表大会通过后15日内，经业务主管单位审查同意，并报社团登记管理机关核准后生效。

第七章　终止程序及终止后的财产处理

第四十一条　本会完成宗旨或自行解散或由于分立、合并等原因需要注销的，由理事会或常务理事会提出终止动议。

第四十二条　本会终止动议须经会员代表大会表决通过，并报业务主管单位审查同意。

第四十三条　本会终止前，须在业务主管单位及有关机关指导下成立清算组织，清理债权债务，处理善后事宜。清算期间，不开展清算以外的活动。

第四十四条　本会经社团登记管理机关办理注销登记手续后即为终止。

第四十五条　本会终止后的剩余财产，在业务主管单位和社团登记管理机关的监督下，按照国家有关规定，用于发展与本会宗旨相关的事业。

第八章　附　则

第四十六条　本章程1997年6月10日经会员代表大会表决通过，1999年3月17日经第二届理事会第二次常务理事会议修订。

第四十七条　本章程的解释权属本会的理事会。

第四十八条　本章程自社团登记管理机关核准之日起生效。

（转引自 http：//www. chinapr. com. cn）

【范文赏析】

这是章断条连式结构的党政团体类章程。第一章为总则，用 5 条规定该协会的名称、性质、宗旨、主管机构及办公地点等。鉴于是国际公共关系协会，故用中英文对照，且有英文缩写。第二章至第七章为分则。第八章为附则，分 3 条作施行说明。通篇依据合法，制度可行，操作简单，表述简洁，既实现了综合性、系统性、持续性和稳定性的有机结合，也体现了“只宜我家，不宜他用”的特定性。

病文举例

渤海渔业公司工会章程

一、工会会员权利：

（1）选举权、被选举权和表决权；（2）对工会工作进行监督；（3）在合法权益受到侵犯时，要求工会给予保护；（4）享受工会举办的文化、教育、体育等优惠待遇，享受工会给予的各种奖励；（5）在工会会议上，参加关于工会工作和职工关心问题的讨论。

二、会员应当履行义务：

（1）学习科学、技术，学习工会基本知识；（2）积极参加民主管理，努力完成工作任务；（3）遵守宪法和法律、职业道德，遵守劳动纪律；（4）正确处理国家、集体和个人三者利益关系；（5）维护内部的团结，搞好互助互济；（6）遵守工会章程，执行工会决议，参加工会活动，按月交纳会费（10 元/月）。

三、工会基金使用办法：

①员工互助慰问（意外事件）；

②一线员工慰问（季节性）；

③工会组织集体活动（因地制宜定期开展活动）；

④工会委员会日常行政费用支出；

四、工会经费使用之前应经过工会委员会充分讨论通过（活动时间/活动费用预算金额），工会基金使用状况由工会委员会每月公布一次。

五、本着公开、平等、自愿原则，如有员工参加工会成为会员，请签名确认。（略）

【病文指瑕】

这是一份公司工会章程，不谙章法。举凡章程，均应用总则或前言阐述组织的名称、宗旨、性质和任务等项。此例开篇就是“会员权利”“会员应当履行义务”。公司类章程的分则应该对组织的业务范围、会员、组织机构和负责人的产生与罢免、资产管理与使用原则等作出明确规定。此例全文共5条，其中一、二条为“会员”的子项，尚缺“会员的条件”“申请入会（退会）的程序”；三、四条虽然有资产（金）的管理使用原则，但过于抽象，难以操作。“组织机构和负责人的产生与罢免”只字未提，由于缺乏规范性和法规性，因此没有约束力和稳定性。

第二节 制 度

一、制度的含义

制度是国家机关、企事业单位或社会团体为加强对某项工作的管理而制定的要求有关人员共同遵守的行为准则。美国管理学家拜斯、诺思、威廉姆森等所著的《制度、契约与组织》（经济出版社，2003年版，第15页）中说：“制度是人类设计的一种强制，用以把人与人之间的相互作用系统化。它是由正式强制、非正式强制以及它们的实施特征构成的。”制度是党政机关常用的规范性文体之一，它要求有关人员遵守和执行机关对某项工作和某方面的活动提出规定的要求。它应用广泛，各方面的工作都可以有其制度，如办公制度、财务制度、文书工作制度等。

二、制度的特点

（一）规定性

制度按照所涉及事物的性质和范围，限定人们可以做什么、不可以做什么，可以怎么做、不可以怎么做，用以规范人们的行为。制度除了按照一定的途径发布外，还可以在某些场所张贴，以利于共同遵守，并保证该工作或事项的正常、有序进行。制度一经订立，公之于众，人们就应该按章办事。

（二）程序性

制度要求人们做某种事情时，必须按照一定的规则、程序和方法进行。

三、制度的类型

在现代管理过程中，制度是实现程序规范化、职责制度化、管理科学化的重要保证。根据不同的标准，制度可以作多种分类，如图 5－2 所示。

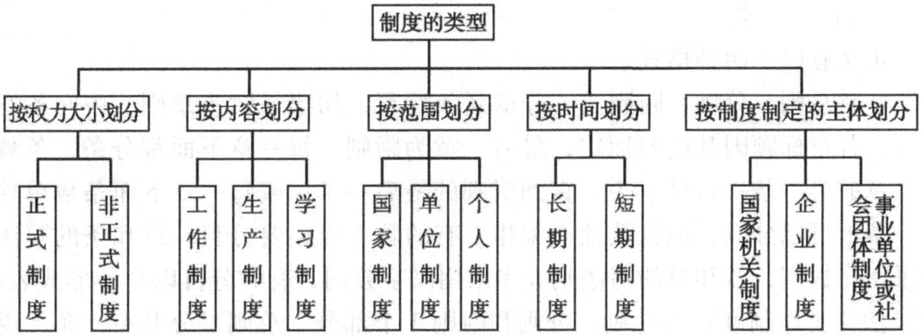

图 5－2　制度的分类

按照权力大小划分，制度可分为正式制度和非正式制度。一般说来，政府颁发的制度是正式制度，非政府组织（如车间、班组）颁发的制度是非正式制度。

按照内容划分，有工作制度、生产制度和学习制度等。

按照范围划分，有国家制度、单位制度和个人制度等。

按照时间划分，有长期制度和短期制度等。

按照制度制定的主体划分，有国家机关制度、企业制度、事业单位或社会团体制度等。其中企业制度是各种类型的企业根据国家有关政策、法规和职工群众的利益制定的，要求有关人员共同遵守，并按照一定程序办理的规程。企业制度又可有多种分类，一般按照部门的职能划分，主要有企业财务制度、企业人事制度、企业质量管理制度等。

四、制度的写作

制度一般由标题、正文和签署 3 部分组成，其结构如图 5－3 所示。

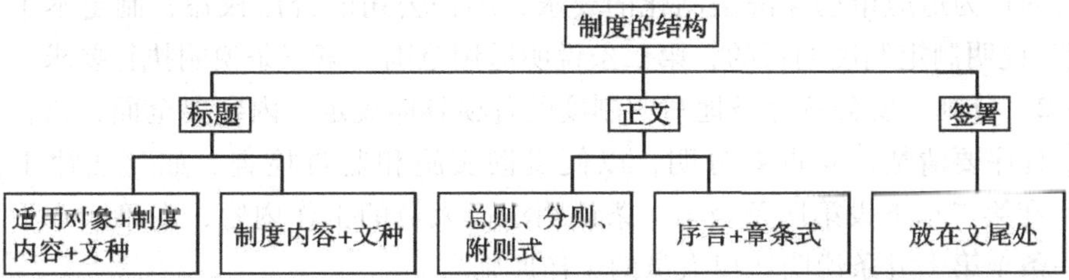

图 5－3　制度的结构

（一）标　题

一般由“适用对象＋制度内容＋文种”组成，如“××学院财产管理制度”“××公司安全管理制度”“××公司环境保护制度”等。如不需标明适用对象，则可以简化为“制度内容＋文种”，如“岗位责任制度”“交接班制度”“警卫制度”“用水制度”等。

（二）正　文

正文有以下两种格式。

一是总则、分则、附则式。分章列条撰写，如第一章为总则，中间各章为分则，各章标题因其内容而定；最后一章为附则。每一章下面都分条，条数从第一章的第一条一直排下去，直到附则的最后一条；或每一章下面条数单独分列。条下可以分款，但款数独立编排。有的款下面还要分目。章和条的写法一律采用序数词，款和目的写法则大多采用汉字数词，有时分目以分行形式表示。如《法律工作制度》分总则、分则和附则3个部分。总则部分共有3条，说明制定该制度的目的、适用范围和执行要求。总则之后，分则部分从工作内容到工作原则作出了明确而具体的规定，最后是附则部分，说明施行要求。

二是“序言＋章条”式。开头用序言代总纲，不设章分条；分则要分章连条撰写；不设附则，分则写完，章程也就结束。有的开头设“总纲”，但不列为第一章，也不分条；从分则起才设章分条，且不设附则。分则结束了，整个制度便结束了。如《大学校办企业监事会制度》开头部分“根据现代企业制度和我校实际情况制定本制度。……”说明制定该制度的根据、目的和适用范围。接下来从第一条至第六条分别详细说明监事会的职责、成员组成、工作制度、资格条件、回避制度和法律责任。第六条内容阐述完毕，制度写作也就结束了。

（三）签　署

写明制发机关和日期，一律放在文尾处。

制度正文的写作应注意把握以下几点。

1. 总则（或序言）。一般应说明制定制度的目的。常用“为了……，特制定本制度”的句式表达，有的还需要说明适用范围、执行要求等。如《法律工作制度》（见例文）总则下第一条指出：“为依法规范企业的经营管理活动，使公司的行为适应市场经济法制化的要求，维护公司的合法权益，制定本工作制度。”说明制定制度的目的，第二条说明适用范围，第三条说明执行要求。

2. 分则。要分章分条地写明制度的各项具体规定。内容要全面，语言要简洁，程序要清楚，职责要分明，以便贯彻实施和监督检查。如《法律工作制度》在第二章下设第四条至第十条说明法律人员的工作内容，在第三章下设第十一条至第十五条说明法律人员的工作原则。

3. 附则。写明施行要求和生效日期。

五、制度写作注意事项

（一）文字要明白易懂

写作制度的文字必须明白易懂，切忌重复和写无用的话，切忌晦涩、粉饰和拖沓的文风。在表述清楚的前提下，尽量做到简明扼要，所有规定的内容都直接提出，不摆事实，不讲道理，更不拐弯抹角，做到文字明白晓畅。

（二）内容要明确具体

制度的内容必须明确具体，具有可操作性。制度在内容上具有规定性，即应该一一规定应该做什么、怎样做、不能做什么、违反了如何处理等。若制度内容不具体，则会使其成为一纸空文。

（三）表述要准确精当

制度的表述必须准确，不能有歧义，不能模糊笼统。制度最大的特点是它的规定性，所有规定的事项都要不折不扣地施行，因此制度用语必须准确严密，无歧义和漏洞。

制度写作范式

法律工作制度

第一章　总　则

第一条　为依法规范企业的经营管理活动，使公司的行为适应市场经济法制化的要求，维护公司的合法权益，制定本工作制度。

第二条　公司设立专职法律人员，在公司法定代表人的授权下负责整个公司及下属企业的法律工作，指导、监督公司各部门和下属企业的涉及法律的业务工作。

第三条　法律人员在公司对外有关合资合作公司的企业章程的规定范围内指导、监督相关合资合作公司中涉及法律的工作。

第二章　工作内容

第四条　法律顾问根据公司法定代表人的指示和实际工作的需要参与制定与法律有关的规章制度，并监督执行。

第五条　代理公司参与公司与其他单位或个人的纠纷的诉讼、调解和仲裁等活动。

第六条　负责公司的合同管理工作。

第七条　参与公司的重要经营活动：

（一）根据指示或需要，直接参与重大项目的谈判；

（二）草拟、审查、修改公司有关法律事务文书；

（三）根据公司的发展情况，参与公司的有关收购、参股、兼并等资产运作活动。

第八条　参与处理公司与工商、物价、税务等政府部门的其他有关涉及法律的事务。

第九条　在公司内部开展法律培训工作，增强公司干部员工的法制观念，提升公司整体的法律素质。

第十条　协助有关部门处理公司内部各种违法乱纪案件。

第三章　工作原则

第十一条　预防为主的原则。防患于未然，防止违法事件的发生，发现问题则及时处理，尽量减少争议和纠纷。

第十二条　指导为主的原则。除需直接自行办理的工作外，对其他部门的工作以提供法律意见为主，不代办包办。

第十三条　法制原则。严格按照国家有关法律、法规和规章制度办事，维护公司的合法权益。

第十四条　保守秘密原则。对工作中涉及的公司机密严格保密。

第十五条　合法性与灵活性相结合原则。在合法基础上，针对公司工作中的具体情况，采取灵活的措施。

第四章　附　则

第十六条　本制度效力范围包括公司本部、下属企业和相关合资合作公司。

（转引自 http：//www. jsrsrc. com）

【范文赏析】

这是章节式结构的工作制度，全文共 4 章 16 条。第一章总则用 3 条说明本制度的制定依据、适用范围和执行要求。第二、三章为分则，用 12 条分述法律人员的“工作内容”“工作原则”。第四章为附则，说明本制度的效力范围。从内容看，项目全，任务明，责任清；从文字看，通俗洗练，只说做什么、怎么做，不说为什么，颇得制度写作之要。表述准确严谨，绝无模棱两可、一义两出。充分体现出制度自身所具有的“人类设计的一种强制”“是由正式强制、非正式强制以及它们的实施特征构成的”这一特点。

病文举例

局机关考勤制度

为了加强机关作风建设，确保各项工作任务的顺利完成，除认真执行《国家公务员暂行条例》外，特制定如下考勤制度。

一、作息制度

1. 机关干部、职工统一按省政府规定的作息时间按时上下班，不准迟到早退。

2. 上班时间不准闲扯聊天，不准擅离办公室和中途外出办私事。

3. 上班不准干与本职无关的事。上班时间要尽职尽责集中精力做好本职工作，不准喧哗吵闹，不准搞个人娱乐活动。鼓励大家学政治、学时事政策、学科技业务和法律金融知识，不断提高自身政治业务素质。

4. 严格请假制度。如遇特殊情况不能按时上下班或中途外出办事的，必须提前向处室主管领导请假，不允许先斩后奏。

5. 严格实行督查制度。局直机关党委将实行定期或不定期的督查。一般采取上班后15分钟或中途对在岗情况进行抽查。凡未预先请假和报告离岗的，均以违规论处。

二、奖惩措施

1. 考勤奖金基数按每人每年1200元核定。凡出满勤，办事高效、高水准，无违规扣罚者，每人每月奖100元，按季兑现。

2. 出勤率与考勤奖挂钩。除法定假外，每缺勤一天扣考勤奖10元，直至该季考勤奖扣完为止。

3. 未经请假报告，凡迟到早退和上班中途私自外出的，每季累计10次以上的，扣发当季全部考勤奖金。

4. 无故旷工5天以上者，扣发全年考勤奖；无故旷工4天以下者，每旷工1天扣发20%的年考勤奖金，已发放的从工资中扣回。

5. 上班时间干私活、超过工间操（上午、下午各15分钟）进行打牌、下棋、打球等个人娱乐活动的，初次提出批评教育；累计5次以上者，扣发当季考勤奖。

6. 上班时间串岗、闲扯、喧哗打闹，影响他人工作的，给予通报批评；屡教不改的，扣发当季考勤奖。

7. 干部职工年累计扣发全年考勤奖25%以上（含25%）者，不能评为优秀公务员和优秀职工。

二○○八年九月四日

【病文指瑕】

这是一份机关考勤制度，主要存在以下问题：

1. 标题漏项。制度标题一般为“适用对象＋制度内容＋文种”式，本例适用对象仅一个“局”字，难知什么局。当然也有“制度内容＋文种”式，但文尾必须标明制定机关或加盖印章。

2. 项目不全。考勤制度一般应含“作息”“考勤方法”“监督机制”“奖惩”“施行说明”等项。本例也有“作息制度”“奖惩措施”两项，但未规定考勤方法、责任，也无监督机制。

3. 逻辑不清。“一”之“2”中有“不准闲扯聊天”，“一”之“3”中有“不准喧哗吵闹，不准搞个人娱乐活动”，属于概念交叉；“一”之“2”中有“不准擅离办公室和中途外出办私事”，“一”之“3”中有“上班不准干与本职无关的事”，属于前后重复，且“上班时间串岗、闲扯、喧哗打闹”难以界定确认。可见，禁戒的事项罗列得越具体，漏掉相关细节内容的可能性就越大。其他如考勤实行资金奖惩依据是否充分，用“闲扯”之类的口语表述制度是否有失庄重，均值得商榷。

第三节　规　则

一、规则的含义

规则是国家机关、企事业单位或社会团体等为了维护劳动纪律和公共利益，保证学习、生产和生活等活动正常而有序地进行所制定的行为准则。

规则是“规定”和“准则”相结合的规章，往往是针对某项具体工作或活动事项的，仅在一定的范围（如食堂、图书馆、档案室、微机室、考场等）和一定的时间（如就餐、借阅图书档案资料、打字、参加考试等）具有规范性和约束力。其管理、制约的对象和范围都比较集中、单一，应用的“局部性”十分突出。

二、规则的特点

（一）局部性

规则所规定的范围比其他规范性公文要窄，适用于对局部范围的人员或活动作具体的要求和规定。

（二）针对性

有一部分规则为内部行文，仅在一定范围内甚至一定时间内起作用。

（三）单一性

规则的内容比起其他任何规范性公文要简单，规定的对象比较集中、单一，只是局部范围内的特定对象，无须超越此范围，无须涉及其他。

（四）具体性

规则所规定的内容是具体的，而且事务性的居多，是规格化、程序化、定型化的。

三、规则的类型

采用不同的标准，规则可以划分为不同的类型。

从制定单位上划分，可分为以下几种：国务院制定的；各部委制定，由国务院批准的；地方制定的和企事业单位制定的。

从内容性质上分，可分为用于管理行政事务的和用于管理业务事务的两种。用于管理行政事务的规则如《交通规则》《城市公共交通车船乘坐规则》等，用于管理业务事务的规则如《比赛规则》《档案室规则》《中国足球彩票进球游戏规则》等。

四、规则的写作

规则一般由标题、签署和正文3部分组成，如图5－4所示。

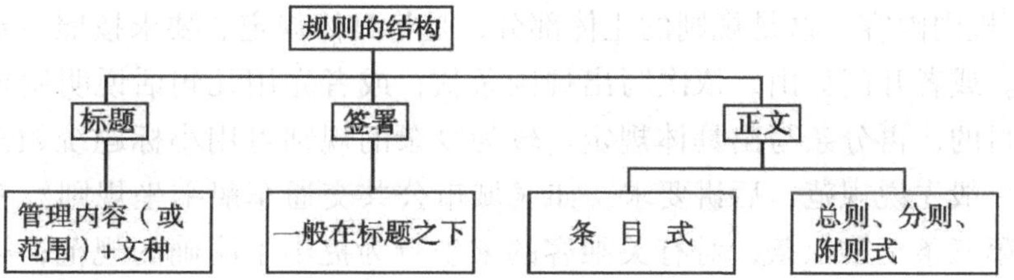

图5－4　规则的结构

（一）标　题

由“管理内容（或范围）＋文种”组成，如“交通规则”“比赛规则”“档案室规则”“城市公共交通车船乘坐规则”等。

（二）签　署

即公布单位和日期。一般在标题之下，注明何时何单位公布，有的还注明由何单位批准，并用括号括上。有的公布单位和日期，放在文末。

（三）正　文

规则的正文部分有2种格式。

一是条目式。正文部分内容从头至尾用“条”贯通到底。如《城市公共交通车船乘坐规则》正文部分由15条内容组成，从第一条至第十五条，从头至尾用“条”贯通到底。

二是总则、分则、附则式。这种行文要求与办法类似。总则部分也相当于序言部分，要说明制定规则的依据、目的、意义、范围与作用等。分则部分写明具体的规定条款内容。一般分条列目行文。而附则一般要写明规则的实施意见，包括解释权、说明权和实行日期等。如《中国足球彩票进球游戏规则》总则部分即序言部分用4条内容分别说明制定本规则的依据、范围与作用等；分则部分包括游戏方法、投注、中奖与兑奖3项彩票进球游戏活动方面的规定；附则部分用4条内容分别说明本规则的说明权、解释权、实行日期等。

规则的正文由序言、办法内容和施行说明组成。

1. 序言。这是规则正文的开头部分，说明制定本规则的目的、依据、要求，交代本规则适用的范围。有的作为总则的第一条，有的以序言形式出现，条目式格式中则写成首条。如《城市公共交通车船乘坐规则》第一条明确指出：“为加强城市公共交通管理，保障城市交通安全和畅通，维护公共交通车、船乘坐秩序，根据国家有关法律法规，制定本规则。”明确提出制定本规则的目的和依据。第二条明确指出本规则的适用范围。即“凡乘坐城市公共交通车、船的乘客，必须遵守本规则。”又如《中国足球彩票进球游戏规则》第一条指出：“本规则依据《中国足球彩票发行与销售管理办法》（以下简称《管理办法》）制定。”说明制定本规则的依据。

2. 规则内容。这是规则的主体部分，是将具体规定、要求按照一定顺序逐条列出。或者开门见山，依次写出规则条款；或者先用几句话说明制定规则的因由、目的，再分条写出具体规定。较为复杂的规则可用小标题统领条款。条文内容一般先说规范，后讲要求。如《城市公共交通车船乘坐规则》在序言之后，从第三条至第八条，对有关乘客的乘坐行为提出了明确的规范；第九条至第十三条对违反规则规定的情况进行了说明，提出了要求。一般而言，这部分内容应该按照“先主要后次要，先规范后要求”的原则，将每条每款撰写清楚。分条列款要严密细致，规范要求应明确具体，对违反规则规定的情况应有所预见，并作出相应的规定。

3. 施行说明。这是规则的结尾部分，要写明实施日期、解释权属和有关实施的说明等。施行说明既可以在分则中，也可以在附则中。如《城市公共交通车船乘坐规则》第十四条与第十五条分别说明此规则实施的有关情况和施行日期。

五、规则写作注意事项

（一）内容要有针对性

撰写规则的关键在于把握住它的局部性与针对性。规则条款应直指管理范围的特定对象，无须涉及其他。

（二）文字要准确

规则是一种法规性文书，起到约束和仲裁的作用，因此其文字表达必须十分准确，不能有歧义。

（三）应注意充分吸取意见

制定规则要经过充分调查研究，尤其是制定技术性、专业性较强的规则，应吸收有关方面的内行人参加。

规则写作范式

城市公共交通车船乘坐规则

第一条　为加强城市公共交通管理，保障城市交通安全和畅通，维护公共交通车船乘坐秩序，根据国家有关法律法规，制定本规则。

第二条　本规则所称城市公共交通车船是指在城市中供公众乘用的公共汽车（含中小型公共汽车）、电车、地铁列车、旅游客车、出租汽车、索道缆车以及城市水上客运船只。

凡乘坐城市公共交通车船的乘客，必须遵守本规则。

第三条　乘坐城市公共交通车、船的乘客应当遵守社会公德，讲究文明礼貌，服从乘运人员的管理，共同维护乘坐秩序。

第四条　乘客必须遵守下列乘坐秩序：

（一）乘坐车船，须在站台、码头或者指定的地点依次候乘，不准在车行道上候车或者招呼出租汽车，待车船停稳后先下后上，依次登乘，不准强行上下；

（二）赤膊者、醉酒者、无人监护的精神病患者及无成年人带领的学龄前儿童，不准乘坐车船；

（三）老、幼、病、残、孕妇及怀抱婴儿者优先上车船，其他乘客应该主动给他们让座；

（四）乘坐车船时，不得将身体的任何部位伸出车船外；不准躺、卧、占据和蹬踏坐席；不准打闹、斗殴；不准自行开关车船门；不准损坏车船设备、设施或者进行其他妨碍车船行驶、停靠和乘客安全的行为；

（五）在车船运行中，不准进入驾驶部位和其他有碍安全的部位，不得与驾驶员闲谈；

（六）在车船内禁止吸烟，不准向车船内外吐痰、乱扔杂物；

（七）车船因故不能继续运行时，应当服从乘运人员的安排或者换乘其他车船；

（八）到达票额规定的站或者车船终点站后，必须离开车船，不准越站乘坐或者随车船返乘。

第五条　乘客必须遵守下列票务管理规定：

（一）主动照章购票或者出示月票，并接受乘运人员的查验；

（二）身高110厘米（含110厘米）以上的儿童必须购票，每一名乘客可以免费携带一名身高不足110厘米的儿童乘坐车船超过一名的按超过人数购票。儿童集体乘坐车船，应当按实际人数购票；

（三）车船票限当次乘坐有效，但由乘运人员安排换乘的，所持车船票继续有效；

（四）车船票出售后，不予退票。

第六条　乘客携带物品的重量、体积及免费、收费办法，按照当地有关规定执行。

第七条　严禁携带易燃、易爆、有毒等危险品以及有碍乘客安全和健康的物品乘坐车船。

第八条　乘客对所携带的物品应当妥善保管，并不得妨碍其他乘客。

第九条　违反本规则规定，有下列行为之一的，由经营城市公共交通车船的单位依照当地人民政府或者城市建设行政主管部门的规定对乘客给予补票或者数倍补票处理。

（一）无票乘坐的；

（二）越站乘坐的；

（三）使用废票或者过期月票乘坐的。

第十条　违反本规则规定，有下列行为之一的，城市建设行政主管部门或者其授权单位可依据当地人民政府的有关规定处以罚款。

（一）拒绝乘运人员验票的；

（二）使用伪造票、他人月票或者私换月票照片的。

第十一条　违反本规则规定，造成城市公共交通设备、设施损坏或者乘客、乘运人员财物损失、人身伤害的，由经营城市公共交通车船的单位责令其停止违法行为，限期修复、赔偿经济损失。

第十二条　违反本规则规定，构成违反治安管理行为的，由公安机关依据《中华人民共和国治安管理处罚条例》予以处罚。构成犯罪的，由司法机关依法追究刑事责任。

第十三条　乘客对乘运人员违反工作职责和违法的行为有权检举和提出控告。

第十四条　省、自治区、直辖市人民政府建设行政主管部门和公安机关可以依据本规则制定实施细则。

第十五条　本规则自1994年1月1日起施行。城乡建设环境保护部、公安部1984年公布的《城市公共交通车船乘坐规则》同时废止。

（转引自 http：//www. cin. gov. cn）

【范文赏析】

这是条目式结构的管理行政事务类规则。从第一条至第十五条，以条贯穿全文。第一、二条明确本规则的制发目的、依据、适用范围。鉴于规则只针对某一具体工作或活动而在特定范围、特定时间内有效的特点，本规则第三条至第八条对城市车船的“乘坐秩序”、“票务管理”、允许和严禁携带的物品从正面作出规定，详尽而具体，颇有规范性。第九条至第十三条分别对乘客、乘运人员违反本规则提出罚则，很有约束力。第十四、十五条为施行说明。通篇体现出“规则”是“规定”和“准则”相结合的规章这一特点。

病文举例

鹍鹏航海学院30年校庆有奖征文活动规则

（1）活动简介

2009年8月11日，鹍鹏航海学院将迎来自己的30岁生日。届时，母校将举行盛大而隆重的庆典仪式。为给毕业学子一份珍贵的纪念品，从即日起开展毕业学子征文的活动。您还记得同居四载的兄弟姐妹吗？您还记得第一次踏上航船走出国门吗？您还记得您的第一次失败或成功吗？您还记得哪个异性使您怦然心动并成为终身伴侣吗？您还留有初为人父、人母的甜蜜吗？请把您可歌可泣的30年感言、30年故事写出来吧，有大奖等您拿、有专集送给您哦！

（2）参赛资格

凡木院毕业生均可参赛。

（3）征文数量、体裁不限。

（4）评选组织领导：成立30周年校庆征文评委委员会，主任由校长海风兼任，下设评委10人。评选细则由评委会制定。

(5) 征文时间：2008 年 3 月 1 日至 2009 年 6 月 1 日。

(6) 全部征文结集成册，由本院出版社正式出版。

(7) 奖项设置

一等奖 2 名，每人 3000 元人民币。

二等奖 20 名，每人 1000 元人民币。

三等奖 200 名，每人 500 元人民币。

(8) 收稿单位、地址：×××××。

联系人：××× 联系电话：×××—×××××××××。

【病文指瑕】

这份规则最大的问题是缺规少则。规则是为了使某种活动达到有序开展、圆满成功的特定目的而对机关人群必须共同遵守的行为作出具体规定、统一规范，并使之条文化的文体，必须有规有则。本例征文活动选用规则没错，但结构非规则应有之法。一是未设总则或序言交代制定规则之由，而以“活动简介”开篇；二是分则部分应对征文的内容、体裁、篇幅和交稿时间、联络方式，评比的组织、标准、方式等项逐次作出周全细致的规定，本例不仅缺项，而且表述含混；三是没有施行说明；四是表述非规则之体，比如“有大奖等您拿，有专集送给您哦!”带有小女人口语之嫌，有失庄重。

第四节 规 程

一、规程的含义

规程是国家机关、社会团体、企事业单位或科研机构，为了保证质量，使工作、试验和生产按照程序进行而制定的具体规定。它是对某一特定工作或事务所作出的实用操作性规定文书，是对某一事项或操作在一定范围内要求人们遵守的统一的要求和程序。其目的是规范人们的行动，以便有一个正常的生产和活动的程序。

程序是规定如何处置那些重复发生的例行问题的标准做法。程序是指导人们如何行动，而不是指导如何去思考问题。程序的实质是对所要进行的活动规定时间顺序。因此程序也是一种工作步骤。管理的程序化水平是管理水平的重要标志，撰写贯彻各项管理工作的规程是组织的一项基础工作。

规程的使用范围没有条例、规定，办法广泛。规程与规则类似，多用于一些具体性的工作，侧重于统一的要求和规格，是管理某项业务的章法和程序。其目的都是对组织中人们的行为加以规范。但其主要区别在于，规则在应用中不规定时间顺序，而规程则有时间顺序的考虑。

二、规程的特点

（一）强制性

规程具有一定的强制性和约束力。规程一经颁布，制定单位所有人员都必须照办执行，不能违犯。

（二）程序性

规程与规则的最大不同之处在于，规程中规定了时间顺序，或者在规程的写作过程中十分注重考虑时间顺序。规程中还明确地说明人们应该如何去做，按照什么顺序去做。

（三）明确性

规程中的每章每条的含义必须明确，只能有一种解释，不能似是而非、有多种理解。有些规程，在行文中为了便于严格执行规程条文，其要求的严格程度不同，用词也有区别：如表示很严格，非这样做不可的用词，正面词采用“必须”，反面词采用“严禁”；表示严格，在正常情况下均应这样做的用词，正面词采用“应”，反面词采用“不应”或“不得”；表示允许稍有选择，在条件允许时首先这样做的词，正面词采用“宜”，反面词采用“不宜”；表示有选择，在一定条件下可以这样做的，采用“可”。再如，规程中指定应按照其他有关标准、规范执行时，写法为“应符合……的规定”或“应按照……执行”。

（四）全面性

规程的内容应全面、严密，不能有遗漏和疏忽。

三、规程的类型

根据规程的内容划分，规程有许多种，如《作业安全卫生规程》《竞赛规程》《毕业论文写作规程》《工作规程》《国外留学规程》《考试规程》《技术规程》《技术管理规程》等。

按照制定规程的主体不同，一般可将规程分为两大类：一是国家机关规程，二是企事业单位规程。

（一）国家机关规程

它是由党或国家行政机关针对某一特定的工作或事项的落实或实施而制定的。这类规程在较大的范围（往往是某一行业）内具有较强的规定性。如《城市房屋拆迁行政裁决工作规程》《外国政府贷款项目工作规程》《中小学德育工作规程》等。

（二）企事业单位规程

它是企事业单位针对某一特定事项的落实或实施而制定的。它对具体工作的开展按照操作步骤的先后时间次序，作出详细的规定，内容明确具体，可操作性强，具有较强的程序性特点。如《省高校教师进修工作规程》《大学毕业论文写作规程》《天津市房屋修缮安全工程技术管理规程》《飞机播种造林技术规程》《公司重大活动服务操作规程》等。

四、规程的写作

规程一般由标题、正文和签署3部分组成，其结构如图5－5所示。

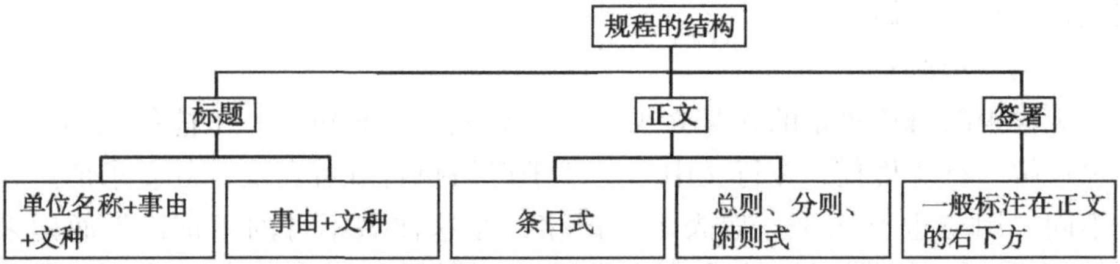

图5－5　规程的结构

（一）标　题

由“单位名称＋事由＋文种”或“事由＋文种”组成。一般采用“××操作规程”“××工作规程”的形式。如“城市房屋拆迁行政裁决工作规程”“××省高校教师进修工作规程”等。

（二）正　文

正文有以下两种格式。

一是条目式。即不分章，将规程的各项内容从头至尾用条通贯到底。如《城市房屋拆迁行政裁决工作规程》共27条，从第一条至第二十七条，中间不分章。

二是总则、分则、附则式。分章连条撰写。如第一章为总则，中间各章为分则，分则多少章依内容而定，各章标题也由其内容而定；最后一章为附则。每一章下面都分条，条数从第一章的第一条一直到附则的最后一条。条下面还可以分款，但各条的款数独立编排。有的款下面还要分目。如《××省高校教师进修工作规程》就是采用总则、分则、附则式，总则下由第一条至第四条组成；分则分别从职责、内容与形式途径、进修经费与条件保障、考核与管理等5个方面，用第五条至第二十四条进行了说明；最后是附则部分，附则下设3条，从第二十五条至第二十七条。

规程的正文由序言、办法内容和施行说明组成。

1. 序言。这是规程正文的开头部分，说明制定本规程的目的、依据及适用范围。有的作为总则的第一条，有的以序言形式出现，条目式格式中则写成首条。其常用的句式是“为了……根据……特制定本规程。”

例如，《城市房屋拆迁行政裁决工作规程》第一条明确指出：“为了规范城市房屋拆迁行政裁决行为，维护拆迁当事人的合法权益，根据《城市房屋拆迁管理条例》，制定本工作规程。”明确提出制定本规程的目的和依据。第二条明确指出本规程的适用范围：“按照《城市房屋拆迁管理条例》的规定，因拆迁人与被拆迁人就搬迁期限、补偿方式、补偿标准以及搬迁过渡方式、过渡期限等原因达不成协议，当事人申请裁决的，适用本规程。”

又如，《××省高校教师进修工作规程》总则中第一条指出：“为落实‘科教兴省’战略，建设一支适应教育现代化建设要求的具有良好思想品德和较高业务素质的高校教师队伍，使进修工作进一步规范化和制度化，依据《中华人民共和国教师法》和国家教委《高等学校教师培训工作规程》，结合本省实际，制定本规程。”明确说明制订本规程的目的和依据。

2. 规程内容。正文部分是规程的重点部分与主体部分，应分条写出规程的各项具体内容，一般要包括整个活动的每个环节。章条的组织顺序，既可以分类写作，按照逻辑顺序组合，也可以按照实际工作的操作顺序组合。每一个条款的内容阐述应从正面提出要求，明确写出应该怎么做，必要时再写明不能怎么做。

例如，《城市房屋拆迁行政裁决工作规程》在序言之后，从第三条至第二十五条，对有关城市房屋拆迁行政裁决工作按照行政裁决过程提出了明确的规范。从提出行政裁决申请的条件与要求，到房屋拆迁管理部门受理房屋拆迁裁决申请，再到房屋拆迁管理部门作出裁决、执行过程等，按照事情发生的程序，对每一步骤工作都提出了规范性要求，明确写出应该怎么做、不应该怎么做。

3. 施行说明。这是规程的结尾部分，要写明实施日期、解释权属和有关实施的说明等。施行说明既可以在正文中说明，也可以在附则中专门列条说明。

例如《城市房屋拆迁行政裁决工作规程》第二十六条与第二十七条分别说明本规程的实施说明及实施日期。又如《××省高校教师进修工作规程》在附则部分用第二十五条、第二十六条和第二十七条分别说明有关实施的说明、解释权属和实施日期等。

（三）签　署

署名与日期是指制发单位的名称及制发本规程的日期，一般标注在正文的右下方。有的以条款的形式作为规程的最后内容予以说明。有的也可不写署名和日期。

五、规程写作注意事项

（一）以科学为依据，密切联系实际

各项要求和程序要以科学为依据，不能脱离实际；否则，对实际工作缺乏指导性，甚至会传递错误的信息，混淆视听，不利于人们具体活动工作的开展与顺利完成。

（二）内容要具体、准确

规程内容必须具体到每一个环节、每一个步骤，并准确无误地写清应该怎么做、不应该怎么做、需要遵循什么程序等。

（三）语言通俗，文字简洁

在规程的写作过程中，要求文字易懂易记，便于操作。规程具有较强的程序性和可操作性。规程中要详细地规定操作步骤及注意事项，不仅告诉人们应该如何去做，而且告诉人们要按照什么顺序去做。所以，规程的语言表述必须通俗易懂，让人们能够引之为据开展工作，指导实践操作。

规程写作范式

城市房屋拆迁行政裁决工作规程

第一条　为了规范城市房屋拆迁行政裁决行为，维护拆迁当事人的合法权益，根据《城市房屋拆迁管理条例》，制定本工作规程。

第二条　按照《城市房屋拆迁管理条例》的规定，因拆迁人与被拆迁人就搬迁期限、补偿方式、补偿标准以及搬迁过渡方式、过渡期限等原因达不成协议，当事人申请裁决的，适用本规程。

第三条　市、县人民政府城市房屋拆迁管理部门负责本行政区域内城市房屋拆迁行政裁决工作。房屋拆迁管理部门及其工作人员应当按照有关法律、法规规定，依法履行行政裁决职责。

第四条　行政裁决应当以事实为依据、以法律为准绳，坚持公平、公正、及时的原则。

第五条　拆迁人申请行政裁决，应当提交下列资料：

（一）裁决申请书；

（二）法定代表人的身份证明；

（三）被拆迁房屋权属证明材料；

（四）被拆迁房屋的估价报告；

（五）对被申请人的补偿安置方案；

（六）申请人与被申请人的协商记录；

（七）未达成协议的被拆迁人比例及原因；

（八）其他与裁决有关的资料。

第六条　被拆迁人申请行政裁决，应当提交下列资料：

（一）裁决申请书；

（二）申请人的身份证明；

（三）被拆迁房屋的权属证明；

（四）申请裁决的理由及相关证明材料；

（五）房屋拆迁管理部门认为应当提供的与行政裁决有关的其他材料。

第七条　未达成拆迁补偿安置协议户数较多或比例较高的，房屋拆迁管理部门在受理裁决申请前，应当进行听证。具体标准、程序由省、自治区、直辖市人民政府房屋拆迁管理部门规定。

第八条　有下列情形之一的，房屋拆迁管理部门不予受理行政裁决申请：

（一）对拆迁许可证合法性提出行政裁决的；

（二）申请人或者被申请人不是拆迁当事人的；

（三）拆迁当事人达成补偿安置协议后发生合同纠纷，或者行政裁决做出后，当事人就同一事由再次申请裁决的；

（四）房屋已经灭失的；

（五）房屋拆迁管理部门认为依法不予受理的其他情形。

对裁决申请不予受理的，房屋拆迁管理部门应当自收到申请之日起5个工作日内书面通知申请人。

第九条　房屋拆迁管理部门受理房屋拆迁裁决申请后，经审核，资料齐全、符合受理条件的，应当在收到申请之日起5个工作日内向申请人发出裁决受理通知书；申请裁决资料不齐全、需要补充资料的，应当在5个工作日内一次性书面告知申请人，可以当场补正的，应当当场补正。受理时间从申请人补齐资料的次日起计算。

第十条　房屋拆迁管理部门受理房屋拆迁裁决申请后，应当按照下列程序进行：

（一）向被申请人送达房屋拆迁裁决申请书副本及答辩通知书，并告知被申请人的权利；

（二）审核相关资料、程序的合法性；

（三）组织当事人调解。房屋拆迁管理部门必须充分听取当事人的意见，对当事人提出的事实、理由和证据进行复核；对当事人提出的合理要求应当采纳。房屋拆迁管理部门不得因当事人申辩而做出损害申辩人合法权益的裁决。

拆迁当事人拒绝调解的，房屋拆迁管理部门应依法作出裁决。

（四）核实补偿安置标准。当事人对评估结果有异议，且未经房屋所在地房地产专家评估委员会鉴定的，房屋拆迁管理部门应当委托专家评估委员会进行鉴定，并以鉴定后的估价结果作为裁决依据。鉴定时间不计入裁决时限。

（五）经调解，达成一致意见的，出具裁决终结书；达不成一致意见的，房屋拆迁管理部门应当作出书面裁决。部分事项达成一致意见的，裁决时应当予以确认。书面裁决必须经房屋拆迁管理部门领导班子集体讨论决定。

第十一条　行政裁决工作人员与当事人有利害关系或者有其他关系可能影响公正裁决的，应当回避。

第十二条　有下列情形之一的，中止裁决并书面告知当事人：

（一）发现新的需要查证的事实；

（二）裁决需要以相关裁决或法院判决结果为依据的，而相关案件未结案的；

（三）作为自然人的申请人死亡，需等待其近亲属表明是否参加裁决的；

（四）因不可抗力或者其他特殊情况需要中止的情况。

中止裁决的因素消除后，恢复裁决。中止时间不计入裁决时限。

第十三条　有下列情形之一的，终结裁决并书面告知当事人：

（一）受理裁决申请后，当事人自行达成协议的；

（二）发现申请人或者被申请人不是裁决当事人的；

（三）作为自然人的申请人死亡，15 天之内没有近亲属或者近亲属未表示参加裁决或放弃参加裁决的；

（四）申请人撤回裁决申请的。

第十四条　行政裁决应当自收到申请之日起 30 日内做出。房屋拆迁管理部门做出裁决，应当出具裁决书。

裁决书应当包括下列内容：

（一）申请人与被申请人的基本情况；

（二）争议的主要事实和理由；

（三）裁决的依据、理由；

（四）根据行政裁决申请需要裁决的补偿方式、补偿金额、安置用房面积和安置地点、搬迁期限、搬迁过渡方式和过渡期限等；

（五）告知当事人行政复议、行政诉讼的权利及申请复议期限、起诉期限；

（六）房屋拆迁管理部门的名称、裁决日期并加盖公章。

行政裁决规定的搬迁期限不得少于15天。

第十五条　裁决书应当通过直接送达、留置送达、委托送达或邮寄送达等方式送达。

第十六条　当事人对行政裁决不服的，可以依法申请行政复议或者向人民法院起诉。

第十七条　被拆迁人或者房屋承租人在裁决规定的搬迁期限内未搬迁的，由市、县人民政府责成有关部门行政强制拆迁，或者由房屋拆迁管理部门依法申请人民法院强制拆迁。

第十八条　房屋拆迁管理部门申请行政强制拆迁前，应当邀请有关管理部门、拆迁当事人代表以及具有社会公信力的代表等，对行政强制拆迁的依据、程序、补偿安置标准的测算依据等内容，进行听证。

房屋拆迁管理部门申请行政强制拆迁，必须经领导班子集体讨论决定后，方可向政府提出行政强制拆迁申请。未经行政裁决，不得实施行政强制拆迁。

第十九条　拆迁人未按裁决意见向被拆迁人提供拆迁补偿资金或者符合国家质量安全标准的安置用房、周转用房的，不得实施强制拆迁。

第二十条　房屋拆迁管理部门申请行政强制拆迁，应当提交下列资料：

（一）行政强制拆迁申请书；

（二）裁决调解记录和裁决书；

（三）被拆迁人不同意拆迁的理由；

（四）被拆迁房屋的证据保全公证书；

（五）被拆迁人提供的安置用房、周转用房权属证明或者补偿资金证明；

（六）被拆迁人拒绝接收补偿资金的，应当提交补偿资金的提存证明；

（七）市、县人民政府房屋拆迁管理部门规定的其他材料。

第二十一条　依据强制拆迁决定实施行政强制拆迁，房屋拆迁管理部门应当提前15日通知被拆迁人，并认真做好宣传解释工作，动员被拆迁人自行搬迁。

第二十二条　行政强制拆迁应当严格依法进行。强制拆迁时，应当组织街道办事处（居委会）、被拆迁人单位代表到现场作为强制拆迁证明人，并由公证部门对被拆迁房屋及其房屋内物品进行证据保全。

第二十三条　房屋拆迁管理部门工作人员或者行政强制拆迁执行人员违反本规程的，由所在单位给予警告；造成错案的，按照有关规定追究错案责任；触犯刑律的，依法追究刑事责任。

第二十四条　拆迁人、接受委托的拆迁单位在实施拆迁中采用恐吓、胁迫以及停水、停电、停止供气、供热等手段，强迫被拆迁人搬迁或者擅自组织强制拆迁的，由所在市、县房屋拆迁管理部门责令停止拆迁，并依法予以处罚；触犯刑律的，依法追究刑事责任。

第二十五条　房屋拆迁管理部门是被拆迁人的，由同级人民政府裁决。

第二十六条　在城市规划区外国有土地上实施房屋拆迁申请行政裁决的，可参照本规程执行。

第二十七条　本规程自2004年3月1日起施行。

（转引自 http：//www. chinalaw114. com）

【范文赏析】

这是条目式结构的国家机关类规程。前两条为本规程的制定依据和适用范围；第三条至第二十五条为分则，对城市房屋拆迁管理部门受理或不受理拆迁人、被拆迁人申请行政裁决的条件，受理后的工作程序，中止裁决、终结裁决，以及出具、送达裁决书的内容、期限、方式等一系列事项，按照既定的程序逐条加以规范。整个规程中规中矩，科学客观，具有一看就懂、一学就会、一用就灵等特点。

病文举例

2009年海滩市青少年儿童棋类锦标赛竞赛规程

一、主办单位：海滩市体育局、海滩市教育局

二、承办单位：海滩体育运动学校、金宏国际象棋俱乐部

三、竞赛日期：2009年7月6—7日

四、竞赛地点：海滩体育运动学校

五、竞赛项目：国际象棋、围棋、中国象棋

六、报名办法

1. 海滩市区、三县学校、幼儿园均可报名参赛。

2. 各学校填写报名表一式两份，报名单上注明学生姓名、性别、年级及学籍号，加盖学校公章于2009年6月16日前分别交至海滩体育运动学校和市教育局基教科。

3. 每个组别限报一个队，低年级可参加高年级组别，高年级不可参加低年级组别。

4. 参加团体比赛的学校每组别收取报名费100元。

5. 联系人：张强　139××××××××
　　　　　李爽　139××××××××

七、竞赛办法

1. 比赛三棋均采用最新竞赛规则执行。

2. 幼儿园和小学设团体赛，中学组、高中组设团体和个人赛。

3. 每组别二男一女，以确定的台次进行比赛计算团体成绩。

4. 国际象棋团体组别设：

(1) 幼儿组：幼儿园、小学学前班

(2) 小学一年级组

(3) 小学二年级组

(4) 小学三年级组

(5) 小学四年级组

(6) 小学五年级组

(7) 小学六年级组

(8) 小学总团体（需小学各组别报全）

(9) 初中团体组

(10) 初中个人组设：初一、初二、初三，男女各三个组别，每校每组别限报三人

(11) 高中团体组

(12) 高中个人组

围棋、中国象棋团体组别设：

(1) 幼儿组：幼儿园、小学学前班

(2) 小学甲组：五、六年级

(3) 小学乙组：三、四年级

(4) 小学丙组：一、二年级

(5) 初中团体组

(6) 初中个人组设：初一、初二、初三，男女各三个组别，每校每组别限报三人

(7) 高中团体组

(8) 高中个人组

5. 每组别团体名次录取前八名，参赛队少的组别减一录取。

6. 各组别发奖励证书。

7. 对成绩优异的棋手，将优先选入蚌埠市代表队，作为重点培养和优先参加各类比赛。

8. 比赛设优秀代表队，优秀教练员奖。

9. 比赛时限，由裁判视情况加计时钟，限时结束，先倒旗者判负。

八、未尽事宜，另行通知。

二〇〇九年六月二日

【病文指瑕】

规程既然是对某项工作、某种生产、某种活动从操作程序上所作的规定，那么，以其规范竞赛活动既有理论根据，也有实例可援，但此例不合章法。规程的结构或者是三分式，或者是条目式。三分式规程总则和条目式规程的第一、二条为序言部分，阐述制定规程的目的、意义和适用范围，此例既无三则，也无条目。分则部分或者分类写作，或者按照逻辑顺序组合，或者按照操作顺序规范，总之，要逐条写明应该怎么做、不该怎么做。附则或最后一、二条为施行说明。本例一至七款依次为“主办单位”“承办单位”“竞赛日期”“竞赛地点”“竞赛项目”“报名办法”“竞赛办法”。既非规程的结构，表意也较模糊。结尾为“八、未尽事宜，另行通知”，作者或许是按照“通知”写“规程”吧？

第五节 准 则

一、准则的含义

准则是机关团体、企事业单位为了贯彻党和国家的方针政策，维护本单位的工作、学习和生活正常化而制定的用以规范内部成员行动的一种规范性文书。它为单位（或行业）人员的行动提供了一个基本的行为规范和道德标准，或者为某项活动的正常开展提供了一个基本的活动标准。

二、准则的特点

（一）法规性

准则是单位的一种规范性文书，具有法规性。制定准则要以法律为依据，以保证其法定的权威。人们一旦违反了准则规定的内容，则会受到相应的惩罚。

（二）规范性与约束力

准则对单位或行业内成员具有较强的规范约束力。它要求该单位（或行业）成员或参与该活动者都必须遵守，一旦违反了准则规定的内容，则应承担相应的责任，甚至受到相应的惩罚。

三、准则的类型

按照准则使用的范围，准则可分为两类：一是行为或道德准则，二是活动准则。

（一）行为或道德准则

这类准则是用以规范行业内部成员行动的。如《中国注册会计师职业道德基本准则》《中国广播电视播音员主持人职业道德准则》《上海房地产评估行业执业自律准则》等。

（二）活动准则

这类准则是用以规范行业具体管理活动的，以保证各项管理活动能正常、全面、顺利地开展。如《证券公司治理准则》《资产评估准则》《企业会计准则》《审计准则》等。

四、准则的写作

准则一般由标题、签署和正文 3 部分组成，其结构如图 5－6 所示。

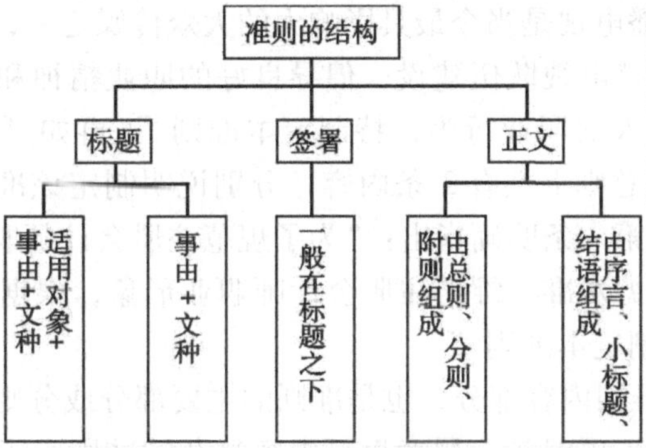

图 5－6　准则的结构

（一）标　题

标题一般有以下两种写法。

一是由“适用对象＋事由＋文种”组成，如“中国注册会计师职业道德基本准则”“上海房地产评估行业执业自律准则”等。

二是由“事由＋文种”组成，如“证券公司治理准则”“资产评估准则”“企业会计准则”等。如果是试行的，则应在标题左边或下边用括号注明“试行”字样。

（二）签　署

即制定单位和日期。一般在标题之下，注明何时何单位通过，并用括号括上。有的制定单位和日期放在文末。

（三）正　文

正文有以下两种格式。

一是由总则、分则和附则组成。总则写制定本准则的缘由与根据。分则部分写准则的具体内容，一般分条行文。附则部分写实施说明，如适应范围、执行日期、解释权属等。如《中国注册会计师职业道德基本准则》共32条，第一章为总则部分，第二章至第六章为分则部分，第七章为附则部分。

二是由序言、小标题、结语组成。开头以序言的形式写，主要写形势、目的和依据等。中间部分列若干小标题（这小标题类似“章”），小标题下用序码排列条目内容。结语（或附则）处写实施有关事项。如《中国广播电视播音员主持人职业道德准则》由序言部分、第一部分至第五部分（分别从责任、品格、形象、语言、廉洁等5方面进行规定）、结语部分（即第六部分附则）三大部分组成。

准则的正文由开头、主体和施行说明组成。

1．开头。即总则部分或序言部分，主要说明制定该准则的目的、缘由及依据，要求具有针对性，并说明制定准则的必要性。常用“为了……根据……制定本准则”的格式行文。如《中国广播电视播音员主持人职业道德准则》序言部分表述为：“广播电视是当今最具影响力的大众传媒之一，是党、政府和人民的喉舌。为加强广播电视队伍建设，倡导良好的职业精神和职业道德，规范广播电视播音员主持人的职业行为，特制定本准则。”再如《中国注册会计师职业道德基本准则》总则下共有3条内容，分别说明制定该准则的目的、依据和适用范围等。其中第一条明确指出：“为了规范注册会计师职业道德行为，提高注册会计师职业道德水准，维护注册会计师职业形象，根据《中华人民共和国注册会计师法》，制定本准则。”

2．主体。即准则内容部分，也是准则的主要部分或分则部分。一般采用条款式写作，一条或一项就是一层意思。内容复杂的准则，正文部分分总则、分则与附则形式或分章节条形式书写。如《证券公司治理准则》（试行），全文共计78条，分为8章，第一章是总则，最后一章是附则，第三章又分为3节。准则主体部分表达要旗帜鲜明、用语准确，不能含糊其辞、模棱两可。

3．施行说明。又称附则，列在准则的结尾部分，是对执行准则的说明。最后用一条或几条说明实施要求、生效日期及解释权属等。如《中国注册会计师职业道德基本准则》第三十一条、第三十二条分别指出该准则的解释权属与生效日期。

五、准则写作注意事项

（一）注意科学性与合法性

写作准则过程中，应注意其科学性与合法性。也就是说，准则的制定一方面要符合有关法律法规的要求，另一方面又要针对具体的实际问题，还要考虑到一定时期的稳定性。

（二）语言简要明确

注意语言简要明确，朴素大方，严肃庄重。提倡什么、反对什么，允许做什么、不允许做什么，要界线分明，不能含糊其辞。

（三）写作立场鲜明、务实

必须旗帜鲜明，同时写作内容要务实，以防止要求过高，致使准则规定的要求得不到执行，从而变成一纸空文。

准则写作范式

中国注册会计师职业道德基本准则

第一章　总　则

第一条　为了规范注册会计师职业道德行为，提高注册会计师职业道德水准，维护注册会计师职业形象，根据《中华人民共和国注册会计师法》，制定本准则。

第二条　本准则所称职业道德，是指注册会计师职业品德、职业纪律、专业胜任能力及职业责任等的总称。

第三条　注册会计师及其所在会计师事务所执行业务，除有特定要求者外，应当遵照本准则办理。

第二章　一般原则

第四条　注册会计师应当恪守独立、客观、公正的原则。

第五条　注册会计师执行审计或其他鉴证业务，应当保持形式上和实质上的独立。

第六条　会计师事务所如与客户存在可能损害独立性的利害关系，不得承接其委托的审计或其他鉴证业务。

第七条　执行审计或其他鉴证业务的注册会计师如与客户存在可能损害独立性的利害关系，应当向所在会计师事务所声明，并实行回避。

第八条　注册会计师不得兼营或兼任与其执行的审计或其他鉴证业务不相

容的其他业务或职务。

第九条　注册会计师执行业务时，应当实事求是，不为他人所左右，也不得因个人好恶影响分析、判断的客观性。

第十条　注册会计师执行业务时，应当正直、诚实，不偏不倚地对待有关利益各方。

第三章　专业胜任能力与技术规范

第十一条　注册会计师应当保持和提高专业胜任能力，遵守独立审计准则等职业规范，合理运用会计准则及国家其他相关技术规范。

第十二条　会计师事务所和注册会计师不得承办不能胜任的业务。

第十三条　注册会计师执行业务时，应当保持应有的职业谨慎。

第十四条　注册会计师执行业务时，应当妥善规划，并对业务助理人员的工作进行指导、监督和检查。

第十五条　注册会计师对有关业务形成结论或提出建议时，应当以充分、适当的证据为依据，不得以其职业身份对未审计或其他未鉴证事项发表意见。

第十六条　注册会计师不得对未来事项的可实现程度做出保证。

第十七条　注册会计师对审计过程中发现的违反会计准则及国家其他相关技术规范的事项，应当按照独立审计准则的要求进行适当处理。

第四章　对客户的责任

第十八条　注册会计师应当在维护社会公众利益的前提下，竭诚为客户服务。

第十九条　注册会计师应当按照业务约定履行对客户的责任。

第二十条　注册会计师应当对执行业务过程中知悉的商业秘密保密，并不得利用其为自己或他人谋取利益。

第二十一条　除有关法规允许的情形外，会计师事务所不得以收费形式为客户提供鉴证服务。

第五章　对同行的责任

第二十二条　注册会计师应当与同行保持良好的工作关系，配合同行工作。

第二十三条　注册会计师不得诋毁同行，不得损害同行利益。

第二十四条　会计师事务所不得雇用正在其他会计师事务所执业的注册会计师。注册会计师不得以个人名义同时在两家或两家以上的会计师事务所执业。

第二十五条　会计师事务所不得以不正当手段与同行争揽业务。

第六章　其他责任

第二十六条　注册会计师应当维护职业形象，不得有可能损害职业形象的行为。

第二十七条　注册会计师及其所在会计师事务所不得采用强迫、欺诈、利诱等方式招揽业务。

第二十八条 注册会计师及其所在会计师事务所不得对其能力进行广告宣传以招揽业务。

第二十九条 注册会计师及其所在会计师事务所不得以向他人支付佣金等不正当方式招揽业务，也不得向客户或通过客户获取服务费之外的任何利益。

第三十条 会计师事务所、注册会计师不得允许他人以本所或本人的名义承办业务。

第七章 附 则

第三十一条 本准则由中国注册会计师协会负责解释。

第三十二条 本准则自1997年1月1日起施行。

（转引自 http：//www. zgzydd. com）

【范文赏析】

这是三分式结构的规范道德行为类准则。总则部分用3条来阐述制定的目的、依据、适用范围。第二章至第六章为分则，针对注册会计师专业素质要求高、职业道德规范严的特点，本准则对“一般原则”“专业胜任能力与技术规范”“对客户的责任”“对同行的责任”“其他责任”作了全面细致的规定。两条附则为施行说明。

病文举例

洪波教育科技投资集团职业道德准则

宗旨：

本职业道德准则（以下简称“准则”）是指导洪波教育科技投资集团（以下简称“公司”）在经营中坚持最高标准商业道德的基本指南，同时旨在成为符合2002年颁布的《萨班斯－奥克斯利法案》第406条及相关规定中“道德守则”定义的准则。当本准则的要求高于一般商业惯例或法律法规及规定的标准时，我们将坚持遵守更高的标准。“公司”指所有按照美国公认会计准则要求纳入公司合并财务报表的所有子公司和联营公司。

本准则旨在遏止错误行为，同时鼓励以下行为：

诚信道德的行为，包括在处理个人利益与员工利益的冲突时能够遵守职业道德；

…………

遵守法律、法规及相关规定；

及时对违反本准则的行为进行内部举报；

坚持遵守本准则。

适用范围：

公司所有的董事、管理者、员工和顾问等，不论他们是专职、兼职、咨询性的或临时性的员工，都应当遵守本准则。本准则还针对公司首席执行官、首席财务官、副总裁和总监及公司内其他类似职能的员工制定了专门的条款。

竞争与公平交易：（略）

利益冲突：

利益冲突的识别：

当员工的个人利益在任何方面妨碍或可能妨碍公司整体利益时将产生利益冲突。任何员工应当积极避免任何可能影响其从公司利益出发行事或使其难以客观有效地工作的个人利益。一般来说，利益冲突包含下列几种：

商业竞争

任何员工不允许同时在与公司存在业务竞争或有损于公司业务的任何其他公司就职。

商业机会

任何员工不得以公司资源、信息或其个人职位为条件攫取本应属于公司的商机而牟取个人利益。如果员工通过利用公司资源、信息或职权在公司业务范围内发现了商机，应在以个人能力获取该商机前首先报告公司。

财务利益（略）

在董事会或委员会的工作

任何员工不得在有理由被认为与公司有利益冲突的实体的董事会或委员会担任职务，无论这个实体是盈利性的还是非盈利性的。员工在接受这样的董事会或委员会职位之前要获得本公司董事会的批准。公司将随时再次审核并确定员工服务于这样的职位是否恰当。

我们很难将所有可能产生的利益冲突全部罗列出来，这里只是提供了几个有限的例子。如果员工正面临着其他艰难的商业决定，可以首先确认以下问题：

●是否合法？

●是否诚信公正？

●是否为了实现本公司的最大利益？

披露利益冲突

员工必须充分披露任何可能引起利益冲突的情况。如果员工怀疑或其他人有理由怀疑会发生利益冲突，员工必须立即向合规官员报告。只有董事会或相关的委员会有权免除利益冲突，并及时在法律规定的范围内向公众披露。

家庭成员和工作（略）

礼物及馈赠

馈赠和接受礼品是商业惯例。适当的馈赠和款待旨在建立商业伙伴关系和增进相互的了解。但是，绝不能因为馈赠和款待影响员工做出客观、公正的经营决策。

…………

海外反腐败法（略）

公司资产的保护和使用

员工应保护公司资产，并确保其合法有效使用。盗窃、滥用和浪费将直接影响公司的利益。无论最终利益是否归于个人，任何出于违法或不正当目的使用公司基金或资产的行为都将被严格禁止。

为了保护和合理使用公司资产，每个员工应该做到：

谨防盗窃、破坏或滥用公司财产；

及时报告实际发生或有可能发生的盗窃、破坏或滥用公司财产的行为；

保护所有软件程序、数据、通信及书面资料的安全，防止不相干人员接触；

只能出于合法经营目的使用公司财产。

除非由公司首席执行官或首席财务官事先核准，公司禁止任何员工以公司名义进行政治捐款（包括直接捐款或通过行业协会捐款等）。此类政治捐款活动包括：

任何出于政治目的利用公司资金或资产进行的捐赠；

鼓励员工个人做出类似捐赠；

给员工报销政治捐款。

知识产权保护与保密规定（略）

财务报告和其他公众信息的准确性

上市后，公司需要将其财务报告和其他重要商业信息向公众和美国证券交易委员会公布。公司政策规定应及时、准确、完整地披露公司的商业信息、财务状况和经营成果。员工必须严格遵守交易、假设及预测的会计和财务报告标准、法律、法规和政策。不准确、不完整、不及时的财务报告是不能接受的，并且将严重损害公司利益甚至需要承担相应法律责任。

员工应严格防范并及时报告任何可能的不准确或不完整的财务报告。尤其要注意防范以下几点：

财务报告与基本业绩表现不符；

存在没有明显的商业目的的交易；

绕开普通审查和审批程序的企图；

…………

公司记录

准确和可靠的记录对公司的经营至关重要，是形成利润报表、财务报告和其他向公众披露的信息的基础。公司的记录是企业决策和战略规划的重要数据支持。公司记录包括但不限于记账信息、工资手册、考勤卡、出差和费用报告、电子邮件、财务数据、考核和业绩记录、电子文档以及所有其他公司正常经营过程中的记录。

公司记录的所有资料必须完整、准确、可靠，任何理由的作假或误导的情况都是不可接受的。杜绝不披露、不记录基金、支出和收款的行为。员工有责任了解并遵守公司的记录留存规定。对此有任何疑问请与合规官员联系。

遵守法律规定

每个员工都必须遵守公司所在省、市、地区和国家的法律法规。这些法律法规包括但不限于以下方面的法律法规：商业贿赂、回扣、著作权、商标权和商业机密、资料隐私、内部交易、提供或接受馈赠、就业歧视及骚扰（是否是“就业歧视及骚扰”?）、环境保护、职业健康与安全、虚假或误导性的财务信息、滥用公司资产及换汇活动。希望员工了解并遵守适用于所在职位的法律、法规和规定。如对行为是否合法存在疑问，请立即向合规官员咨询或请示。

其他

歧视和骚扰

公司致力在各方面提供平等的就业机会，绝不允许发生种族、宗教、性别、年龄、国籍或其他任何保护范围内的非法歧视或骚扰。详细资料请与合规官员联系。

健康与安全（略）

违反准则

所有员工都有责任报告任何已知或涉嫌违反本准则的行为，包括违反适用于公司的法律、法规、制度和政策的所有情况。报告已知或涉嫌违反本准则的行为并不代表不忠义，反而是在保护公司和其员工的荣誉和诚信。

员工有责任将所知道或怀疑的违反本准则的行为报告给合规官员，合规官员会与员工共同调查落实并将做审慎处理。合规官员和公司会尽可能地保护员工的秘密，并会在遵守法律的前提下根据公司的需要进行取证。

…………

豁免原则

本豁免原则只适用于非常情况下的个别事件。只有董事会或其他适当的委员会有此豁免权并将处理结果及时向公众披露。

结论

本准则是符合商业道德最高标准的公司行为准则指南。如果对以上条款有任何疑问，请与合规官员联络。我们希望所有员工都遵守这些标准。每个员工都对其行为承担相应责任。任何违反法律或本准则的行为不能因声称是受到主管或其他高层领导指使而可以被免责。如果员工违反了法律或本准则将被视为超越了职责范围，并将受到纪律处分，甚至会被解除劳动关系。

【病文指瑕】

本例虽然有国际惯例的特殊性，但只要其制定主体在中国本土，就应该基本沿用中国准则的写法。该例文存在以下问题：

一是不合准则体例。尽管其“宗旨”“适用范围”与“总则”或“序言”相似，其下的“竞争与公平交易”“利益冲突”“礼物及馈赠”“违反准则”与分则相似，但毕竟未能明确分条列述，读起来脉络不够清晰，引用也有颇多不便。

二是文字尚有模糊之处。如“处理个人利益与员工利益的冲突”中“个人”与“员工”属于概念交叉，相互也有包容关系；再如“任何员工不得在有理由被认为与公司有利益冲突……”中的“公司”前没有限制词，也可以理解为“其他公司”，若加个“本”字，就可以避免歧义。

三是“结论”不宜代替附则（施行说明）。因为“结论”在《现代汉语词典》中既可解释为“从前提推论出来的判断”，也有“对人或事物所下的最后的论断”的义项，均与施行说明或执行要求不合。

第六章 会议类文书写作

第一节 开幕词

一、开幕词的含义

开幕，原指开建幕府。《北周·庚信》有“置府仍开幕，麾军即秉旄”的诗句，唐代李商隐《为安平公衮州奏杜胜等四人充判官状》：“伏以长人者必以吏分劳逸，开幕者亦用士为重轻，若不树人，何以报国。”今称演戏、会议、营业开始为开幕。开幕词是会议主持人或主要负责人在庄严隆重的会议上所作的带有提示性、宣告性和引导性的第一篇讲话。开幕词作为会议的序曲，具有鼓动和激励作用。

二、开幕词的特点

（一）篇幅的简短性

开幕词作为会议开宗明义的话，主要任务是为会议的主题和工作报告搭桥铺路，所以必须短小精悍、简洁明了。如果长篇大论、叠床架屋，便是喧宾夺主、本末倒置。

（二）语言的通俗性

古人云：“话须通俗方传远，语必关风始动人。”开幕词是用口直接说给众人听的，要讲究流畅明快、生动活泼。

三、开幕词的分类

（一）情况概述式

即对会议的目的、议程、与会人员、莅会嘉宾等组织情况，会议流程，基本要求等作出简明扼要的阐述。

（二）主题直述式

即重点阐述会议召开的形势、背景、意义和中心议题，使与会者明白为什么开会，重点解决什么问题，达到什么目的等。

四、开幕词的写作

开幕词由标题、称谓和正文组成，其结构如图 6－1 所示。

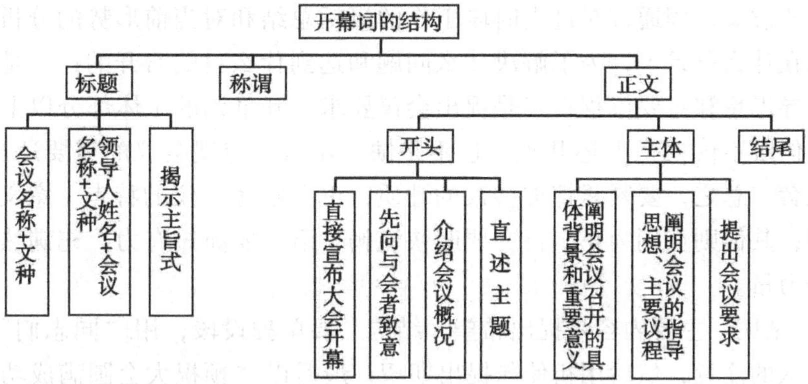

图 6－1　开幕词的结构

（一）标　题

1. 由“会议名称＋文种”组成，如“第三十届国际地质大会开幕词”。

2. 由“领导人姓名＋会议名称＋文种”组成，如“××同志在×××会议上的开幕词”。

3. 揭示主旨式，如毛泽东在党的七大上的开幕词的标题为“两个中国之命运”。还可用复式标题，如“我们的文学应该站在世界的前列——中国作家协会第四次会员代表大会开幕词”。

（二）称　谓

称谓的内容、格式和要求同主持辞，从略。

（三）正　文

1. 开头。也称引言，是紧接称谓之后宣布会议开幕或活动举行的简短文字，或者直接宣布大会开幕，如毛泽东用“中国共产党第七次全国代表大会今天开幕了”开头；或者先向与会者致意，多为松散型、半松散型联合体会议所用，如温家宝总理：“亚洲合作对话第三次外长会议在中国青岛隆重召开。……我谨代表中国政府，对会议的召开表示热烈祝贺，对各位贵宾的到来表示热烈欢迎。”或者介绍会议概况，如毛泽东：“中华人民共和国第一届全国人民代表大会第一次会议，今天在我国首都北京举行。代表总数1226人……今天会议实到的代表1141人，合乎法定人数”；或者直述主题，如毛泽东《在中国共产党全国代表会议上的开幕词》：“我们这次全国代表会议有三个议事日程；第一，关于发展国民经济的第一个五年计划和关于这个计划的报告；第二，关于高岗、饶漱石反党联盟的报告；第三，关于成立中央监察委员会。”

如果主持人的主持辞中未对到会的情况加以介绍，开幕词的开头部分应简要地介绍会议的筹备和出席会议人员情况等。

2. 主体。为开幕词的核心内容，应多着笔墨。一是阐明会议召开的具体背景和重要意义，即通过对过去时段工作的概括总结和对当前形势的分析，说明会议是在什么背景下，为了解决什么问题和达到什么目的召开的；二是阐明会议的指导思想和主要议程；三是提出会议要求。开幕词的主体部分以上述内容为主，但既不仅仅是上述几点，也不是缺一不可。应视会议的需要适当增减，灵活取舍。总之，要紧紧把握会议的性质，重点阐述会议的特点、意义、要求和希望，其他则点到为止。行文要明快流畅，语言要简短有力，充满热情和富于鼓舞力量。

3. 结尾。主要内容是提出希望。结构上要单独设段，用“同志们”起句，提起听众的注意，然后用祈使句提出期望，最后以“预祝大会圆满成功”结束全篇。

五、开幕词写作注意事项

（一）紧扣主题

开幕词作为引导会议进入中心议题的发端之作（言），直接关乎会议方向的把握、程序的执行和目标的完成。《易・师》：“大君有命，开国承家”，《后汉书・冯衍传・显志赋》：“开岁发春兮，百卉含英”，讲的都是“肇始”的奠基作用。从这一基点出发，开幕词中无论是对背景意义的阐述，还是议程要求的提出，都要紧扣主题、围绕中心，切不可一意两出、偏离正轨。

（二）说明为主

就表达方式而言，开幕词以说明为主，叙述和议论为辅。

（三）语言铿锵

开幕词是读（讲）给人听的，无论是会议任务、议程、意义的说明，还是奋斗目标、措施、前景的描述，都要情绪激昂，声调抑扬顿挫，字句铿锵有力，重在感染听众。

开幕词写作范式

在“上海合作组织”成立大会上的开幕词

中华人民共和国主席　江泽民

（二〇〇一年六月十五日）

尊敬的同事们：

非常高兴和各位在美丽的黄浦江畔再次相聚。首先，我代表中国政府和中国人民，对各位的到来表示热烈的欢迎！

今天，公元2001年6月15日，将载入史册。我们在这里隆重聚会，将宣告欧亚大陆一个新的区域性多边合作组织——“上海合作组织”的诞生。这是我们六国在深化合作的道路上迈出的历史性步伐。

五年前，从这里开始的“上海五国”进程，翻开了中国、俄罗斯、哈萨克斯坦、吉尔吉斯斯坦和塔吉克斯坦五国关系史上崭新的一页。今天，“上海合作组织”的成立，必将为中国、俄罗斯、哈萨克斯坦、吉尔吉斯斯坦、塔吉克斯坦和乌兹别克斯坦六国在新世纪的长期睦邻友好合作，奠定更加坚实的基础。

我们将签署《“上海合作组织”成立宣言》和《打击恐怖主义、分裂主义和极端主义上海公约》。这两个重要文件将充分体现我们六国人民加强友好合作和矢志维护地区安全与稳定的坚定心愿。让我们共同努力，把本次会议开成一次承前启后、继往开来的盛会。

【范文赏析】

这是主题直述式的开幕词。作为“上海合作组织”成立大会的东道主、主持人，不宜像主持国内会议那样宣布“××大会开幕”，而是喜悦而谦恭地说“非常高兴和各位在美丽的黄浦江畔再次相聚”，以表欢迎之忱。主体部分用“公元2001年6月15日”“载入史册”对会议进行高度评价，接着指出，“五年前，从这里开始的‘上海五国’”到今天的“上海合作组织”6个成员国必将为“新世纪的长期睦邻友好合作，奠定更加坚实的基础”。最后说明这次会议的任务，用“让我们共同努力，把本次会议开成一次承前启后、继往开来的盛会”收束全篇。整个开幕词短小精悍，主旨突出，话语亲切，生动感人。

病文举例

××县足协×××主席致开幕词

各位领导、教练、队员、朋友们:

圣火照华夏，欢歌传五洲。在这艳阳高照、繁花似锦、生机盎然的日子里，我们迎来了2008年县小学生足球联赛。在此，我谨代表大会组委会对这次联赛的如期举行表示热烈祝贺！向筹备组织此次联赛而付出艰苦努力的各个部门表示衷心的感谢！向光临现场的各位领导和刻苦训练、积极备战的小运动员表示亲切的问候!

2006年12月23日，随着国务委员陈至立宣布“全国亿万学生阳光体育运动”正式启动，面向全国各级各类学校全体学生的一项大型群众性体育活动拉开了序幕。这次活动提出了“健康第一、强健体魄”、“每天锻炼一小时，健康工作五十年，幸福生活一辈子”的口号，真正让体育锻炼和全民健身运动深入人心。

近年来，我县足球事业蓬勃发展，县足球俱乐部先后代表××市参加了省青少年比赛、省运会，获得过全国邀请赛第三名，被省足管中心、省足协授予“陕西省足球后备人才训练基地”称号。2007年10月，我县乘势而上，将足球运动作为“阳光体育活动”的突破口和重点，率先启动发展，县教育局、县体育指导中心、县足球俱乐部共同下发了《开展阳光体育活动，促进足球运动发展》的文件，并召开了全国首次县级足球工作会议，出台了《××县中小学足球活动实施办法》，带动了其他运动项目蓬勃开展，掀起了新一轮青少年体育锻炼热潮，为努力构建有××特色的全民健身体系和校园文化建设体系，推动群众体育向广度深度发展和打造“文化名县”作出了积极贡献。

本次联赛举行之际，距离全国人民翘首以待的北京奥运会开幕只有一个月时间，可以说，联赛也是迎接奥运，祝福北京的一种方式。本次联赛主题是“我运动　我健康　我快乐”，秉承阳光体育精神内涵，是县体育场修建落成后迎来的第一次正式比赛，是我县近年来规模较大的一次体育赛事和小学生们的体育盛会。本次联赛在筹办期间，得到县人大×××主任，县政府×××县长、×××副县长的大力支持，在主办单位县教育局、共青团××委、县体育中心，承办单位县足球协会的共同努力下，共有8所小学12支队伍150余名运动员和教练员参加，比赛为期三天，共计22场比赛。它的举行，既是对我县阳光体育活动的一次大检阅和我县足球运动水平的一次大展示，也是选拔储备优秀运动员的舞台和平台，必将推动全县足球事业的发展，提高青少年的身体素质，让他们在阳光下健康成长。

在此，我希望全体运动员发扬“更快、更高、更强”和“团结、友谊、进步”的奥林匹克精神，模范遵守运动员守则，团结协作，顽强拼搏，胜不骄，败不馁，赛出风格，赛出水平，赛出友谊，全面展现××青少年的良好风采和精神风貌，取得运动成绩与精神文明双丰收。希望全体裁判员、教练员、工作人员坚持公开、公平、公正的原则，恪尽职守，严于律己，严肃赛风，严格赛纪，确保联赛的顺利进行。让我们共同努力，把本次联赛办成一次“文明、热烈、精彩、圆满”的盛会！

最后，预祝2008年××县小学生足球联赛圆满成功！

【病文指瑕】

本例存在以下问题：

一是标题既无县名又无会议名称，如用“会议名+文种”式，可改为“××县2008年小学生足球联赛运动会开幕词”；如用“致词人+会名+文种”式，可改为“×××主席在××县2008年小学生足球联赛运动会上的开幕词”。

二是开头漏掉了必有之项，即宣布会议开幕。

三是主体部分背景材料太多，扣题不紧。仅介绍足球俱乐部情况就用了近300字。县人大常委会主任，特别是县长、副县长支持足球联赛本属分内之事，何需逐个称名道姓地加以褒扬？

四是，“县教育局、县体育指导中心、县足球俱乐部共同下发”的“《开展阳光体育活动，促进足球运动发展》”是什么“文件”？为什么前无发文机关，后无文种，书名号内文字像讲话稿或者通讯报道的标题？

第二节 闭幕词

一、闭幕词的含义

闭幕词是会议结束时，由主持人或主要负责人在会上所作的最后讲话。就时序而言，闭幕词既是会议的尾声，又是执行的前奏。如果说开幕词是对会议的预想和计划，那么闭幕词则是对会议的总结和评价，所以具有总结性、评估性和号召性。

二、闭幕词的特点

闭幕词除具有开幕词的简短、通俗特点外，还有以下 3 个特点。

（一）归纳性

闭幕词通常必须站在全局的高度，对会议情况进行科学的归纳和概括。

（二）呼应性

闭幕词作为大会的收尾程序，必须与大会的开山之作——开幕词，既各有侧重、自成特色，又首尾呼应、前后连贯。

（三）号召性

由会议的显示功能所决定，闭幕词通过简述会议概况、重申会议主旨、分析当前形势、展望美好未来而产生动员、激励和鞭策的作用。

三、闭幕词的分类

（一）回顾展望式

即通过回顾，总结经验教训而明确今后的工作方向。如李瑞环《全国政协九届五次会议闭幕词》第一部分是对九届全国政协 5 年工作的回顾，第二部分是全国政协工作经验的总结，第三部分是今后工作的展望。

（二）心得体会式

致词者从切身体会出发，总结过去，安排未来。如郭沫若《科学的春天——在全国科学大会闭幕式上的讲话》从“我是上一世纪出生的人，能参加这样的盛会，百感交集，思绪万端”开始，通过新旧社会的对比，说出自己的“祝愿”，文尾以“日出江花红似火，春来江水绿如蓝”的诗句喻示“革命的春天”“人民的春天”“科学的春天”，用“让我们张开双臂，热烈地拥抱这春天吧！”把人们的感情推向高潮。

（三）问题论断式

针对会议讨论中的问题，在闭幕式上作出结论式的回答。如 1957 年毛泽东《在中国共产党全国宣传工作会议上的讲话》中以“会议中间提出了很多问题”发端，“我现在就同志们所讨论的问题讲几点意见”。

“关于社会主义制度”“知识分子”“关于整风”“片面性问题”等 8 大事项提出了结论性的意见。谜团疑雾烟消云散，使人豁然开朗。

四、闭幕词的写作

同开幕词一样，闭幕词也由标题、称谓和正文 3 部分组成，其结构如图

6－2所示。

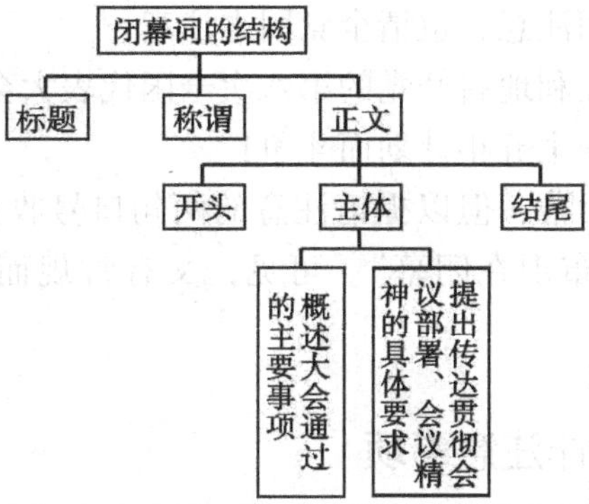

图 6－2　闭幕词的结构

（一）标　题

闭幕词标题的组成要素、写作要求、排印格式同开幕词一样，只是把“开”换成“闭”的一字之易。这里不再赘述。

（二）称　谓

也同开幕词，从略。

（三）正　文

1. 开头。主要内容是关于会议各项任务完成情况的说明，并与开幕词中“宣布会议正式开始”相呼应，庄严宣布大会圆满结束或胜利闭幕。如：“××大会在党中央、国务院的亲切关怀下，经过与会人员的共同努力，已经圆满完成了各项预定的任务，今天就要闭幕了！”有的闭幕词省略上述内容，用一两句总结的话引领下文。如毛泽东 1950 年 6 月 23 日在中国人民政治协商会议第一届全国委员会第二次会议上的闭幕词的开头是：“此次会议总结了过去时期的经验，决定了各项方针。”接着就过渡到主休，对会议进行总结。

2. 主体。这部分的主要任务：一是概述大会通过的主要事项，肯定成果，作出估价，进一步明确会议的重要意义和基本精神。要有观点、有材料、有条理地加以概述，力戒笼统、空泛。二是提出传达贯彻会议部署、会议精神的具体要求，号召为实现大会提出的宏伟目标和各项任务而努力奋斗。有的闭幕词通篇是对会议的结论性意见。如毛泽东 1955 年 3 月 31 日《在中国共产党全国代表会议上的讲话》中的闭幕词直接名为《结论》。开头说：“大家发言已经完了。我就下面的几个问题讲几句话：关于这次会议的评价，五年计划，高饶问题，目前形势，八次大会。”接着以“关于这次代表会议的评价”“关于第一个五年计划”“关于高岗、饶漱石反党联盟”“关于目前形势”“为胜利召开党的第八次全国代表大会而斗争”为题，分别予以阐述，主旨突出而集中，条理清晰而分明。

3．结尾。一般是发出号召、宣布大会闭幕。如上例的结尾是：

最后，我请同志们注意，也请全党同志注意：

为在一九五六年胜利地召开党的第八次全国代表大会而斗争！

为胜利地完成第一个五年计划而斗争！

虽然未明确宣布闭幕，但以提请注意的两句口号收束全篇，其自身的鼓舞力量远远超出“我宣布现在闭幕”。可见，文有常规而无常式，其变化之妙，学问大焉。

五、闭幕词写作注意事项

（一）情况忌缺

起草文稿者从会议的准备到召开要全程跟踪，诸如会议的目的，与会人员对会议报告的反映，疑难或争议问题的结论式决策方案，今后的安排等，都要了如指掌、成竹在胸，这是写好闭幕词的材料保障和思想保障。

（二）篇幅忌长

一般情况下，闭幕词和开幕词一样，与会议报告相比，处于从属地位，是对会议召开情况的简要总结，对贯彻传达会议精神作出安排，故篇幅不宜太长。

闭幕词写作范式

全国政协九届五次会议闭幕词

李瑞环

（二〇〇二年三月十三日）

各位委员、各位同志：

中国人民政治协商会议第九届全国委员会第五次会议，经过全体委员的努力，圆满完成了预定的各项议程。……这是一次民主、求实、团结、鼓劲的大会。

一

九届全国政协的五年是处于世纪之交的五年。……

今年是九届全国政协的最后一年。通过总结，使本届政协有一个圆满的结束，为新一届政协做好必要的准备。

二

早在人民政协成立初期，毛主席就明确提出，政协的一项主要任务是调整关系……

世界上万事万物都是相互联系、相互影响的，都是在平衡与不平衡、协调与不协调的矛盾运动中变化发展的。在人类社会出现以前，自然界按照自然法则自发地调节、演化和发展。在人类社会出现以后，产生了人与自然、人与人之间的矛盾和冲突，人类为了生存和发展，也就有了自觉的协调活动。历史发展到今天，整个世界呈现出快速多变、复杂多样的特点，不同文明之间相互交融又相互激荡，不同利益之间相互依存又相互摩擦，人对自然的索取越来越多，人与自然的矛盾也越来越突出。和谐共存、协调共进的问题已经成为人类普遍关注的重大问题。在我国，随着改革开放的深入和市场经济的发展，社会经济成分、组织形式、就业方式、利益关系和分配方式日益多样化，人们的职业、身份经常变动，不同群体、不同行业、不同地域间的差异和矛盾错综复杂，协调的任务比以往任何时候都要繁重。应当看到，我国现阶段的各种社会矛盾多属于根本利益一致基础上的人民内部矛盾。解决人民内部矛盾，主要的大量的要靠协调工作。如果不重视协调，不善于协调，不能及时、有效地加以协调，就会影响改革发展稳定的大局。协调的思想在中华民族的文化遗产中占有重要的位置，“和衷共济”“兼容并包”“厚德载物”“天人合一”等许多人所熟知的成语，都有和合、和谐、协调的含义。强调协调的作用，符合事物的客观规律，符合时代的发展潮流，也符合中华民族的优良传统。

……

三

江泽民同志指出：“创新是一个民族的灵魂，是一个国家兴旺发达的不竭动力，也是一个政党永葆生机的源泉”；在去年“七一”讲话中又号召全党全国人民“大力发扬求真务实、勇于创新的精神”，“勇于和善于根据实践的要求进行创新”。

人类历史是一个不断创新的过程。人类在改造世界的实践中总会有新的认识，在新的认识指导下改造世界又总会有新的提高，总会“有所发现，有所发明，有所创造，有所前进”。社会实践是不断发展的，人的认识是不断深化的，创新活动是永无止境的。创新是一个相对的概念。创新既有质的飞跃，也有量的变化；既有大的突破，也有小的改进；既有内容的更新，也有形式的改变。创新是继承与发展的辩证统一。创新作为对已有成果的丰富、扩展或扬弃，离不开对前人成就的扎实研究和深刻了解，离不开一点一滴的积累和长期不懈的努力，离不开坚韧不拔的意志和百折不挠的精神。

……

各位委员、各位同志！

今年是我国发展史上非常重要的一年。中国共产党将召开第十六次全国代表大会，这对于我们在新世纪继往开来、全面推进建设有中国特色社会主义事业，具有重大而深远的意义。我们要十分珍惜过去的宝贵经验，精心维护今天的大好局面，积极应对未来的各种挑战。让我们……为完成祖国的统一大业，为实现中华民族的伟大复兴，作出新的更大的贡献！

现在我宣布：中国人民政治协商会议第九届全国委员会第五次会议闭幕！

【范文赏析】

这是心得体会式的闭幕词。以会议“圆满完成了各项议程”开篇，用“这是一次民主、求实、团结、鼓劲的大会”评价会议的成功。主体分3部分谈心得体会。第一部分用“九届全国政协的五年是处于世纪之交的五年”总结工作；第二部分紧紧围绕毛主席“明确提出，政协的一项主要任务是调整关系……”为主线，畅谈“调整关系”的体会；第三部分结合工作部署，深刻提出“创新”要求，结尾以“为完成祖国的统一大业，为实现中华民族的伟大复兴，作出新的更大的贡献”相号召，宣布会议闭幕。这个闭幕词的最大特色是李瑞环以其自身、以其一代人的沧桑经历回眸历史，总结经验教训，如话家常，暗寓哲理，发人深省，催人奋进。

病文举例

第九次职工代表大会闭幕词

各位代表、同志们：

××县第九次职工代表大会经过全体代表的共同努力，已经顺利完成各项议程，今天就要闭幕了。

在这次代表大会上，代表们以高度的使命感和主人翁精神，认真审议并通过了周院长所作的《工会工作报告》和《2007年工会工作计划》。代表们认为，刘主席所作的报告，客观全面地总结了2006年所取得的成绩，也实事求是地指出存在的问题。对2007年的工作计划，提出了五大工作任务，明确了目标，适应形势，简明扼要，突出重点，富有远见和开始性，催人奋进。

本次大会收到并立案受理了16份代表提案，这些提案内容涉及企业管理、职工福利、工会建设等方面。各种提案的落实再一次实践了我们职工行使参与民主决策、民主管理和民主监督的权力。

经过大会主席团和全体代表的努力工作，本次大会充分酝酿和民主选举产生了新一届工会委员会和经费审查委员会，为我县工会工作的顺利开展提供了新的组织保证。借此机会，我提议让我们以热烈的掌声，对当选的新一届工会委员会的各位委员表示热烈的祝贺！对各位代表和为本次大会的胜利召开筹备而做了大量工作的同志表示衷心的谢意！尤其是对上届，以及历届工会委员会所付出的辛勤劳动表示崇高的敬意和诚挚的感谢！

各位代表，我们这次会议和前六次职代会一样，是一次民主团结、统一思想、继往开来的大会，希望各位代表会后要以这次大会为契机，认真学习贯彻中共十六大精神，弘扬“抗非”斗争精神，脚踏实地地做好本职工作，为实现大会提出的2007年工作计划和目标而奋斗。

现在我宣布：××县第九次职工代表大会胜利闭幕！

【病文指瑕】

本例存在以下不妥之处。

一是漏标致辞人的姓名和职务。致辞人的职务和姓名如果未在标题中出现，那么必须在标题之下标出。

二是主体安排不够紧凑。虽然也概括了会议通过的事项，但第二自然段只写了《工会工作报告》和《2007年工会工作计划》两项，第三自然段插入代表提案的受理情况，第四自然段才述及新一届工会委员会和经费审查委员会的选举情况，显得比较松散。

三是文字表述缺少激情，且有不当简而简者。如第二自然段两次提到的“刘主席”，应在“刘”后加名，“主席”前应加机构名称，可称为“××县工会主席刘××”；再如倒数第二自然段“弘扬‘抗非’斗争精神”，把“抗击非典”简化为“抗非”似乎无例可援，可谓苟简。

第三节　会议报告

一、会议报告的含义

会议报告是指各类各级机关、社会团体、企事业单位的负责人代表领导机关或决策层在大型会议上，针对本系统、本部门、本单位的基本工作，对全体与会者所作的全面、系统的报告。会议报告多用于严肃庄重的大型会议，因此会议报告又称作大会工作报告。会议报告是会议代表评议和监督领导工作、发挥智囊团作用的有效平台，是群众参政议政的重要平台，是上情下达的重要途径，也是统一思想、统一认识、争得民众、凝聚民心的良好契机。

二、会议报告的特点

（一）全面性

会议报告是针对本系统、本部门、本单位的基本工作所作的全面性的报告，有着综合性、系统性、总揽全局的特点。因此，会议报告一般都要分成几个大的部分，从不同侧面、不同角度对工作进行汇报和部署，篇幅一般比较长。特别是政府负责人在人民代表大会上所作的工作报告，党的机关负责人在党的代表大会上所作的工作报告，所涉及的时间长、空间大、问题多、分量重，有时宣读时间可长达数小时。例如温家宝总理2004年3月5日在第十届全国人民代表大会第二次会议上的《政府工作报告》就长达1.8万余字，分为3个大部分20个小部分，对此届政府一年来的工作进行了全面回顾；对2004年的主要任务进行规划和部署；对如何加强政府自身建设提出措施。

（二）集体意志性

会议报告虽然是某一领导人在大会上宣读的，但报告的内容却不仅仅是报告者个人的思想、观点和态度，它是领导机构集体意志的反映，在这一点上，它跟主要代表个人意志的领导讲话稿有着本质的不同。所以，会议报告通常从初步构思到修改定稿，都要经过集体讨论，并要在领导班子的会议上获得通过之后，才能在大会上宣读。会议报告在开头部分经常是“现在，我代表××××，向大会作×××的报告”。这不仅仅是一种形式，会议报告的写作过程通常也是一次民主集中制的实施过程。

（三）政策指导性

会议报告既有思想指导性，又有具体指挥性，特别是政策导向的特点十分鲜明。党的第十三次全国代表大会的会议报告，第一次系统地阐述了社会主义初级阶段理论，确立了走中国特色社会主义道路的历史方位；江泽民的“三个代表”重要思想、胡锦涛的“权为民所用、情为民所系、利为民所谋”表明了中国共产党作为执政党要全心为民的决心；温家宝在全国人民代表大会上的《政府工作报告》送来了一股用科学发展观指导工作、评价业绩、评价政绩的清风。正确地评价以往的工作，明确当前的形势和任务，统一思想、统一认识，在此基础上提出今后的任务和奋斗目标，以便大会之后统一步调、统一行动，这是会议报告的基本功能。人们经常说要传达贯彻××会议精神，其中包括传达贯彻××会议形成的决议，也包括领会执行××会议报告的有关内容。

三、会议报告的类型

（一）从会议主体上分

可分为党代会会议报告、人代会会议报告、军代会会议报告、工代会会议报告、妇代会会议报告等；如从报告主体来讲，有以代表人身份报告和以委托人身份报告之分，如党的最高负责人、政府最高负责人、法检“两院”负责人等都是以代表人身份向大会作报告，而财政部、国家发展和改革委员会的负责人则是以政府委托人的身份向大会报告情况。

（二）从报告的内容性质上分

可分为大会工作报告和政治形势报告（后者如毛泽东《改造我们的学习》《论联合政府》等，此类报告在和平建设时期用得较少）等；根据报告内容的侧重点不同，会议报告又可分为以汇报工作为主的会议报告和以部署工作为主的会议报告，如一届领导机构任期已满，在本次大会上换届选举之前，由上届领导所作的工作报告，一般都属于汇报性工作报告，党的代表大会上的工作报告也要对上次代表大会以来的主要工作进行总结汇报。一般来说，法检“两院”的工作报告多侧重汇报既往工作成效，而政府机关的会议报告则会用更多的篇幅讲工作部署。

四、会议报告的写作

（一）会议报告的撰写准备

会议报告牵涉全局，十分庄重，因此，需要做大量、充足的前期准备，其中最重要的就是确定主题。

主题，就是通过报告的全部材料所要表达的基本意见或中心思想，集中反映领导集体对整体工作的认识和态度。任何一篇报告都要有一个明确的目的，确定一个合适的主题。重要的会议报告（如政府负责人在人民代表大会上所作的工作报告，党的机关负责人在党的代表大会上所作的工作报告）经常如纲领一样，指导着今后几年甚至几十年的工作。毛泽东用整风思想来整肃队伍，达到统一思想、团结对外的目的；邓小平的报告吹来科学技术的清风，确定了中国发展建设时期的工作重心；温家宝总理的《政府工作报告》洋洋上万言，但都围绕科学发展观做文章，因此任务明确，重点突出，各方面的工作部署切实可行。主题就像报告的灵魂，贯穿于报告的始终，渗透在报告的各个角落，具有从内部联结报告各个部分的作用和功能。报告的全部材料、全部语言都要服务于主题，符合并体现主题的要求。

确定主题应遵循以下 4 条原则：

一是突出主旋律，即反映生活本质和主流，符合现代化建设的客观需要，反映广大群众的呼声和愿望，符合事物发展的内在规律和逻辑延展方向；

二是凸显时代性，即主题要新鲜，要有时代新见，反映时代特征，体现时代精神，把握先进理念；

三是思想深刻，即要深入客观事物的本质，揭示事物的内部联系及其发展规律，写出对工作或问题的独特感受和见解，会议报告的主题忌浮在表面；

四是集中一致，即一篇报告只立一个主题，表达一个主要意图，而且要瞻前顾后、左顾右盼，与自己以往的报告，与其他领导人的报告，在观点和政策上要保持较强的连续性和一致性，防止前后矛盾、左右冲突，使人无所适从。

（二）会议报告的撰写

会议报告一般由标题、报告时间、署名、称谓、正文和尾语等部分组成，其结构如图 6－3 所示。

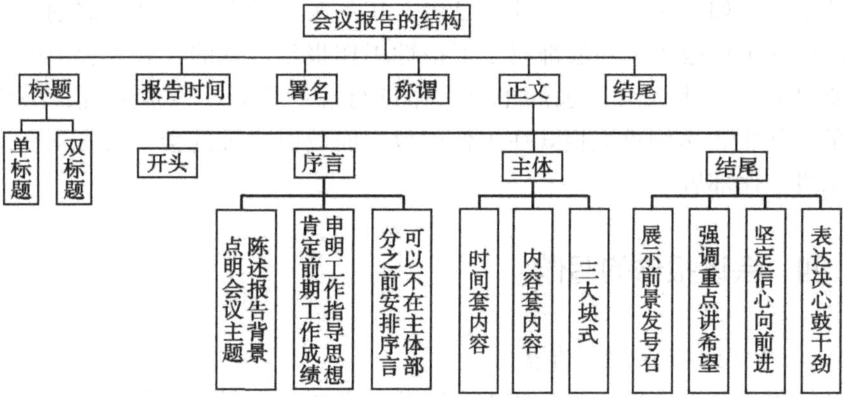

图 6－3　会议报告的结构

1. 标题。会议报告的标题有单标题和双标题两种基本形式。单标题有两种情况：一是由报告性质和文种构成，如“政府工作报告”；二是由会议名称和文种构成，如“在省直机关反腐倡廉动员大会上的报告”。

双标题是将报告主要内容或主要精神概括为一句话作为主标题，副标题则由会议名称、文种构成。如“实践‘三个代表’推动科技创新为全市两个文明建设再作新贡献——在常州市科学技术协会第八次代表大会上的工作报告”、“实施新战略　实现新跨越　为全面建设小康社会而努力奋斗——在中国共产党鹤山市第九次代表大会上的报告”。

2. 报告时间。会议报告的时间通常在标题之下居中排印，外加圆括号。

会议报告一般署报告人个人的职务和姓名，也可以只署姓名，在报告时间之下居中排印。称谓一般写为“各位代表”“全厂干部职工同志们”“全体教工代表”等。党的会议通常只写“同志们”，在正文之上居左顶格排印。

3. 正文。正文部分是会议报告的核心部分。一般包括开头部分、序言部分、主体部分和结尾部分。

（三）正文的写作

1. 开头。会议报告一般都有一个程式化的开头，即报告人向大会提出审议报告的请求。如在人民代表大会上，政府主要负责人作工作报告时常用的开头格式是：“现在，我代表××市人民政府向大会作工作报告，请予审议，并请市政协各位委员提出意见。”

2. 序言。会议报告的序言很重要。从哪里下笔，从哪里入题，从什么问题写起，都需要认真考虑。好的序言往往对报告全文起到引发、定调和导航的作用，可以一下子把听众吸引住。一般采用开门见山的方法，起句发意，用极简要概括的文字说明报告的背景、目的和中心。

具体展开手法如下。

(1) 陈述报告背景，点明会议主题。如江泽民在党的十五大上所作的工作报告的序言：

> 中国共产党第十五次全国代表大会是一次极为重要的大会，是在世纪之交，承前启后，继往开来，保证全党继承邓小平同志遗志，坚定不移地沿着十一届三中全会以来正确路线胜利前进的大会。
>
> 大会的主题是：高举邓小平理论伟大旗帜，把建设有中国特色社会主义事业全面推向二十一世纪。
>
> 旗帜问题至关紧要。旗帜就是方向，旗帜就是形象。坚持十一届三中全会以来的路线不动摇，就是高举邓小平理论旗帜不动摇。邓小平同志逝世后，全党在这个问题上尤其要有高度的自觉性和坚定性。
>
> 把我们的事业全面推向二十一世纪，就是要抓住而不可丧失机遇，开拓进取而不可因循守旧，围绕经济建设这个中心，经济体制改革要有新的突破，政治体制改革要继续深入，精神文明建设要切实加强，各个方面相互配合，实现经济发展和社会全面进步。确定这样的主题，是时代的要求，人民的愿望。

这样的序言高屋建瓴，气度恢弘，体现了对党的事业的必胜信念和乐观前景。

(2) 申明工作指导思想，肯定前期工作成绩。如最高人民法院院长肖扬在2004年第十届全国人大第二次会议上的工作报告序言是：“2003年，最高人民法院在以胡锦涛同志为总书记的党中央领导下，在全国人大及其常委会的监督下，坚持以邓小平理论和‘三个代表’重要思想为指导，贯彻依法治国基本方略，认真落实司法为民的要求，积极实践‘公正与效率’法院主题，充分发挥审判职能作用，各项工作取得新进展。”

（3）也可以不在主体部分之前安排序言，在简短的程式化开头之后即跳入主体部分，给人干净利索的印象，如全国人大常委会委员长吴邦国、国务院总理温家宝、财政部部长金人庆在2004年第十届全国人大第二次会议上的工作报告都采用了这种开头。但这样的行文结构往往会在第一部分安排一个较长的拉开全文序幕的段。如温家宝总理的政府工作报告即在第一部分“一年来工作回顾”安排了若干小段，简要回顾了一年来的工作成绩：

过去的一年，是我国发展进程中重要而非同寻常的一年，是改革开放和社会主义现代化建设取得显著成绩的一年。面对复杂多变的国际形势、突如其来的非典型肺炎疫情和频繁发生的自然灾害，在中国共产党领导下，各级政府和全国各族人民一道，以邓小平理论和“三个代表”重要思想为指导，贯彻落实党的十六大精神，迎难而上，顽强拼搏，奋力开拓创新，在全面建设小康社会的道路上迈出重要步伐。

——抗击“非典”取得重大胜利。

——经济快速发展。国内生产总值比上年增长9.1%，达到11.67万亿元；按现行汇率计算，人均国内生产总值突破1000美元，跨上一个重要台阶。

——国家财力明显增强。全国财政收入达到2.17万亿元，比上年增加2787亿元。

——对外贸易大幅增长。进出口总额比上年增长37.1%，达到8512亿美元，由上年居世界第五位上升到第四位。

——就业超过预期目标。城镇新增就业859万人，下岗失业人员再就业440万人。

——居民收入增加。城镇居民人均可支配收入实际增长9%，农民人均纯收入实际增长4.3%。

——首次载人航天飞机获得圆满成功。

这些成就，标志着我国综合国力又有新的提高，进一步增强了全国人民继续前进的信心和勇气。

一年来，我们主要做了以下六方面工作：

（摘自《第十届全国人民代表大会第二次会议关于〈政府工作报告〉的决议》）

“非典”战斗是此届政府工作一年来最深刻的记忆，也是非常显著的成绩，因而在序言中做了特殊的强调。此段言语中流露出的对战胜各种困难尤其是

"非典"的欣悦之情、对继续做好政府工作的自信之情，都让人感到发自肺腑的真实，从而大大增强了报告的可信度，所以人大代表对此报告的评价很高，认为它"求真务实，对一年来政府工作的回顾和总结实事求是，充分反映了所做的主要工作和各方面取得的显著成就"。

总之，序言的写法并不拘限于一格，撰写者可以根据会议场合、主题的需要、工作内容的特点加以安排。

3. 主体。主体部分是会议报告的主要内容，也是应着力写深写细的部分。以往工作的回顾体会，取得的成绩、经验，尚存在的不足、差距，前进道路上的困难、问题，今后工作的主要任务，拟采取的措施和部署，应着力解决的问题等，都需要在这部分详细阐述。

会议报告因为多数要在大型会议上宣读，场合非常庄重、严肃，故而其结构也往往更为稳重和稳定，一般来说，其模式化比其他公文要更强一些。会议报告一般采用的结构模式有以下几种。

（1）时间套内容的方法。即先以时间顺序展开大的行文部分，然后在每个部分中按照工作内容展开小的部分。这种结构模式适用于汇报工作成效和部署来年任务平均用力的会议报告。一般以既往年份工作的回顾、未来年份工作的任务为纲展开大的部分，再以工作内容性质为目展开小的部分。一般第一部分按照由主到次的顺序摆开既往工作成绩、存在的问题和不足等，第二部分也按照由主到次的顺序列举未来一年应着力做好的几方面工作。如全国人大常委会委员长吴邦国在2004年第十届全国人民代表大会第二次会议上的工作报告即如是：其第一部分为"过去一年的工作回顾"，下列5方面成绩：一是立法工作不断加强，立法质量进一步提高；二是监督工作突出重点，监督实效有所增强；三是认真办理议案建议，代表作用进一步发挥；四是积极开展对外交往，友好关系不断加深；五是自身建设得到加强，履职能力有所提高。其第二部分为"今后一年的主要任务"，下列3方面任务：一是全面落实立法规划，进一步提高立法质量；二是依法做好监督工作，进一步增强监督实效；三是大力开展宪法法律宣传教育，进一步增强全社会的法制观念。

（2）内容套内容的方法。即先以工作内容性质展开大的行文部分，然后在每个部分中按照工作内容性质展开更小的部分。这种结构模式常用于以汇报工作成效为主的会议报告中，如最高人民法院和最高人民检察院的工作报告即如是。拿最高人民法院2004年3月的工作报告来看，其行文按照工作内容共分7个大的部分，依次是：一、全面履行审判职责；二、加强对下级法院审判工作的监督和指导；三、进一步加强司法解释工作；四、落实司法为民的要求；五、积极稳妥推进法院改革；六、完善司法管理，加强队伍建设；七、切实做好2004年法院工作。每个部分又按照工作内容由主到次地分了若干小部分，如第一大部分又分为：第一，依法惩罚犯罪，依法保障人权；第二，依法保护各类市场主体，促进社会主义市场经济健康发展；第三，依法维护公民、法人和其他组织合法权益，监督和支持行政机关依法行政；第四，依法监督和协调跨省、自治区、直辖市重大民商事执行案件，努力维护当事人合法权益；第五，依法加强申诉审查和再审立案工作，切实保障当事人行使申诉权利。

（3）三大块式。即既往工作执行情况 + 来年工作任务和计划部署 + 保障措施。工作任务艰巨、头绪繁多的会议报告经常采用此类结构。在部署工作以后，为了保障任务的顺利完成，通常要另写一部分，强调着力应抓好的一些工作或保障措施。如财政部部长金人庆在 2004 年第十届全国人大第二次会议上的报告即采用了这样的结构：在第一部分“2003 年中央和地方预算执行情况”和第二部分“2004 年中央和地方预算草案”之后，第三部分“扎实工作，确保 2004 年预算圆满完成”即写了为确保预算圆满完成将着重抓好的几项工作：（一）依法加强收入征管，保证财政收入稳定增长；（二）严格财政支出管理，努力节约各项开支；（三）深化预算管理制度改革，推进依法行政；（四）改进工作作风，服务发展大局。温家宝总理在 2004 年第十届全国人大第二次会议上的报告也采用了此类结构，在第一部分“一年来工作回顾”和第二部分“2004 年主要任务”之后，特别写了“加强政府自身建设”问题作为第三部分，因为政府自身的执政能力、管理水平是关乎能否圆满完成 2004 年任务的重要因素，也是目前政府工作中存在的比较突出的问题。

4. 结尾。会议报告一般都有一个非常明显的结尾段，其结尾段常用提称语作为开始，一般都会另起一段写“各位代表”“同志们”等作为煞尾的标志。复杂的行文还会采用一煞、二煞、三煞（即写三次提称语）才缓缓煞住结尾的办法，以避免头重脚轻，给人行文草草收场的形式感、敷衍感。如政府负责人在人民代表大会上所作的工作报告，党的机关负责人在党的代表大会上所作的工作报告往往内容较多、篇幅较长，相对来说，煞尾也往往较长。例如江泽民在中国共产党第十四次全国代表大会上的报告就采用了：一煞，煞在祖国统一问题；二煞，煞在中国特色社会主义建设事业；三煞，煞在对祖国未来的憧憬。古人谈写文章时曾比喻：结尾要像豹尾，响亮有力、干净利索；或如撞钟，清音有余；或如夕照，金光灿烂。会议报告的听众众多，甚至不仅有现场的听众，还有隐在各种媒体背后的听众，因而影响面甚大，其宣传、教育、引导和鼓动的意义也就非同小觑，故更应重视其结尾的号召力。结尾，可以用带有方向性、展示性、结论性、建议性、鼓励性和希望性的话语，但要避免浮泛空虚地唱高调。

结尾种类很多，可视实情选用。

（1）展示前景发号召。如江泽民在中国共产党第十四次全国代表大会上的报告，即结在展望 20 世纪 90 年代中国实现小康、21 世纪中叶实现社会主义现代化的美好前景，号召“全党同志和全国各族人民，在党中央领导下更加紧密地团结起来，同呼吸、共命运、心连心，高举建设有中国特色社会主义的伟大旗帜，朝着宏伟的目标奋勇前进！”

（2）强调重点讲希望。如全国人大常委会委员长吴邦国在2004年第十届全国人民代表大会第二次会议上的工作报告结尾：

> 各位代表！
>
> 新的一年，全国人大常委会面临的任务十分繁重。为了更好地履行宪法和法律赋予的职责，完成好党和人民交给的各项任务，必须进一步加强自身建设，这是做好人大各项工作的基础和前提。要密切联系改革开放和现代化建设的实际，结合常委会和专门委员会工作的特点和要求，继续加强学习，注重调查研究，确保在工作中把握正确的政治方向，增强依法履行职责的能力。要坚持走群众路线，密切联系群众，自觉接受人民监督。要以制度建设为重点，切实加强机关建设，进一步理顺关系，明确责任，规范程序，提高工作质量和办事效率。
>
> 让我们紧密团结在以胡锦涛同志为总书记的党中央周围，高举邓小平理论和“三个代表”重要思想伟大旗帜，求真务实，奋发进取，扎实工作，为完成党的十六大和十六届三中全会提出的各项任务，把有中国特色社会主义伟大事业不断推向前进而努力奋斗。

（3）坚定信心向前进。如温家宝总理在2004年政府工作报告的结尾：

> 各位代表！
>
> 新的一年，政府工作任务相当繁重，我们深感肩负的责任重大而光荣。全国人民对政府的信任和支持，给了我们无穷的力量和必胜的信心。我们坚信，在以胡锦涛同志为总书记的党中央领导下，高举邓小平理论和“三个代表”重要思想伟大旗帜，紧紧依靠全国各族人民，一定能够克服各种艰难险阻，不断把改革开放和社会主义现代化事业推向前进！

（4）表达决心鼓干劲。如最高人民检察院2004年工作报告结尾：

> 各位代表，在新的一年里，全国检察机关要高举邓小平理论和“三个代表”重要思想伟大旗帜，紧密团结在以胡锦涛同志为总书记的党中央周围，自觉接受各级人大及其常委会的监督，开拓进取，扎实工作，为实施依法治国基本方略，全面建设小康社会作出新的贡献。

当然，结尾的写作也并非要拘泥于一格，应根据内容的需要、主题的安排来确定。如果报告主体部分很长，收束只用简短的一小段，就显得虎头蛇尾，提不起劲来；如果报告主体部分较简短，收束却用了四五段，就显得画蛇添足，反而会淡化报告成效。

五、会议报告写作注意事项

（一）正确区分会议报告与领导讲话、工作总结的关系

1. 会议报告与领导讲话的区别与联系。会议报告多由领导者宣读，但它与领导讲话却不是同一个概念，两者既有联系又有区别：从趋同点上说，它们在内容上都指向本单位的工作，讲话主体一般都是单位领导，一般都需要下级贯彻执行；从广义上来说，会议报告也是一种领导讲话，是一种特殊场合使用的领导讲话。然而，两者之间的区别也是明显的。

首先是适用场合有异。会议报告往往在庄重严肃的场合使用；而领导讲话的适用范围更广，不一定局限在大型会议上，有时甚至有即席讲话。

其次是内容重要性有异。会议报告的阐述对象多是全局工作，重要程度更高，影响力更远；领导讲话有时仅涉及某个时期或某个方面的工作，往往强调的是现时的执行力。

最后是反映的意志属性有异。会议报告体现领导集体意志，不经过领导班子集体讨论和表决，不能上会宣读；而领导讲话，有的需要上会研究，有的可能仅仅代表领导者本人对某项工作、某个问题的理解，有很强的个性特征。

2. 会议报告与工作总结的区别与联系。会议报告必须在大会上宣读，多数需要与会人员讨论通过；而工作总结仅仅是一种书面报告，其作用局限在为上级提供情况。会议报告包含的内容更广，它虽然涉及工作总结，但不限于工作总结，更重要的是瞻望未来，对今后的工作作出明确部署。会议报告有时感性色彩可以浓烈一些，以起到鼓舞人心的作用；而工作总结是书面报告，更多的是对客观事实的梳理与理性的分析，不需要感性色彩浓烈的语言。当然，两者在一定条件下可以相互转化，会议报告的总结部分经过压缩调整，往往可以成为高质量的工作总结；对工作总结提炼、研究后，确定出今后的工作思路、指导原则和工作措施，往往就会形成会议报告的雏形。从一定程度上说，工作总结是会议报告的前期准备。

（二）要慎重、客观地撰稿

会议报告的内容多涉及一个单位、一个部门、一个系统乃至一个国家今后工作的方针大计，而且要在全体代表面前宣读，报告得到大会通过以后，就会成为今后开展工作的指导性文件，所以所列数字、所举例子、所做评价、所提

任务和奋斗目标都要慎之又慎。会议报告同主要代表个人意志的领导讲话不同，它要求所述内容经过领导班子集体讨论，甚至经过全体代表的集体讨论才能通过，故对以往工作的评价应客观、公允，今后的任务和奋斗目标也应在客观、冷静地分析当前形势的基础上提出。会议报告的写作忌头脑发热。即使是讨论稿，也是领导班子集体意志的体现，不可草率行事。

（三）妥善处理名词解释等附件

会议报告的内容如涉及一些专业术语和名词，还应在其后附上主要名词解释，以扫除非专业受众在阅读报告时可能遇到的障碍。如财政部部长金人庆在2004 年第十届全国人大第二次会议上的工作报告，其后即附了“超收收入”“蓄滞洪区运用补偿政策”等22 个主要名词的解释。

会议报告写作范式

政府工作报告

——2007 年3 月5 日在第十届全国人民代表大会第五次会议上

国务院总理　温家宝

各位代表：

现在，我代表国务院，向大会作政府工作报告，请予审议，并请全国政协各位委员提出意见。

一、2006 年工作回顾

2006 年，是我国实施“十一五”规划并实现良好开局的一年，国民经济和社会发展取得重大成就。

——经济平稳快速增长。国内生产总值20.94 万亿元，比上年增长10.7%；居民消费价格总水平上涨1.5%。经济增长连续四年达到或略高于10%，没有出现明显通货膨胀。

——经济效益稳步提高。全国财政收入3.93 万亿元，比上年增加7694 亿元；规模以上工业企业实现利润增长31%，增加4442 亿元。

——改革开放进一步深化。重点领域和关键环节改革取得新进展。进出口贸易总额1.76 万亿美元，比上年增长23.8%；实际利用外商直接投资695 亿美元。

——社会事业加快发展。科技创新取得重大成果，教育事业继续发展，公共卫生体系建设得到加强，文化、体育事业进一步繁荣。

——人民生活有较大改善。城镇新增就业1184 万人。城镇居民人均可支配收入11759 元，农村居民人均纯收入3587 元，扣除价格因素，分别比上年实际增长10.4%和7.4%。

这些成就，标志着我国综合国力进一步增强，我们朝着全面建设小康社会目标又迈出坚实的一步。

一年来的主要工作是：

（一）加强和改善宏观调控。针对经济运行中投资增长过快、货币信贷投放过多、外贸顺差过大等突出问题，中央及时采取了一系列宏观调控措施。加强土地调控，从紧控制新增建设用地，严肃查处违法违规用地行为；加强货币信贷管理，两次上调人民币贷款基准利率，三次上调金融机构存款准备金率；加强财政、税收对经济运行的调节；加强新上项目市场准入审核和监督检查；加强房地产市场调控和监管，着力调整住房供给结构。宏观调控措施逐步见效，固定资产投资增幅回落，银行信贷投放增速放缓，防止了经济增长由偏快转为过热，避免了经济大起大落。

…………

二、2007年工作总体部署

今年是本届政府任期的最后一年，我们要以更加昂扬的精神状态，恪尽职守，积极进取，毫不懈怠，努力把各项工作做得更好，向人民交出满意的答卷。

政府工作的基本思路和任务是：……为党的十七大召开创造良好的环境和条件。

综合考虑各种因素，今年国民经济和社会发展的主要目标是：在优化结构、提高效益和降低消耗、保护环境的基础上，国内生产总值增长8%左右；城镇新增就业人数不低于900万人，城镇登记失业率控制在4.6%以内；物价总水平基本稳定，居民消费价格总水平涨幅在3%以内；国际收支不平衡状况得到改善。

……

实现今年经济社会发展的目标和任务，必须把握好以下政策原则：一是稳定、完善和落实政策。……五是以改革开放为动力推进各项工作。坚持社会主义市场经济改革方向，适应经济社会发展要求，推进经济体制、政治体制、文化体制、社会体制改革，加快构筑落实科学发展观和建设和谐社会的体制保障。全面提高对外开放水平。

…………

六、加强政府自身改革和建设

做好新形势下的政府工作，必须不断加强政府自身改革和建设。……

各位代表！

展望未来，伟大祖国前程似锦。我们的使命崇高而神圣，我们的责任重大而光荣。让我们紧密团结在以胡锦涛同志为总书记的党中央周围，高举邓小平理论和“三个代表”重要思想伟大旗帜，全面落实科学发展观，加快构建社会主义和谐社会，万众一心，开拓进取，奋力把改革开放和社会主义现代化事业推向前进！

【范文赏析】

时下有些工作报告的通病是以往成就回顾多，颂歌萦耳神仙乐，当（下）年工作安排少，三言两语道“捞干”；在篇幅安排上是上年工作总结和当（下）年工作安排各占半壁江山。温家宝总理的政府工作报告一反“常态”：全文六大部分，上年总结仅占其一，而当年安排竟占其五。“2006 年工作回顾”中，先是高度概括取得的重大成就：“经济平稳快速增长”“经济效益稳步提高”“改革开放进一步优化”“社会事业加快发展”“人民生活有较大改善”；接着从“加强和改善宏观调控”等 7 方面总结经验，“归结起来就是，只有解放思想、实事求是，与时俱进、开拓创新，坚定不移地走中国特色社会主义道路，坚持改革开放，坚持科学发展、和谐发展、和平发展，才能最终实现现代化的宏伟目标”；最后摆出“经济结构矛盾突出”等 4 方面的“缺点和不足”。当年安排部分先用“2007 年工作总体部署”提出“政府工作的基本思路和任务”、“国民经济和社会发展的主要目标”、“必须把握”的“政策原则”；然后提出“促进经济又好又快发展”“推进社会主义和谐社会建设”“深化改革和扩大开放”“加强政府自身改革和建设”等 4 方面的保证措施。结尾以“展望未来，伟大祖国前程似锦。我们的使命崇高而神圣，我们的责任重大而光荣。让我们……万众一心，开拓进取，奋力把改革开放和社会主义现代化事业推向前进”收篇，让人热血沸腾，闻鼓而进！

病文举例

中国人民政治协商会议××县第八届委员会第四次会议关于提案审查情况的报告

2010 年 1 月 18 日

各位委员：

政协八届四次会议期间，广大政协委员以饱满的政治热情和强烈的使命感，围绕中心，服务大局，积极运用提案履行职能，建言献策，提出了许多有情况、有分析、有建议的提案。政协提案审查委员会按照《政协提案工作条例》，对收到的提案进行分类、审查。现将审查结果报告如下：

政协八届四次会议开幕以来，截至 1 月 17 日 10 时，提案审查委员会共收到委员提案84件，经审查立案83件，占提案总数的98.8%。其中有关经济建设方面的34件，占提案总数的40.9%；有关社会事业方面的37件，占提案总数的44.6%；有关政治法律方面的10件，占提案总数的12.1%；其他方面提案2件，占提案总数的2.4%。

政协提案审查委员会对所有立案的提案进行认真筛选，经政协主席会议审查研究，确定5件重点提案：一是《关于加强避灾型农业建设的建议》；二是《关于进一步规范新型农村牧区合作医疗管理工作的建议》；三是《关于设立“兴隆洼”文化节的建议》；四是《关于整顿新惠城区交通秩序的建议》；五是《关于加强住宅小区物业管理的建议》。

从整体上看，本次会议提案紧紧围绕我县全面贯彻落实科学发展观，构建社会主义和谐社会，推进经济社会又好又快发展的主题，提出了许多具有科学性、前瞻性和可行性的意见建议。提案内容涉及经济建设、政治建设、文化建设和社会建设等各个方面。主要内容有：实施项目带动和工业强县战略，不断拉动地方经济增长；进一步优化环境，加快发展非公有制经济；充分发挥我县生态优势和特色农产品优势，强化科技支撑，推进农牧业产业化；加快农村基础设施建设，促进城乡统筹协调发展；进一步完善城市功能，加快小城镇建设，助推“三化”互动；坚持教育优先发展，加大教育投入，优化教育结构，深化教育改革；统筹规划和实施文化旅游精品工程，大力发展文化旅游产业；繁荣文化体育事业，丰富人民群众精神文化生活；建立和完善覆盖城乡、功能完善、多层次的社会保障体系，提高人民群众生活水平；重视保护弱势群体合法权益，努力实现社会公平和正义；重视引进和培养各类人才，加快多层次人才队伍建设等。

会议期间，大会提案组对全部提案进行了初审，提案审查委员会召开会议进行了认真审查，大会闭幕后，我们将尽快召开交办会议，将已审查立案的提案分别交送有关部门和单位研究办理。对于本次大会截止日期以后收到的提案，提案审查委员会将随时进行立案审查，并交送有关单位办理。

各位委员，大会期间，委员们对提案工作予以高度重视。对此，我们表示衷心的感谢！会后，我们将采取委员视察、督促检查等形式，重点抓好提案办理工作，使政协提案在促进实现我县经济社会发展新跨越的伟大实践中，发挥更大作用。

【病文指瑕】

本例瑕疵体现在以下3个方面：

一是未标注报告人姓名和职务，容易使人对报告的合法性和程序性提出质疑。且标题下的报告日期应该用圆括号括起，“月”前的“1”不该用“0”补位。

二是主体事项所用概念前后不一。如第二自然段把提案内容归纳为“经济建设方面”“社会事业方面”“政治法律方面”“其他方面”4 项，而第四自然段则说：“提案内容涉及经济建设、政治建设、文化建设和社会建设等各个方面。”除第一项未变外，“社会事业”变成了“社会建设”，“政治法律”变成了“政治建设”，“其他方面”为“文化建设”所取代，这种概念的偷换必然导致前后矛盾的发生。

三是用词不加限制的问题也很突出。“政协”是“中国人民政治协商会议”的简称，文中两次出现“政协八届四次会议”，一次“政协提案审查委员会”，这 3 处“政协”应该理解为“中国人民政治协商会议”，事实上是“县政协”，故“八届四次”前应以“县”加以限制，而“提案审查……”之前应以“政协县八届四次会议”加以限制。

后　记

这是一本凝聚着众多人心血的读物。全书由洪威雷负责框架设计、组织编写，由邱向国执笔；王国栋参与写了第五章；陈威、刘怡廷、孙蓓、陈丽君利用休息时间，分别两次校对全书；楚材学院的高永尚对各章文体的特点、分类、作用、结构和提示等一一绘制成图表，为读者提供方便，翻开书便一目了然。

这是第一次尝试着为企事业单位的机关文秘人员编写普及读物。因为时间关系，深入职场进行广泛、深入的调研还不够，读物的“职场”味还有待加强。我们真诚地想听取“职场”高手们的意见，以便再版时修订。为了表示诚意，这里提供我们的电子邮箱地址，以便接受诸君的批评指正。

邮箱：1. qiuxiangguo@ 163. com
2. w11302@ yahoo. com. cn

作者谨识于武汉大学东湖分校
2014 年